중국의 발해 대외관계사 연구

중국의 발해 대외관계사 연구

정병준 외 지음

동북아역사재단 연구총서

60

동북아역사재단
NORTHEAST ASIAN HISTORY FOUNDATION

발간사

발해는 7세기에서 10세기 해동성국으로 동아시아 역사 속에 동서, 남북 교류의 중심 역할을 충분히 해주었습니다. 남북국의 형세를 이룬 신라는 물론이고, 당과 유목민족, 그리고 동해를 사이에 둔 일본과 한 역동적인 교류는 고스란히 해당 국가들의 역사기록과 유적·유물에 남아있습니다. 발해국의 역사가 더 빛나는 것은 발해 자신이 아니라 교류 대상국들이 인정한 '국격'때문이라고 할 수 있습니다.

발해사 연구에서 최근 흐름 중의 하나는 발해사가 남북한을 포함하여 중국, 러시아, 일본 등에서 진행하고 있는 국제적인 연구주제라는 점입니다. 그러나 다양한 관심만큼 발해사를 보는 시각은 나라들마다 차이가 납니다. 그러므로 각국이 전하고 있는 관련 기록들의 해석은 발해사의 국제적 연구 성과를 더욱 높여줄 수 있는 것이라 할 수 있습니다. 이러한 추세에서도 중국은 통일적 다민족 국가이론에 바탕한 발해사 인식을 줄곧 견지해왔으며 이른바 동북공정 사업으로 학술적 결과물을 출간하는 수순을 밟고 있습니다.

이번에 출간하는 『중국의 발해 대외관계사 연구』는 근래 중국에서 수행한 발해 대외관계사 연구를 비판적으로 검토하여 중국의 발해사 인식의 틀을 분석하고 그 대응논리를 마련하여 보고자 한 것입니다. 발해의 대외관계는 단순한 대외적인 면에 한정되는 것이 아니라 발해의 귀속문제 등 정체성 규명과 연결하여 그 검토와 비판은 발해사 연구의 핵심이기도 합니다. 이 책은 중국에서 진행한 발해사 인식의 근저를 살필 수 있는 척도가 될 수 있으며, 나아가 남북한 및 주변국의 발해사 이해의 방향 설정에도 좋은 자료가 될 것입니다. 이는 역사란 어느 한 나라만의 점유 대상이 될 수 없으며, 인식을 공유하여 21세기 발해사 연구의 방향성을 각국의 연구자에게 재인식시키는 계기가 될 것입니다.

현재 중국 학계는 동북공정 결과물의 출판과 보급을 진행하고 있는데 이 책은 앞으로 출간될 결과물 분석을 위해서도 좋은 분석틀이 될 것입니다. 또한 중국의 연구 방법을 분석하고 한국 및 주변 국가들과의 바람직한 발해사인식 틀을 제공하여 줄 것이라 기대합니다. 이 기획물은 발해사를 포함한 10세기 전후 동아시아 역사는 여러 민족과 국가가 연계되어 있으며 발해사 연구의 다양성과 복합성을 전제로 하여, 향후 지역적, 연구자별 발해사인식의 공유를 위한 차원 높은 디딤돌을 제시할 것입니다. 주어진 기간 묵묵히 원고를 다듬어주신 연구책임자 정병준 교수를 비롯한 공동연구자들과 함께 출간의 기쁨을 같이 나누고자 합니다.

이책의 출간으로 우리가 발해의 대외관계를 어떻게 보고 있는가를 다시 생각할 수 있고, 나아가 발해사 연구의 다양한 시각을 조율하는 계기가 되었으면 합니다. 발해사 연구의 보다 진전된 역량 구축을 위한 열정을 또 기다립니다.

2011년 6월 25일

동북아역사재단 이사장 정재정

차례

발해와 유목민족 관계 | 권은주

발해와 신라의 관계 | 윤재운

발해와 일본의 관계 | 박진숙

책머리에 - 동북공정과 발해 대외관계 연구추이

이 책에서 말하는 '최근 중국의 연구'는 주로 '동북공정(東北工程)'의 연구성과를 가리킨다. 동북공정에서 추진한 연구과제들 중 발해를 직접 대상으로 한 것은 6개다.[1] 즉 ① 발해국사(웨이궈중[魏國忠]), ② 발해사론(주궈천[朱國沈]), ③ 발해 이민 통치와 귀속 연구(우위환[武玉環]), ④ 말갈발해와 동북아시아 각 나라 및 각 민족 관계사 연구(마이훙[馬一虹]), ⑤ 발해 유적지 현황 조사연구(펑산궈[彭善國]), ⑥ 당대 발해국 5경 연구(양위수[楊雨舒])이다. 이 중 ①, ②는 발해 역사를 개괄적 또는 포괄적으로 다루고, ③~⑥은 해당 주제들을 각각 전문적으로 다룬 것으로 보인다. 그런데 현재 그 연구 결과물이 출판된 것은 『발해국사(渤海國史)』와 『당대 발해국 5경연구(唐代渤海國五京研究)』뿐이다.[2] 따라서 현 단계에서 최근 중국의 발해 대외관계사 연구를 검토하는 것은 『발해국사』가 중심이 될 수밖에 없다.

『발해국사』는 발해사 전반을 포괄적으로 다루면서 여러 각도에서 발해가 중국사에 속한다는 논지를 전개시키고 있다. 즉 발해는 총체

1 서길수(2007), 「중화인민공화국 동북공정 5년의 성과와 전망—역사침탈은 계속된다」, 『高句麗研究』 29, 고구려발해학회, 21쪽.

2 魏國忠·朱國忱·郝慶云(2006), 『渤海國史』, 中國社會科學出版社; 楊雨舒·蔣戎(2008), 『唐代渤海國五京研究』, 香港亞洲出版社.

적으로 중국사에 속한다는 주장이다. 물론 이 책에는 학술 측면에서 참고할 가치가 있는 내용도 있다. 하지만 전체적으로 이 책은 철저하게 발해의 귀속문제를 다루는 데 초점이 맞추어져 있다. 이 점은 결론에 해당하는 11장 「발해국의 역사귀속과 역사지위」에 매우 명료하게 드러난다. 사실 대표 저자인 웨이궈중은 그동안 발해사를 중국사에 편입시키는 작업에서 주도적인 역할을 해왔으며, 하오칭윈[郝慶云]은 그의 제자이다. 그리고 이 책은 그동안 웨이궈중 자신이 제시한 견해와, 같은 맥락의 여러 연구 성과물들을 함께 집대성한 것으로, 원문의 분량만 해도 622쪽에 달한다. 이에 이 책에 대한 검토는 그간 중국에서 진행한 발해사 연구의 전반적 성과와 함께, 발해사를 중국사에 포함시키려는 최근 연구 내용을 아울러 파악할 수 있게 해주는 효과가 있다.

『발해국사』에서 다루는 발해사 귀속문제의 핵심은 대외관계사에 있다. 두말할 나위없이 역사적 귀속문제는 본질적으로 다른 나라와의 관계, 즉 대외관계의 성격을 어떻게 규정하느냐에 달려 있으며, 이 책 역시 이 논조를 벗어나지 않는 것이다. 즉 5장 「발해 정권의 성격과 당조와의 관계」와 9장 「발해와 이웃나라의 관계」 등에서 발해역사의 귀속문제를 적극 다루고 있다.

발해 대외관계의 특징은 다음 두 가지를 지적할 수 있다. 첫째는 당시 신라나 일본에 비해 매우 다면적이라는 점이다. 발해는 사방으로 다른 나라들과 인접하고 있었는데, 한치윤은 『해동역사(海東繹史)』 권 11, 「세기(世紀)」 11, '발해조' 서문에서 그러한 입지 상황을 묘사하여 "서쪽으로 중국과 통하고, 남쪽으로 신라와 교빙하고, 북쪽으로 거란을 막고, 동쪽으로는 일본에 사신을 보내며 거의 300년 동안 동북의 오지를 지배했다"[3] 라고 표현했다. 여기에 더해 북방 초원지대의 돌궐 및 회흘과 중요한 관계를 맺었던 것은 두말할 나위도 없다. 이러한 입지 상황에서 발해는 대외관계를 중시할 수밖에 없었고 한편으로는 그만큼 발해가 외교적으로 다양한 카드를 지닐 수 있었음을 말하는 것이라 하겠다. 둘째는 앞의 상황때문에 발해가 대외관계를 매우 유기적이면서 역동적으로 운영했다는 점이다. 당과 맺은 관계만 해도 전체적으로는 우호관계를 유지했지만, 양자관계가 불안해지면 이에 대응한 주변 외교를 구사했던 사실을 지적할 수 있다.

본 연구는 6명의 연구자가 발해의 대외관계 전체를 6개 부분으로 나누어 고찰한 것이다. 「발해와 당의 관계」에서는 먼저 중국 학자들이 만주의 발해사 등을 중국사 범주로 규정한 견해들의 역사를 살펴보았다. 그리고 웨이궈중 등이 자신들의 기존 견해를 수정하여 『발해국사』에서는 말갈국이 처음 국호였다고 한 것을 비판하면서 이와는 다른 중국 학자들의 견해들을 함께 소개하고 있다. 이어 762년 문왕이 발해군왕에서 발해국왕으로 진작(進爵)되면서부터 스스로 발해를 국호로 사용하기 시작했다는 자신의 견해를 다시 한번 확인한다. 그리고 당이 발해왕을 발해군왕(또는 발해국왕)과 홀한주도독에 책봉한 것을 근거로 발해가 중국사에 속한다고 하는 견해를 검토하면서 특히 발해와 같은 관작(官爵)을 당으로부터 받은 신라를 언급하지 않고 있음을 비판한다. 또 발해에 대한 당의 국서에 보이는 장사(長史)는 발해 자체의 관직일 가능성이 높다는 견해를 피력했다.

「평로군과 발해의 관계」는 '발해와 당의 관계' 중에서 홀한주도독에 대한 당의 압령(押領) 문제를 따로 떼어 보다 상세히 살펴본 것이다.

3 민족문화추진회 편(1996), 「역주 해동역사」 I, 민족문화추진회, 213쪽: "西通上國, 南聘新羅, 北捍契丹, 東使日本, 雄視東北之奧, 殆至三百年."

웨이궈중 등이 가장 심혈을 기울인 점은 당의 압력이 명분에 그치지 않고 실질적이었음을 밝히는 것이며, 그 근거로 8가지를 제시했다. 이에 그 근거들의 타당성을 하나하나 검토한 결과, 실질성을 증명하는 것은 하나도 없었다. 실질성이 결여된 명분적 관계는 지배관계로 볼 수 없다는 것이 필자의 견해다.

「발해와 유목민족 관계」는 거란, 돌궐·회흘, 흑수말갈·실위 세 부분으로 나누어 고찰하고 있다. 이들 간의 관계는 웨이궈중 등이 말하는 발해의 귀속문제와 직접 관련이 없기 때문인지 『발해국사』에서는 이들의 관계가 당과의 관계에서 영향을 받으며 움직였다는 것을 강조하려고 할 뿐이다. 이를 반영하여 이 글에서는 이들의 관계에 대한 중국 학계 전반의 견해를 상세히 정리·검토했다. 마지막에는 중국 학계의 가장 큰 인식의 문제점으로 당 주변국 간의 관계를 지방과 지방의 관계로 보아 주체성을 인정하지 않는다는 점을 들고 있다.

「발해와 신라의 관계」에서는 『발해국사』에 초점을 맞추어 두 나라의 관계를 둘러싼 몇 가지 문제를 검토했다. 웨이궈중 등은 발해를 당에 예속된 지방정권으로 규정하고, 발해와 신라가 시종 대립했으며 두 민족은 서로 다른 민족이었다고 강조한다. 이에 이 글에서는 발해가 내부적으로 황제국의 면모를 갖추고 당의 빈공과에 응시한 점 등을 들어 비판하였다. 그리고 그러한 주장을 구조적으로 비판하기 위해 남북국론의 타당성과 신라도의 포괄적 기능을 강조했다.

「발해와 일본의 관계」에서 가장 중요한 문제는 일본의 역사서에 보이는 발해에 대한 일본의 우위론 또는 상위론에 관한 논의이다. 즉 일본 사서에는 발해가 일본의 조공국 또는 번속국으로 등장한다. 『발해국사』에서는 발해가 일본에 굴복하여 번속하거나 조공을 바칠 하등의 이유가 없으며, 시종일관 일본과 대등한 외교를 펼쳤다고 말한다.

그리고 그 근거로 발해가 일본에게서 관작을 받지 않았고, 일본에 입시(入侍)하지 않았으며, 일본에 파견한 발해 사신은 발해국의 존엄성을 지키다가 자주 입국이 거절되거나 송환되었다는 점 등을 들고 있다. 이에 대해 이 글에서는 과연 웨이궈중 등이 발해를 주체적으로 이해했는가라는 의문을 제기하고, 발해가 주체적으로 수행한 외교적 의도에 대해서는 주의를 기울이지 않는다고 비판했다. 그러면서 발해의 대일외교는 당의 조공국으로 진행한 것이 아니라 오히려 고구려를 상기시켜 대외 위상을 높이며 국익을 추구했다고 말한 웨이궈중 등의 인식은, 중국 측 사서에 보이는 당과 발해의 종속적 관계는 그대로 인정하는 반면, 일본 사서에 보이는 기록은 사실과 부합하지 않는다고 보는 입장인데, 기록에 내재한 자국중심적 시각은 정도의 차이는 있을지언정 기본적으로 한·중·일 삼국에 모두 있다는 점을 염두에 두어야 할 것이다.

「발해 유민의 부흥운동과 대외관계」에서는 중국 학계가 발해사를 중국사로 귀속시키는 중요 근거로 발해 유민사를 다룬다는 점에 유의했다. 이는 고구려 유민을 둘러싼 한중 학자들 간의 공방과 비슷한 경우이지만, 발해 유민은 지속적으로 투쟁을 벌이면서 국가의 부활을 선언하고 주변국과 외교를 시도했다는 점에서 고구려 유민들과는 차이가 있었다. 송은 후발해국에 대해 '발해지국(渤海之國)'이나 '외신(外臣)'이란 표현을 사용했고, 정안국의 왕 오현명(烏玄明)은 송 황제에게 보낸 글에서 "신은 본래 고구려 옛 땅인 발해의 유여(遺黎)로, 한구석에 웅거하여 세월을 보낸다"고 하여 고구려-발해-정안국으로 이어지는 계승의식을 보이기도 했다. 또 요 말기에 대발해를 세운 고영창(高永昌)의 '고' 씨는 옛 고구려의 왕족이었으며 발해의 지배층이었던 점을 상기하면, 고구려-발해-대발해를 연속적 측면에서 이해할 수도 있다고 말한다.

이상과 같은 결론들을 도출하였지만, 한중 간의 역사 인식 문제를 과연 어느 정도 해소할 수 있을까에 대해서는 의문이 없지 않다. 왜냐하면 한중학계 사이에는 사실의 실증이 아니라 역사를 바라보는 시각에 더 큰 문제가 있다고 생각하기 때문이다. 특히 지적하고 싶은 것은 학술과 실제 현실 사이에 존재하는 모순(괴리)에 대한 한중 학자들의 인식차다. 한국 학계에서는 E. H. 카의 "역사란 과거와 현재의 대화"라는 명제 등의 영향으로 보편적 사실주의가 역사 연구의 중요한 한 축을 형성하고 있는 반면, 중국 학계에서는 '선홍후전(先紅後傳)'이라는 명제가 여전히 살아있는 것이 아닌가 하는 생각이 든다('홍'은 붉은 색깔로 공산주의를 의미하고, '전'은 전문지식을 의미함). '선홍후전'에서는 이념과 국익을 우선할 수밖에 없으며, 전문지식은 부차적이거나 전자를 위한 종속물이다. 물론 동북공정 관련자들은 '순수학술' 또는 '정치화 경향과는 무관'함을 강하게 주장한다.[4] 하지만 정작 관련 논문을 보면 학술검증보다는 국익에 유리한 방향으로 결론을 먼저 선언하고 이를 바탕으로 논지를 전개하는 경우를 종종 볼 수 있는 것이다. 이러한 상황에서는 역사를 둘러싼 갈등이 계속 평행선을 달릴 가능성이 있다. 만약 해당 학자들이 동아시아와 세계 공유의 평화를 염원한다면, '홍'의 개념을 보다 큰 보편의 개념으로 승화시켜야 할 것이다.

2011년 6월

필자를 대표하여 **정 병 준**

---

4 권혁수 저, 서길수 역(2006), 『동북공정 고구려사』, 사계절, 75쪽 등 참조.

발해와 당의 관계

김종복 | 성균관대학교 박물관

Ⅰ. 머리말

중국이 2002~2007년에 추진한 이른바 동북공정의 성과물이 최근 간행되고 있다. 동북공정에서 발해사 관련 과제는 『발해국사(渤海國史)』, 『발해사론(渤海史论)』, 『발해 유민의 통치와 귀속 연구(渤海移民的治理與归属研究)』 세 가지였다. 책임자는 각각 웨이궈중[魏國忠], 주궈천[朱國忱], 우위환[武玉環]이며, 완성 시기는 앞의 두 과제가 2002년 6월, 마지막이 2004년 6월로 예정되었는데,[1] 현재 『발해국사』만 간행되었다. 600여 쪽이 넘는 이 책은 지금까지 중국에서 간행한 발해사 개설서[2] 가운데 가장 분량이 방대하다.

웨이궈중은 흑룡강성 사회과학원 역사연구소 연구원으로 40년간 재직하며 중국에서 발해사 연구를 주도한 연구자 중의 한 사람이다. 공저자인 주궈천은 2장 「발해국의 발전과 강대」와 4장 「민족 원류와 주체 민족」의 초고를 담당했고, 책임 집필 부분은 3장 「영역과 구획, 인구」와 8장 2절 '발해 문화'의 종교, 11장 「발해국의 역사 귀속과 역사 지위」이다. 그러나 그는 고고학자이므로 11장은 그 내용상 웨이궈중의

1 中國社會科學院中國邊疆史地研究中心 홈페이지 中國東北工程 項目介紹(http://chinaborderland.cass.cn/show_News.asp?id=1839).

2 王承禮(1984), 『渤海簡史』, 黑龍江人民出版社[宋基豪 역(1987), 『발해의 역사』, 翰林大學 아시아文化研究所]; 朱國忱·魏國忠(1984), 『渤海史稿』, 黑龍江省文物出版編輯室; 李殿福·孫玉良(1987), 『渤海國』, 文物出版社; 楊保隆(1988), 『渤海史入門』, 青海人民出版社; 禹碩基·劉毅·竇重山(1995), 『渤海國與東亞細亞』, 遼寧大學出版社; 王承禮(2000), 『中國東北的渤海國與東北亞』, 吉林文史出版社.

견해가 반영되었을 것으로 추정된다. 두 사람은 이미 20년 전인 1984년에 『발해사고(渤海史考)』를 집필한 바 있는데, 여기서도 문헌을 통한 서술은 웨이궈중, 고고 자료를 통한 서술은 주궈천이 분담했기 때문이다. 하오칭윈[郝慶云]은 소장학자로, 10장 「발해의 멸망과 東丹의 건립」을 집필했다. 이처럼 다른 두 공저자가 부분 집필하거나 초고를 작성한 뒤에 웨이궈중이 전체적으로 수정하여 탈고했으므로 결국 그의 단독 저서로 보아도 무방할 것이다.

이 책은 초기 국호(國號)나 구국(舊國)에서 현주(顯州)로 천도한 시기 등에서 기존의 『발해사고』와 견해를 달리한 점도 있지만, 발해가 속말말갈(粟末靺鞨)이 주체가 된 당대(唐代) 지방민족정권(地方民族政權)이라는 기본 관점은 동일하다. 다만 최신 연구라는 이점을 살려 사료를 풍부하게 이용하여 서술할 뿐만 아니라, 중국과 남북한, 일본, 러시아의 연구 성과도 폭넓게 인용하고 있다.

이번 공동연구의 주제는 『발해국사』를 중심으로 최근 중국의 발해 대외관계사 연구 경향에 대해 검토하는 것이며, 필자는 그중 발해와 당의 관계에 대해 책임을 맡았다. 이 책의 해당 부분은 5장 「발해 정권의 성격 및 당조와의 관계」인데, 그 세부 항목을 소개하면 다음과 같다.

1절 책봉을 받고 당에 번국(藩國)을 칭함

① 역대 왕들이 당조의 책봉을 받음

② 신속과 번봉(藩封)의 지위를 확립하다

③ 번례(藩禮)를 엄수하고 의무를 이행

2절 압령(押領)을 받고 당에 예속됨

① 홀한주도독부의 설치

세부 목차만 보아도 알 수 있듯이, 발해는 당의 책봉을 받은 번속국(藩屬國)이며, 명목상이 아니라 실질적으로 당에 예속하여 통제받았음을 이 책은 보여주고 있다. 20년 전에 간행한 『발해사고』는 6장 「정치제도」의 1절 '당조에 종속된 지방민족정권'에서 발해와 당의 관계를 정리하였는데, 그 세부 항목은 '당 조정의 책봉을 받고 번속의 지위를 확립하다', '인질을 바쳐 입시(入侍)하고 조공(朝貢) 및 하정(賀正)을 행하다', '내부적으로 자치를 누리며 당의 통속(統屬)을 받다'로 구성되어 있다. 『발해사고』에 비해 『발해국사』가 발해의 대당예속도를 강조하고 있음을 알 수 있다.

과거 발해 영역의 일부가 현재 중국의 영역에 포함되어 있으므로 중국에서 발해사를 연구하는 것은 당연한 일이다. 또한 현재 중국이 통일적다민족국가를 표방하는 이상 발해사를 중국사 체계에 편입할 수밖에 없다. 발해를 당대 지방민족정권으로 파악하는 견해는 그러한 시도에서 나온 것으로 이해할 수 있다. 문제는 그러한 시도가 일찍부터 발해를 자국사로 파악해온 한국사 인식 체계에서 발해사를 '침탈'하는 양상을 띠어 역사분쟁을 일으킨다는 점이다. 물론 한 걸음 물러나 발해사 귀속 문제는 학술논쟁이라고 치부해 버릴 수도 있다.

그러나 더 큰 문제는 발해를 당대 지방민족정권으로 규정함으로써 발해사의 주체적 측면을 배제하고 그 실상을 왜곡한다는 점이다. 당대 지방민족정권론에 따르면 발해사의 주체는 발해가 아니라 당이기 때문이다. 그로 인해 발해 자체의 입장이 아니라 당과의 관계나 영향으로 발해사가 전개된 것으로 파악하여 '주인' 없는 역사가 되어버리는 셈이다. 이것은 심각한 역사적·학술적 왜곡이다. 실제 역사와 부합하지 않는 이론은 폐기하거나 새롭게 변화해야 함에도, 지방민족정권론을 여전히 견지하고 있을 뿐 아니라 동북공정이라는 형태로 더욱 강화되고 있다.

역사 해석은 과거 사실에 대한 객관적 입장에서 출발하지 않으면 안된다. 객관적 사실에 입각하지 않는 역사 해석은 결국 선전선동에 불과하기 때문이다. 『발해국사』는 실사구시에 입각해 발해사를 연구했다고 강조하고 있다. 이 점에서 발해와 당의 관계에 대해 『발해국사』가 서술한 내용의 객관적 근거 내지 사실 해석의 타당성 등을 구체적이고 세밀하게 검토해볼 필요가 있다.

『발해국사』에서 다루는 발해와 당의 관계를 검토하기 전에, 발해사에 대한 중국의 연구 동향을 살펴보는 것이 이 주제를 이해하는 데 도움이 될 것이다. 그러나 발해사 연구 동향에 대해서는 이미 많은 검토가 있었으므로,[3] 여기서 다시 소개하는 것은 무의미한 동어반복에 불

3 송기호(1988) 「발해사 연구의 몇 가지 문제점」, 『韓國古代史論』, 한길사 ; 李成市(1988), 「渤海史研究における國家と民族—'南北國時代'論の檢討を中心に」, 『朝鮮史研究會論文集』 25 ; 李成市(2001), 『만들어진 고대』, 삼인 ; 韓圭哲 외(2000), 『渤海史의 綜合的 考察』, 高麗大學校 民族文化研究院(이 책의 1부에는 한규철, 사카요리 마사시[酒寄雅志], 스즈키 야스타미[鈴木靖民], 샤프꾸노프에 의한 북한, 중국, 일본, 러시아 등 각국의 발해사 연구 동향이 정리되어 있다) ; 韓昇 胡戟 外 主編(2002), 「渤海」, 『二十世紀唐研究』, 中國社會科學出版社 ; 고구려연구재단 편(2004), 『중국의 발해사 연구—동향 분석』, 고구려연구재단 ; 한규철(2004), 「中國의 渤海史 研究 小考」, 『文化傳統論集』 3, 慶星大學校 韓國學研究所 : 김종복(2009) 「발해사 인식의 추이—남북국시대론을 중심으로」, 『발해정치외교사』, 일지사.

과할 것이다. 그 대신 시각을 달리하여 중국이 통일적다민족국가론에 입각하여 발해를 당대 지방민족정권으로 파악하는 인식의 배경에 대해 검토하기로 한다. 그리고 나서 발해와 당의 관계에 대한『발해국사』의 시각을 가장 잘 보여주는 세 가지 문제, 즉 발해의 국호 문제, 책봉·칭신의 문제, 그리고 당의 압령(押領)과 발해의 예속문제 등에 대해 살펴보겠다. 공교롭게도 이 세 가지 문제는 최근 필자가 관심을 갖고 연구한 바 있으므로, 그 연구 결과를 함께 제시해 보기로 한다.

II. 당대 '지방민족정권론'의 성립 배경

러일전쟁 승리 후 일제의 대륙 침략을 역사적으로 정당화하기 위해 등장한 만선사학(滿鮮史學)은 중국과 역사적으로 무관한 역사지리 개념으로 '만주(滿洲)'를 창출했다. 그에 따라 반식민지 상태에 처한 중국에서는 변방 지리에 대한 관심이 커졌다. 특히 1931년 만주사변 발발과, 뒤이은 만주국(滿洲國) 성립 등으로 일제의 대륙침략이 본격화되자 중국의 역사학자들과 고고학자들은 중국 동북지방(만주)이 역사의 여명기부터 영토상 중국의 완전한 일부였다는 것을 강조하며 만선사학에 대해 역사적, 이론적 측면에서 비판했다.

푸스넨[傅斯年, 1896~1951]은 중국 고전에 나타난 동이(東夷)가 산둥반도와 그 남쪽의 화이허[淮河] 유역에 분포했다고 보던 종래의 견해를 만주까지 확대 해석한 『동북사강(東北史綱)』「고대편」(1932)을 저술했으며, 고고학자 리지[李濟, 1896~1979]는 대략 같은 주장을 피력한 『역사상의 만주(Manchuria in History)』(1932)를 준비하여 만주사변의 발발 현장을 시찰나온 국제연맹의 리튼 조사단에 제출했다.[4]

또한 『고사변(古史辨)』의 주편(主編)으로 유명한 구졔캉[顧頡剛]은 제자인 탄지샹[譚其驤]·펑쟈성[馮家昇]과 함께 1934년 3월에 『우공(禹貢)』을 창간했다. 이 잡지는 중국 고대와 현대의 역사지리를 연구하였고, 특히 1936년에 특집으로 발간한 『동북연구전호(東北研究專號)(6권 3·4합)』는 일본의 만주 침략에 대한 경각심에서 나온 것이었다.[5] 발해사와 관련하여 탕옌[唐晏]의 『발해국지(渤海國志)』(1919), 황웨이한[黃維翰]의 『발해국기(渤海國記)』(1931), 진위푸[金毓黻, 1887~1962]의 『발해국지장편(渤海國志長編)』(1934)·『동북통사(東北通史)』(1941) 등이 출간된 것은 이러한 흐름 속에서 나온 것이었다.

리지는 발해를 말갈족이 세운 왕국으로 규정하고, 발해가 고구려를 계승했다는 점을 부정했다. 즉 그는 대조영을 본디 당의 하급군관이자 말갈인이라고 단정하면서, 고구려와 관련있음을 배제하였던 것이다.[6] 진위푸도 『동북통사』에서 유사한 인식을 보이고 있다. 이처럼 발해를 말갈족이 세운 국가로 파악하는 견해는 만주를 중국사에서 배제하는 일제의 만선사학에 대항하는 차원에서 나왔던 것이기 때문에, 그 의미는 만선사학의 그것과 다르다. 즉 '만주'가 아니라 '중국의 동

4 이기동(2003), 「기원 연구의 흐름」, 『한국사시민강좌』, 일조각, 24쪽.

5 이개석(2005), 「현대중국 역사학 연구의 추이와 동북공정의 역사학」, 『중국의 동북공정과 중화주의』, 고구려연구재단, 34~35쪽.

6 이병호(2008), 「'東北工程' 前史—傅斯年의 『東北史綱』 비판」, 『동북아역사논총』 20, 269쪽.

북'을 전제하고 있는 것이다. 그렇지만 부여의 후예인 고구려와 백제가 멸망 이후 숙신(肅愼)의 후예인 발해에 합류하여 금(金), 청(淸)으로 이어졌다는 파악 방식은 만선사학과 유사하다.

여기서 주목되는 것은 진위푸의 인식변화다. 진위푸는 만주국 봉천도서관(奉天圖書館) 주임으로 1933년 동아고고학회(東亞考古學會)의 동경성(東京城) 발굴에 참여하는 한편 『발해국지장편』을 찬술했다. 여기서는 사료의 수집과 고증에 치중하며 발해사 귀속문제에 대해서는 거의 언급을 회피했다. 그러나 그는 1936년 7월 상하이[上海]로 망명하여 『우공』에 「요해총서목록제요(遼海叢書目錄提要)」를 실었고, 1941년 후반 쓰촨성[四川省] 싼타이[三台]로 이거하여 동북대학(東北大學)교수 겸 동북사지경제연구실(東北史地經濟研究室) 주임으로 재직하면서 『동북통사』를 저술했다.[7] 『동북통사』에서 발해를 속말말갈족이 세운 국가로 파악하여 중국 동북사에 편제했다. 역사서술 방식의 차이와 함께 여기에는 항일의식을 짙게 반영하고 있다.[8]

일제 패망 후 국공내전을 거쳐 새로이 출범한 중화인민공화국은 한족(漢族)과 55개 소수민족을 포괄하는 통일적다민족국가를 표방했다. 이에 따라 중국 학계는 전통시대 한족 중심의 중원왕조와 소수민족의 역사를 어떻게 파악할 것인지를 둘러싸고 논쟁이 촉발되었다. 중국사는 한족과 다수의 소수민족으로 구성된 중화민족(中華民族) 공동의 역사, 다민족(多民族) 대가정(大家庭)의 역사로 파악하여 역사 연구를 통해 현재 사회생활의 의의를 이해할 수 있어야 한다는 점에는 누구나

7 진위푸[金毓黻]의 생애에 대해서는 金景芳(1986), 「金毓黻傳略」, 『社會科學戰線』 2 ; 金景芳(1991), (『金景芳古史論集』, 吉林大學出版社 ; 邢玉林(1991), 「東北史壇巨擘金毓黻」, 『東北邊疆史地研究』 2 참조.

8 한규철(2007), 「해제」, 『김육불의 東北通史』 상, 동북아역사재단.

공감하였다. 그런데 통일적다민족국가의 형성 시점이 옛날부터인가 아니면 사회주의부터인가에 대해 바이서우이[白壽彝]와 쑨쭤민[孫祚民] 간에 첨예한 논쟁이 일어났다. 양자의 입장 차이는 '현재의 중국'과 '역사적 중국'의 일치 여부, 나아가 '고위금용(古爲今用)'과 '취고논고(就古論古)'로 요약할 수 있는데, 숱한 논쟁 끝에 '중국은 예로부터 통일적다민족국가였다'는 결론에 도달했다.[9]

한편 문화대혁명 시기에 민족정책은 대민족주의보다 지방민족주의 비판에 무게를 두게 되면서, 소수민족의 언어문자·생활방식·풍속습관·문화예술 등 민족의 차이나 소수민족지구의 특성을 모두 부인했다. 곧 민족문제를 계급모순으로 파악하여 계급투쟁 방식으로 해결하려고 하면서 수많은 소수민족 간부와 주민을 희생시켰다.[10] 따라서 문화대혁명 종결 이후에는 지난 시대의 과오를 씻고 민족단결을 회복하기 위해서 현재 중국을 구성하는 모든 민족의 조상들이 과거에도 함께 중국인이었음을 학문적으로 확인하는 일이 중요하게 되었다.[11]

이제 통일적 다민족국가론을 어떻게 과거 역사에 적용했는지를 1955~1982년 사이에 완성한 『중국역사지도집(中國歷史地圖集)』의 주편을 맡은 탄지샹의 견해를 통해 살펴보자.[12] 그는 과거 양쇼우징[楊守敬]이 편찬한 『역대여지도(歷代輿地圖)』(1904~1911)가 각 시대의 중원 왕조의 직할 판도만 수록하고, 각 왕조의 기미(羈縻) 지역이나 변경의

9 金翰奎(1992), 「古代 東아시아의 民族關係史에 대한 現代 中國의 社會主義的 理解」, 『東亞研究』 24.

10 이개석(2005), 앞의 글, 42~43쪽.

11 金翰奎(1992), 앞의 글, 15쪽.

12 譚其驤(1991), 「歷史上的中國和中國歷代疆域」, 『中國邊疆史地研究』 1. 그러나 이 글은 원래 1981년 5월 개최된 '中國民族關係史研究學術座談會'의 강연록이다.

민족정권의 강역을 포함하지 않은 점을 문제삼았다. 통일적다민족국가론에 입각해 볼 때, 한족 중심의 중원왕조를 역사상 중국과 동일시할 수 없었기 때문이다. 따라서 처음 『중국역사지도집』을 편찬할 때 먼저 역사상 중국의 강역기준을 어디에 둘 것인가를 확정할 필요가 있었는데, 그것을 1750년부터 1840년 아편전쟁 이전까지, 즉 청조(清朝) 전성기의 강역에 두었다. 그 이유는 우선 오늘의 중국과 과거의 중국은 다르며, 오늘의 중국은 통일적다민족국가이므로 역사상 중국은 중원왕조와 동일시할 수 없다는 데서 찾고 있다. 다음으로 '중국'이 국가 주권이 미치는 범위를 의미하기 시작한 것은 아편전쟁 이후 자본주의 열강과 제국주의의 침략을 받으며 점차 형성되었다고 볼 때, 수천 년 역사발전 속에서 자연스럽게 형성된 중국의 강역은 제국주의 간섭 이전 청조의 강역에서 찾을 수밖에 없다는 것이다.

이렇게 볼 때 문제는 1840년 이전에 국경이 양국에 걸쳐 있던 정권이나 민족의 귀속 문제다. 이에 대해 고구려를 예로 들며, 그는 압록강과 두만강을 경계로 하는 중국과 조선(한국)의 국경은 제국주의 침략 이전에 자연스럽게 형성 발전한 결과라는 점에 주목했다. 압록강 이북에서 발원한 고구려는 오랫동안 압록강 남북에 걸쳐 있다가 발전하여 압록강 이남으로 내려갔다. 따라서 고구려가 압록강 이북에 있을 때, 즉 5세기 이전의 고구려는 역사상 중국 경내에 소수민족이 세운 국가로 볼 수 있으며, 반면 평양 천도 이후는 중국 경내의 소수민족 정권이 아니라 외국으로 처리할 뿐만 아니라 압록강 이북에서 요하 이동의 영토도 외국의 영토로 보아야 한다는 것이다. 그러면서 평양 천도 이전의 고구려는 흉노(匈奴)나 남조(南詔), 대리(大理), 발해(渤海)와 마찬가지로 파악해야 한다고 보았다. 그에 따라 고구려는 『중국역사지도집』 2책 「진(秦)·서한(西漢)·동한(東漢) 시기」의 유주자사부(幽州

刺史部), 발해는 5책 「수(隋)·당(唐)·오대십국(伍代十國) 시기」에 수록했다.

평양 천도 이전과 이후 고구려를 전혀 다른 역사로 파악하는 인식은 심각한 문제를 야기하지만 여기서는 논외로 한다. 다만 5세기 이전 고구려와 발해를 역사상 중국 경내에서 소수민족이 세운 국가로 파악할 때, 고구려와 전한, 발해와 당의 관계는 문제삼지 않았다는 점에 주목하고 싶다. 탄지샹은 칭신납공(稱臣納貢)과 책봉을 근거로 중원왕조에 편입해야 한다는 주장에 대해서 명청대의 조선과 월남을 예로 들며 반대하였다. 즉 조선·월남과 명청조의 관계는 소국(小國)과 대국(大國)의 관계 또는 번속국과 종주국(宗主國)의 관계일 뿐이지, 이들이 명청조의 지방은 아니었다는 것이다.[13]

이러한 인식은 그가 당대 기미주(羈縻州)를 다룬 글에서도 엿볼 수 있다. 여기서 그는 발해 국왕이 당으로부터 제수받은 홀한주도독(忽汗州都督)은 허명(虛名)에 불과하다고 파악하였다. 즉 발해와 당의 2백년간 관계에서 보면, 홀한주도독은 당조가 조공국의 왕에게 더해준 공명(空名)일 뿐, 어떤 작용도 하지 않았으므로, 발해는 실질적으로 하나의 독립국이었으며, 당조에게 받은 봉작과 관직은 소국이 사대하는 일종의 예모(禮貌)에 불과하였다는 것이다.

다시 역사상의 중국을 논한 글을 살펴보면, 그는 송과 요, 송과 금의 전쟁을 내전으로 보는 데 반대하며 역사상 중국의 경내에서 벌어진 국가 대 국가의 전쟁으로 파악하고 있다. 이러한 논리를 발해에 적용해 보면, 당대 기미주를 통해볼 때 발해는 당의 판도에 속하지 않는 실질적인 하나의 독립국이지만, 통일적 다민족국가인 현재의 중국 입장에서 볼 때, 발해는 역사상 중국의 소수민족정권인 셈이다.

13 譚其驤(1990), 「唐代羈縻州述論」, 尹達 等編『紀念顧頡剛學術論文集』下.

즉 탄지상에게는 발해가 소수민족정권이자 독립국이라는 것이 모순이 아닌 듯하다. 어쩌면 이런 인식은 (최소한 탄지상에게는) 과거 발해 영역이 현재 중국 영역에 있고, 그 후예(로 추정하는) 소수민족이 현재 중국의 인민이므로 발해사를 중국사 틀에서 다룰 수 있다는 정도의 의미는 아닐까? 당위로서 통일적다민족국가론을 실제 역사 서술에 적용할 때 생기는 논리적 모순에 대한 자기 나름대로의 해결책이었던 것 같다.

문화대혁명이 끝난 후 중국 학계에서는 발해사 연구를 재개했다. 과거 발해 영역의 대부분이 현재 중국 영역 내에 있다는 이점을 활용한 중국 학계의 연구는 고고학 발굴 성과를 중심으로 이루어지는 특징을 보이지만, 통일적다민족국가론으로 발해를 당대 지방민족정권이라고 선험적으로 규정하였다. 그에 따라 고구려와의 연관성을 일체 부정하고 말갈 중심의 국가라는 사실을 강조했다. 여기서 주목되는 사실은 고구려가 한국사에 속한다는 사실을 인정하였다는 점이다. 즉 중국 학계는 해동삼국(海東三國)이라는 전통적인 동이관(東夷觀)에 따라 고구려를 한국사로 인식하였던 것이다. 다른 한편 발해사에서 말갈을 강조하는 이유는 그 종족 계통이 숙신(肅愼)–읍루(挹婁)–물길(勿吉)–말갈(靺鞨)–여진(女眞)을 거쳐 현재 중국의 소수민족의 하나인 만주족(滿洲族)으로 이어졌다고 파악하기 때문이다.

그런데 발해사는 이미 18세기부터 조선 실학자들이 주목한 바 있었다. 유득공의 『발해고』, 한치윤·한진서의 『해동역사』, 정약용의 『아방강역고』 등이 그것이다. 그 흐름은 1920년대까지 이어졌으나 식민지 치하에서 단절되었다. 그 대신 일제의 만선사학이 근대적 역사방법론으로 발해사 연구를 주도했다. 일제 패망 후 발해사의 주도권은 북한으로 넘어갔다. 북한은 통일신라를 부정하고 '발해와 후기신라'라는 용어를 공식화하며 발해사를 민족사 체계에 적극적으로 편입시키는 한편, 1960년대 중국과 수행한 공동 조사를 토대로 발해 고고학에 대한 상당한 연구 성과를 거두었다. 이때 발해는 고구려를 계승했으며 당에 독립적이며 대등한 관계였다는 점을 강조했다.

1980년대 이후 본격화된 중국의 발해사 연구는 북한의 선행 연구 성과를 의식하지 않을 수 없었다. 이 점에서 중국 학계가 발해사를 속말말갈 주체설로 파악할 수밖에 없었던 이유의 일단을 찾을 수 있다. 즉 고구려 계승국가로서 발해를 강조한 북한 학계의 견해에 대한 대응논리로 중국 학계는 말갈을 강조했던 것이다. 나아가 탄지샹의 의도과 달리 발해가 당의 책봉을 받고 당에 예속한 지방정권임을 강조하기에 이르렀다. 그럼에도, 실제 발해사에 나타나는 고구려와의 관련성이나 이를 규명하는 데 주력한 남북한의 연구 성과를 마냥 부정할 수만은 없었다. 2002년부터 중국이 고구려까지 중국의 지방정권으로 파악하는 동북공정을 추진한 배경에는 이러한 학문적 딜레마도 작용했을 것으로 짐작된다.

III. 발해의 국호

1. 초기 국호에 대한 논란

사료에 의하면, 698년 대조영이 동모산에 나라를 세우고 진국왕(振國王)(『구당서』) 또는 진국왕(震國王)(『신당서』)을 자처했고, 713년 당이 발해군왕(渤海郡王)으로 책봉하면서 국호는 발해로 바뀌었다고 전한다. 발해의 초기 국호가 진국(震國)과 진국(振國) 중 무엇인지, 또 여기서 왜 발해로 바뀌었는지 하는 문제는 발해의 정체성과 관련하여 중요한 문제다. 전근대의 국호는 외국이나 이전 왕조와의 차별성 또는 계승성을 나타내려는 목적에서 등장하는데, 그 명칭은 대체로 건국의 발상지나 종족명에서 연유한다. 요컨대 국호에는 지배층의 정체성, 즉 자의식이 반영되어 있는 것이다.

우선 초기 국호문제부터 살펴보면, 『발해사고』에서 초기 국호를 진국(震國)로 파악했던 저자들은 『발해국사』에서는 말갈국(靺鞨國)으로 견해를 바꾸었다. 애초 계획에서는 이 책의 1장 제목은 「발해국의 건립」이며, 그 아래 3절에서 '말갈국의 건립'이라고 했는데, 출간할 때에는 1장 제목 자체를 「말갈국의 건립」으로 바꾸었다. 반면 2장 제목은 「발해국의 발전과 강대」로 하였다. 「발해의 건립」 없이 곧바로 '발전'이나와 뭔가 어색하지만, 대조영을 비롯한 발해의 건국 주체를 속말말갈로 규정하고 있는 입장에서 초기 국호를 말갈(국)이라고 함으로써 속말말갈 주체설을 더욱 강조한 것이다.

우선 그 근거를 중국 측 문헌에서 살펴보면, ① 발해 당시 당대 문헌에 등장하는 '발해말갈(渤海靺鞨)'[『당육전(唐六典)』 권4 상서예부(尙書禮部), 『문원영화(文苑英華)』 칙신라왕김흥광서(勅新羅王金興光書) 등]은 당시 당이 발해국을 말갈인의 국가로 인식하였으며, 그 주체민족이 말갈이었음을 반영한다. ② 『통전(通典)』이 언급한 말갈도 당이 발해국을 말갈인의 국가로 인식한 것이며, 발해로 개칭하기 이전에 말갈을 정식 국호로 삼은 것을 증명한다. ③ 오대(五代) 때 편찬한 『구당서(舊唐書)』에서 '발해말갈'로 입전(立傳)한 것을 비롯하여 북송 초의 『오대회요(五代會要)』나 『책부원귀(冊府元龜)』 등에 등장하는 '발해말갈'과 '말갈'이라는 표현도 마찬가지이다. 즉 발해와 같은 시기 당에서 오대와 북송 시기에 이르는 중국 역사와 관련 사서의 기록에서는, 모두 발해를 말갈인들과 함께 언급하여, 발해를 말갈인의 국가로 인식하였다는 것이다. 따라서 발해의 왕족인 대씨와 그 주체민족은 바로 말갈, 정확히 말하면 속말말갈이라는 것이다.

특히 ④ 714년 대조영을 책봉하러 간 최흔(崔忻)이 귀국길에 남긴 홍려정(鴻臚井) 석각(石刻)에 그의 직함을 칙지선로말갈사(勅持宣勞靺羯使)라고 하였던 점은 대조영이 스스로 말갈이라고 불렀다는 증거로 특히 강조하고 있다. ⑤ 신라 측 기록에 나타난 말갈 또는 발해말갈, 그리고 ⑥ 720년 일본의 제군안남(諸君鞍男) 등이 파견된 말갈국이나 다하성비(多賀城碑)의 '(다하성에서 3천 리 떨어진) 말갈국' 등은 신라와 일본 같은 주변국도 발해의 주체민족을 말갈인으로 보았다는 것이다.[14]

이상의 사료들을 통해 『발해국사』는 대조영이 건국할 당시의 국호는 '말갈'이며, 양당서에서 전하고 있는 진국(振國)과 진국(震國)은 속칭

14 魏國忠·朱國忱·郝慶云(2006), 『渤海國史』, 中國社會科學出版社, 50~58쪽.

또는 별칭에 불과하다고 주장하고 있다. 대체로 한국 학계에서는 '말갈'이라는 명칭이 스스로 자칭한 것이 아니라 중원에서 동북쪽에 위치한 미개한 종족을 일방적으로 부른 명칭이라는 타칭론(他稱論)과 비칭론(卑稱論)으로 접근하는데,[15] 『발해국사』는 이에 대해 주관적 억측이라고 다음과 같이 반박하고 있다. 당이 707년 장행급(張行岌)을 보내 대조영을 초위(招慰)했던 것은 돌궐의 침략에 대해 주변국과 제휴하려는 당의 필요성 때문이었다. 그것은 713년 최흔을 파견할 때도 마찬가지였다. 따라서 당이 상대방의 비위를 맞추지 않고 오히려 멸시하려는 뜻을 지닌 '말갈'이라는 칭호를 상대에게 억지로 붙이는 것은 불가능했다는 것이다. 또한 대조영이 고구려인이라면 당이 억지로 붙인 멸시의 호칭을 받아들이지 않았을 것이라고 추정했다.[16]

그러나 이러한 반론 역시 주관적 억측에 불과하다. 발해 측의 문헌기록이 없는 상황에서 당의 일방적인 표현일 가능성이 상존하기 때문이다. 말갈족을 포함한 구고구려(舊高句麗) 세력이 당의 통치 범위를 벗어나 세운 발해의 등장은 당 입장에서 고구려 멸망이라는 위업을 훼손하는 것이므로 당은 이들의 존재를 애써 부정하기 위해서라도 미개한 말갈로 인식했을 가능성이 높다. 이것은 당시 신라 지배층에게도 마찬가지였다.[17]

즉 『발해국사』는 객관적 실체인 말갈과 당·신라가 주관적으로 인식하는 말갈을 혼동하고 있는 것이다. 또한 여기서는 진국(振國)과 진국

15 박시형(1962) 「발해사연구를 위하여」, 『력사과학』 1962-1 ; 김정배 엮음(1991), 『북한의 우리고대사 인식』, 대륙연구소 출판부 ; 韓圭哲(1994), 『渤海의 對外關係史—南北國의 形成과 展開』, 신서원.

16 魏國忠·朱國忱·郝慶云(2006), 앞의 책, 53~55쪽.

17 李康來(1999), 「『三國史記』의 靺鞨 認識—통일기 신라인의 인식을 매개로」, 『白山學報』 52.

(震國)을 말갈(국)의 속칭 또는 별칭으로 치부하고 그 의미에 대해서는 주목하지 않았다. 다만 대조영이 진국왕을 자칭한 것은 비록 일가를 이루었지만 당의 자민(子民)임을 잊지 않았고, 아버지 걸걸중상(乞乞仲象)이 당으로부터 진국공(震國公)을 받았음을 당에게 알리는 의미이며, 그것은 당 조정에 대한 화해의 신호와 같다고 보았다. 이 부분은 중국 학계에서도 많은 논의가 있었지만 특별한 언급이 없는 것은 다소 의아하다. 여기서 잠시 중국 학계의 논의를 살펴보자.

일단 발해사의 기본 사료인 『구당서』 「발해말갈전」과 『신당서』 「발해전」 가운데 중국 학계는 기본적으로 후자를 신뢰하고 있다. 발해와 당의 교섭 기사 일색인 전자에 비해 후자에는 발해의 정치제도와 지방제도 등을 전하고 있기 때문이다. 이 부분은 833년 발해를 방문했던 장건장(張建章)이 남긴 『발해(국)기[渤海(國)記]』에 따른 것으로 추정된다. 그런데 전자는 대조영의 출자를 '고려별종(高麗別種)', 초기 도읍지를 계루(桂樓) 고지(故地)라고 하여 발해와 고구려의 관련성을 드러내고 있다. 반면 후자는 같은 부분에 대해 각각 속말말갈 출신, 읍루 고지로 서술하고 있다. 즉 여기에는 발해와 고구려의 관련성을 의도적으로 배제하고 있는 것이다.

따라서 중국 학계는 『구당서』뿐만 아니라 『책부원귀』 등 다른 1차 사료에 전하는 진국(振國)을 무시하고 『신당서』에 따라 진국(震國)을 발해 초기 국호로 강조하는 견해가 대부분이다. 물론 『신당서』에는 걸걸중상이 진국공에 책봉된 데에서 진국(震國)이라는 국호가 연유한 것처럼 서술했기 때문에 나름대로 일관성이 있다. 『발해사고』도 진국(震國)의 유래에 대해서는 이렇게 파악했다. 이때 진(震)은 동방을 가리킨다는 점에서 중원의 전통사상을 반영하고 있다고 보았다. 그렇지만 『발해국사』는 진국왕의 자칭일 뿐 외부의 인정을 받지 못했으므로, 여전히 부족의 명칭인 말갈로 불렸다고 파악했다.[18] 이처럼 초기 국호를 말갈국으로 보는 견해는 일찍부터 제기된 바 있으며,[19]『발해국사』의 공저자인 하오칭윈과 웨이궈중도 이 책의 간행 직전에 발표한 바 있다.[20]

그러나 이에 대해서는 중국 내의 반론도 적지 않다. 주된 논지는 말갈은 민족 또는 종족의 명칭이지 국가명칭이 아니라는 데 있다. 다만 초기 국호가 진국(振國)과 진국(震國) 중 어느 것인지에 대해서는 의견이 갈린다. 먼저 진국설(震國說)을 주장하는 견해를 소개하면,[21] 우선 대조영이 세운 국가 이름이 말갈이라면 '발해말갈'은 국가의 이중 명칭이 되기 때문에 이치에 맞지 않는다고 비판했다. 다만 걸걸중상이 받은 진국공에서 진국왕이 유래했으며 대조영이 진국왕을 자칭한 것은 책봉 초기 아들이 아버지의 작위를 계승한 것이므로, 이런 역사적이나 문화적인 연원에서 볼 때 초기 국호는 진국(震國)임이 분명하다는 결론은『발해사고』와 유사하다. 반면 진국(振國)에는 이런 역사적 연관 관계가 없기 때문에 따를 수 없다는 것이다.

문제는 진(국)[振(國)]이 당의 실록에 근거한『구당서』나『책부원귀』 그리고『자치통감(資治通鑑)』뿐 아니라, 동시대 신라(新羅)의 기록에도 대조영이 건국했을 때 사용한 국호로 전하고 있는 기록들을[22] 무시하

18 朱國忱·魏國忠(1984), 앞의 책, 39쪽.

19 金香(1990),「渤海國曾經稱過'震國'嗎」,『渤海史學術討論會論文集』; 孫進己·孫海 主編(1997),『高句麗 渤海硏究集成』4; 趙哲夫(2001),「'振國'考」,『渤海上京文集』1, 渤海上京遺址博物館.

20 紀勝利·郝慶云(2004),「渤海國初建之際國號考」,『中國邊疆史地硏究』2004-6; 魏國忠(2006),「渤海國號初稱'靺鞨'考」.『東北史地』2006-3; 魏國忠(2006),「渤海國號初稱'靺鞨'再考」,『고구려연구』25.

21 張碧波(2002),「渤海早期國號考察」,『黑龍江民族叢刊』2002-1.

22『冊府元龜』卷959,「土風」1 "振國 本高麗 其地在營州之東二千里";『冊府元龜』卷964,「封冊」2, "玄宗先天二年(713) 二月 …… 是月 封靺鞨大祚榮爲渤海

거나 전사(轉寫)하는 과정에서 생긴 오류로 보는 점이다. 이 점에서 중국 학계에서 최근 진국(振國)이 발해 초기 국호라는 주장이 제기된 것은 주목할 만하다.[23]

이에 따르면, 우선 말갈은 족속 명칭이지 국호는 아니며, 진국공에서 진국왕이 유래했다는 것은 사료적 근거가 없다고 보았다. 특히 『신당서』에서 대조영이 진국왕을 자칭한 후 돌궐에 사신을 보낸 기록에서 볼 때, 진국왕이 중원의 지배를 받겠다는 의지를 나타낸 것이라고 한다면, 이는 발해가 돌궐과 교류한 사실과는 모순이라고 지적했다. 따라서 진국(振國)이 초기 국호일 수밖에 없는데, 이것은 진국(辰國)의 또다른 표기로 보았다. 대조영이 진국(辰國)을 국호로 한 것은 진한(辰韓)의 후예인 신라를 상대로 정통성을 주장할 뿐만 아니라 고구려 유민의 지지를 얻으려는 의도에서 나왔다는 것이다. 결론의 타당성은 차치하더라도 이 견해는 사료적 근거를 일일이 검토했다는 점에서 학술적으로 가치가 높다.

한편 진국(振國)의 의미에 대해서는 '나라의 위력을 사방에 떨치는[振興] 큰 나라'로 보는 견해가 일찍이 제기된 바 있다.[24] 이와 달리 인민을 구제한다는 뜻의 '진민(振民)'과 결부시켜 고구려 유민을 구제한

郡王(大祚榮 聖曆千[中]自立爲振國王)";『册府元龜』卷967,「繼襲」2, "渤海靺鞨 唐聖曆中高麗別種大祚榮自立爲振國王";『册府元龜』卷1000,「讐怨」, "渤海國王武藝本高麗之別種也 其父祚榮東保桂婁之地 自立爲振國王 以武藝爲桂婁郡王";『資治通鑑』卷210,「唐紀」26, "開元元年(713) 二月 初 高麗旣亡 其別種大祚榮徙居營州 及李盡忠反 …… 祚榮遂帥其衆東據東牟山 築城居之 …… 自稱振國王";『東文選』卷33,「表箋」, 謝不許北國居上表, "臣謹按渤海之源流也 …… 其首領乞四羽及大祚榮等 至武后臨朝之際 自營州作孼而逃 輒據荒丘 始稱振國."

23 楊軍(2006),「渤海早期國號考」,『東北史地』2006-1.

24 박시형(1979),『발해사』, 김일성종합대학출판사;박시형(1989), 이론과실천, 50쪽.

사실에서 유래했다고 파악하기도 한다.[25] 그런데 대조영이 건국 직후 대당견제의 일환으로 돌궐과 신라 등에 활발하게 사신을 파견한 사실로 미루어 볼 때, 전자의 견해가 좀더 설득력이 있다고 생각된다. 그럼에도 불구하고 『발해국사』는 이런 견해에 대한 아무런 소개 및 비판이 없다.

2. 발해로 국호 변경

698년 진국왕을 자칭한 대조영은 713년 당에게서 좌효위대장군·홀한주도독·발해군왕으로 책봉되었다. 이로써 발해와 당은 국교를 수립했다. 그런데 『신당서』 「발해전」에는 "이때부터 말갈의 호칭을 버리고 오로지 발해로만 칭했다"고 전한다.[26] 이를 근거로 진국에서 발해로 국호가 바뀌었다고 보는 것이 통설이다. 『발해국사』는 초기 국호를 말갈로 보는 만큼, 각종 사서에 등장하는 '발해말갈'의 발해는 현재의 국호를 가리키고, 말갈은 발해로 개칭하기 전의 국호일 뿐만 아니라 주체민족의 족칭(族稱)으로 보고 있다.[27] 그런데 『신당서』 「발해전」은 외국열전이므로, 이 문장의 주체는 발해라기보다 당으로 보는 것이 옳다.

더구나 당은 713년 책봉 이후로 발해로만 통칭하지도 않았다. 『구

25 酒寄雅志(1976), 「渤海の國號に關する一考察」, 『朝鮮史研究會會報』 44, 6~7쪽.

26 『新唐書』 卷219, 「列傳」 144, 渤海, "睿宗先天(712~713)中 遣使拜祚榮爲左驍衛大將軍·渤海郡王 以所統爲忽汗州 領忽汗州都督 自是始去靺鞨號 專稱渤海."

27 魏國忠·朱國忱·郝慶云(2006), 앞의 책, 50~51쪽.

당서』「본기」에 738년까지 발해말갈이란 표현이 등장한다는 사실은 이미 지적된 바 있지만,[28] 『책부원귀』에는 741년까지 발해말갈이 나타난다.[29] 따라서 발해로만 통칭했던 시기는 713년 이후가 아니라 최소한 741년 이후를 가리키는 것이므로 문제의 구절은 『신당서』의 편자가 후대의 사실을 소급하여 삽입한 것이다. 더군다나 725년 태산(泰山)에서 행해진 봉선(封禪)에는 당의 내신(內臣)뿐 아니라 주변국의 사신이 거의 모두 참석했다는 점에서 발해 또한 예외는 아니었을텐데, 이때 참석자를 '발해'가 아니라 '말갈'로 표현하고 있는 점은[30] 당도 발해를 국호로 사용하지 않았음을 의미한다. 오히려 책봉을 계기로 후대에 국호가 발해로 바뀌었다는 『신오대사(新五代史)』의 견해가 실상에 더 가깝다.[31]

그런데 왜 당이 대조영을 책봉할 때 굳이 '발해'라는 명칭을 사용했을까? 『발해국사』는 진위푸[金毓黻]와 류전화[劉振華]의 견해를 소개하며 발해는 말갈과 음이 통하면서도 우아하게 표현한 것이라고 보고 있다. 진위푸는 두 가지 가능성을 제기한 바 있다. 먼저 '발(渤)'과 '말(靺)'

28 『舊唐書』 卷9, 「本紀」 9, 玄宗 下 "開元二十六年(738) 是歲渤海靺鞨王大武藝死 其子欽茂嗣立 遣使弔祭册立之"; 酒寄雅志(1976), 앞의 글, 7~8쪽.

29 『册府元龜』 卷971, 「朝貢」 4, "開元二十九年 四月 渤海靺鞨遣使進鷹及."

30 『舊唐書』 卷23, 「禮儀」 3, "開元 十三年(725) 十一月 丙戌 至泰山 …… 壬辰 玄宗御朝覲之帳殿 大備陳布 文武百僚 二王後 孔子後 諸方朝集使 岳牧擧賢良及儒生·文士上賦頌者 戎狄夷蠻羌胡朝獻之國 突厥頡利發 契丹·奚等王 大食·謝颶·伍天十姓 崑崙·日本·新羅·靺鞨之侍子及使 內臣之番 高麗朝鮮王 百濟帶方王 十姓摩阿史那興昔可汗 三十姓左右賢王 日南·西竺·鑿齒·雕題·牂柯·烏滸之酋長 咸在位"
여기에 보이는 靺鞨의 侍子는 같은 해 5월부터 宿衛로 체류한 무왕의 동생 大昌勃價일 것이다(『册府元龜』 卷975, 「褒異」 2, "開元十三年 五月 渤海王大武毅之弟大昌勃價來朝 授左威衛員外將軍 賜紫袍金帶魚袋 留宿衛").

31 『新五代史』 卷74, 「四夷附錄」 3, 渤海, "至中宗時 置忽汗州 以祚榮爲都督 封渤海郡王 其後世遂號渤海."

이 동부자(同部字)이고 '해(海)'와 '갈(鞨)'이 동성자(同聲字)이므로, 당은 말갈과 음이 가까운 발해를 취하여 발해군왕에 봉하였다고 보았다. 다른 하나는 말갈은 물길의 역음(譯音)인 데다 당이 변방의 이민족에게 부친 명칭이므로 대조영은 말갈을 아화(雅化)하여 발해를 취하였다는 것이다.[32] 전자는 타칭설(他稱說), 후자는 자칭설(自稱說)이라는 전혀 다른 입장인데도, 동일한 논지로 귀결하고 있다.

한편 류전화는 『삼국유사』 「말갈발해」에서 의미가 불분명한 일연(一然)의 주석 '발해는 말갈의 별종이나, 다만 개합이 같지 않을 뿐이다(渤海乃靺鞨之別種 但開合不同而已)'에 대해 개합(開合)을 음운학 용어인 개구호(開口呼)와 합구호(合口呼)로 파악했다. 즉 발과 말은 합구호며 해와 갈은 개구호로 발해와 말갈은 동일음은 아니지만 근사음으로서 약간의 차이가 있기 때문에 일연이 '개합부동(開合不同)'이라고 기록했다는 것이다.[33] 『발해국사』보다 먼저 나온 개설서도 이 견해를 따르는 만큼[34] 당이 말갈과 음이 유사한 옛 군명(郡名)인 발해를 말갈의 아칭(雅稱)으로 차용했다고 보는 것이 중국 학계의 통설이라고 할 수 있다. 그러나 이렇게 되면, 이미 중국 학자도 지적했듯이 한 국가에 대한 이중명칭이라는 점에서 상식적으로 납득할 수 없다. 결국 말갈과의 관련성을 강조하는 선입관에서 나온 억설이라고 하지 않을 수 없다.

더구나 당이 돌궐과 그에 복속된 거란과 대치하는 상황에서 발해와 국교를 수립한 과정이나, 대조영을 발해군왕에 책봉할 때 함께 수여한

32 金毓黻(1939), 『東北通史』, 國立東北大學東北史地經濟硏究室編印[台聯國風出版社, 1969, 393~394쪽].

33 劉振華(1981), 「渤海大氏王室族屬新證」 『社會科學戰線』 1981-3 ; 王承禮·劉振華 主編(1991), 『渤海的歷史與文化』, 延邊人民出版社, 35쪽.

34 王承禮(2000), 앞의 책, 36쪽.

좌효위대장군·홀한주도독이라는 관직에 당의 기미지배 이념을 강하게 반영하고 있는 점을 감안하면, 발해군왕도 언어학적 접근보다는 정치적 측면에서 고려할 필요가 있다. 최근 이 점을 감안한 논고들이 발표되었다. 그중 중국에서 발표된 논문의 주장은 다음과 같다. 대조영의 발해군왕 책봉 이전부터 당은 내지의 발해군(渤海郡)에 거주하는 발해 고씨(高氏)들을 발해군왕, 발해현후(渤海縣侯) 등에 봉작한 바 있다. 당은 새로 등장한 대조영 정권과 고구려의 관련성을 단절시키기 위하여 내지의 발해군에서 연유한 발해를 책봉호에 사용하였으며, 나아가 대조영 정권과 발해 고씨를 일체화시킴으로써 당의 속국인 발해가 당의 속지임을 널리 알리려는 의도도 있다는 것이다.[35]

반면 국내에서 발표한 논고는 당이 대조영을 발해군왕에 책봉하기 바로 전해인 712년 유주 남쪽에 배치한 발해군(渤海軍)에 주목했다. 발해군의 설치 목적은 영주를 회복하기 위해 거란 및 해와 대치하는 유주절도사를 후원하는 것이었다. 그런데 시간적 간격으로 보아 발해군과 발해군왕의 발해는 동일한 대상을 가리키는 것이 틀림없다는 것이다. 따라서 당이 대조영을 발해군왕에 책봉한 것은 역시 발해만 너머에서 거란을 견제하라는 의도를 반영하고 있다는 것이다. 나아가 대조영이 발해군왕에 책봉되었지만 여전히 진국(振國)을 국호로 사용했으며, 762년 문왕이 발해군왕에서 발해국왕으로 승진 책봉되면서부터 스스로 발해를 국호로 사용하기 시작했다고 추정했다.[36]

『발해국사』에서 발해 초기의 국호를 말갈국으로 보는 견해는 일단 사료에 대한 충분한 검토가 없다는 점과 당이 대조영을 책봉할 때 군

35 馬一虹(2002), 「唐封大祚榮'渤海郡王'號考」, 『北方』 2002-2.

36 김종복(2005), 「渤海 國號의 성립 배경과 의미」, 『韓國史硏究』 128, 17쪽.

이 '발해'라는 명칭을 사용한 이유에 대해 설명하지 못한다는 점에서 문제가 있다.

또한 이 책에서는 발해와 당의 국교 수립, 즉 발해가 당의 초위를 받아들여 책봉을 받은 이유를 돌궐의 속박에서 찾고 있다. 발해가 건국 초기에 돌궐과 통교한 점, 그리고 나중에 흑수말갈이 돌궐의 토둔(吐屯)을 요청할 때 발해 사신과 동행했다는 점 등을 근거로 돌궐이 발해를 강압했고, 여기서 벗어나기 위해 발해가 당과 국교를 수립했다고 보는 것은 논리적 비약이다. 결국 시종일관 당과 발해의 친선 관계를 강조하려는 것인데, 그에 따라 발해 건국(698)에서 등주 공격(732)까지 발해가 돌궐·거란·해와 동조하며 당에 대해 독립적이고 나아가 강경책을 취했던 상황과 의미를 간과하거나 축소하여, 발해 초기의 역사를 구체적으로 묘사하는 데 실패하고 있다.

결국 『발해국사』는 발해 역사를 서술하면서도 발해의 주체적 입장에 대한 고려가 전혀 없는 것이다. 이 점은 "발해가 독립국가가 아니기 때문에 역대 발해왕들의 연호를 사용하지 않는다"는 언급을 통해서도 알 수 있다.

Ⅳ. 책봉과 칭번

『발해국사』의 5장 「발해 정권의 성격 및 당조와의 관계」의 1절 「책봉을 받고 당에 번국(藩國)을 칭함」은 그 구체적인 내용으로 ① 역대 왕들이 당조의 책봉을 받고, ② 신속과 번봉의 지위를 확립했으며, ③ 번례를 엄수하고 의무를 이행한 것을 서술하고 있다. 결국 발해는 당의 지방정권이라는 것이다.

그 내용을 좀더 구체적으로 살펴보면, ①에서는 먼저 고왕(高王) 대조영(大祚榮), 무왕(武王) 대무예(大武藝), 문왕(文王) 대흠무(大欽茂), 강왕(康王) 대숭린(大嵩璘), 정왕(定王) 대원유(大元瑜), 희왕(僖王) 대언의(大言義), 선왕(宣王) 대인수(大仁秀), 대이진(大彝震), 대건황(大虔晃) 등 아홉 왕이 당에게서 정식 책봉 받은 사실을 사료를 통해 서술했다. 다음으로 책봉 기사가 없는 폐왕(廢王) 대원의(大元義)와 성왕(成王) 대화여(大華璵), 간왕(簡王) 대명충(大明忠)은 재위 기간이 짧거나 즉위 과정이 비정상이어서 책봉을 받지 못한 것으로 파악했다. 끝으로 대현석(大玄錫)과 대위해(大瑋瑎), 대인선(大諲譔) 등은 다른 사료를 통해 책봉받았을 것으로 추정했다. 즉 대현석은『신당서』「발해전」 말미에 즉위 기사만 전하지만, 재위 기간이 20년이나 되며 당과 친밀한 관계를 유지했으므로 책봉 받았을 가능성이 높다는 것이다. 또 895년 대위해에게 내리는 칙서는[37] 책봉 조서가 틀림없다고 보았다.

37 『唐會要』卷57, 「翰林院」, "乾寧二年十月 賜渤海王大瑋瑎敕書 翰林稱加官合是中書撰書意 諮報中書."

한편 당이 멸망한 후 오월(吳越)의 전구(錢鏐)가 책봉한 발해왕은,[38] 시기를 보면 대인선일 가능성이 높다고 보았다. 결국 발해 전체 국왕 15명 가운데 12명이 당과 중원 왕조의 책봉을 받았다는 것이다.

그런데 주지하듯이 발해 2대왕 무왕 대무예가 즉위하자마자 아버지 대조영에게 고왕이라는 시호를 올리고, 인안(仁安)이라는 연호를 사용한 사실은 널리 알려져 있다. 당의 책봉을 받았지만 독자연호를 사용한 것은 발해의 독자성을 보여주는 사례다. 그런에도 『발해국사』는 비공식적으로 몰래 진행한 것이라고 다소 억지스럽게 해석하고 있다.

한편 대조영이 '발해왕(渤海王)'이나 '발해국왕(渤海國王)'이 아닌 '발해군왕'에 책봉되었던 것은 당의 정식 번봉이 아니었음을 의미한다고 보았다. 따라서 무왕이 독자연호를 사용하거나 732년 당의 등주를 공격한 것은 정식으로 번봉국(藩封國)의 합법적인 지위를 획득하려는 시도로 해석했다.[39] 문왕이 대흥(大興)과 보력(寶曆)이라는 연호를 사용하고 내부적으로 '황상(皇上)'과 '성인(聖人)'을 참칭하고 존호를 사용한 것도 마찬가지로 보고 있다. 다만 문왕은 무왕처럼 공개적으로 당에 대항하지 않았으며, 안사의 난 이후 동북 지역에 대한 통제력과 영향력이 약화되자 당은 발해와 예속 관계를 강화하고 변방의 방위를 맡기기 위해 762년 문왕을 발해국왕으로 승진 책봉하였고, 이로써 발해는 정식으로 번봉국이 되었다고 보았다.[40]

당의 작호상 '군왕'과 '국왕'은 각각 종1품과 정1품으로 위계가 다른

38 『新伍代史』卷67, 「吳越」 7, 錢鏐, "唐莊宗入洛 鏐遣使貢獻 求玉册 …… 乃賜鏐玉册金印. 鏐因以鎭海等軍節度授其子元瓘 自稱嗚越國王 …… 遣使册新羅·渤海王 海中諸國 皆封拜其君長"

39 魏國忠·朱國忱·郝慶云(2006), 앞의 책, 94·253~254쪽.

40 魏國忠·朱國忱·郝慶云(2006), 앞의 책, 254~255쪽.

만큼, 대우나 처지가 달랐을 것이다. 그러나 여기서는 단지 정식 번봉국의 유무로 파악하고 있다. 그 경우 정식 번봉국과 그렇지 않은 경우 어떤 차이가 있는지에 대한 자세한 설명이 없다. 대조영이 당의 책봉을 받은 이상 사실상 당의 방국(方國) 또는 번봉(藩封) 정권이라고 규정하면서도 당이 처음부터 발해국왕이 아닌 그 보다 낮은 등급의 발해군왕으로 책봉한 이유는 무엇인지 아무런 설명이 없다. 결국 여기에는 당이 옛 고구려 세력이 주축을 이룬 신생 국가에 대한 의구심을 반영하고 있다고 볼 수밖에 없는데, 그것은 역으로 이들이 당에 대해 독자적인 자세를 취했음을 반영한다. 그것은 대조영이 진국을 세우자마자 당과 대립하던 돌궐 및 신라과 통교하고, 당의 책봉을 받은 무왕이 독자적인 시호와 연호를 사용하였으며 나아가 당의 거란 토벌 요청에 대해 호응하지 않은 역사적 사실이 증명한다.

이와 관련하여 무왕에 대한 부정적 평가도 주목된다. 즉 무왕이 무력을 남용하고 영역을 확장한 일, 특히 등주를 공격하여 벌인 당과의 전쟁은 인력과 물리력, 재력을 과도하게 소모하여 발해 발전에 부정적인 영향을 끼쳤다는 것이다.[41] 그러나 무왕이 대당강경책을 취한 배경에 당과 대립하던 돌궐 및 거란과 제휴하여 대외안정을 확보하여 주변의 영역을 확대하고 말갈제부(靺鞨諸部)를 통제하려는 의도가 있었다는 점에 대해서는 간과하고 있다. 문왕대의 지배체제 정비는 무왕대의 영역 확장을 토대로 이루어질 수 있었기 때문이다.

발해를 당대 지방민족정권으로 설명하기 위하여, 당과 발해 간의 책봉 관계를 과도하게 적용한 나머지 발해사의 역동적인 전개 과정을 소홀히하고 그 결과 발해사의 주체적 측면이 간과되었다는 점은 여기

41 魏國忠·朱國忱·郝慶云(2006), 앞의 책, 100쪽.

서도 확인된다.

전근대 동아시아 세계를 이해하는 단서로서 책봉체제에 대한 연구는 일찍부터 시작되었으며, 그 실체에 대한 적지 않은 논란이 있었다. 그러나 그것이 책봉 주체인 중국왕조 중심의 논리이며 책봉을 받는 쪽의 논리는 충분히 취급하지 않았고, 현실의 국제관계에서 명분과 다르게 나타나는 실태에 대해 충분히 해명하지 못했다는 점에서 많은 비판이 있었다.[42] 고구려와 발해가 당의 지방정권이라는 중국 학계의 입장 역시 책봉이 이념에 그치는 것이 아니라 실제로 구현되었다는 점을 강조하고 있다. 이에 대한 비판적인 검토도 다각도에서 이루어진 만큼,[43] 여기서는 이론적인 문제보다 구체적인 사실들에 대해 살펴보기로 한다.

『발해국사』는 당대에 작위를 받은 자가 죽고 그 아들이 부친의 자리를 이어받을 때, 그 아들에게 부친보다 한 등급 낮은 작위로 책봉해 주는 관례를[44] 깨고, 당이 대조영과 대무예, 그리고 대흠무까지 모두 발해군왕에 책봉한 사실은 당이 발해의 번봉국 지위를 인정했기 때문이라고 보았다.[45] 흥미있는 지적이지만, 당이 발해를 국내가 아니라 외국으로 간주했다면 굳이 당 국내에서 통용되는 조항에 적용하지 않았을 가능성도 감안할 필요가 있다.

---

42 菊池英夫(1979), 「總說—硏究史的回顧と展望」, 『隋唐帝國と東アジア世界』, 汲古書院; 金翰奎(2000), 「古代 東아시아 世界秩序의 構造的 特性」, 『東아시아 歷史의 還流』, 지식산업사.

43 최근 연구성과로는 여호규 외(2006), 『한국 고대국가와 중국왕조의 조공·책봉관계』, 고구려연구재단이 대표적이다.

44 『唐六典』 卷2 尙書吏部, 司封郎中, "皇兄弟·皇子皆封國 謂之親王 親王之子承嫡者 爲嗣王 皇太子諸子並爲郡王 親王之子承恩澤者亦封郡王 諸子封郡公 其嗣王·郡王及特封王子孫承襲者 降授國公."

45 魏國忠·朱國忱·郝慶云(2006), 앞의 책, 254쪽.

한편 발해 국왕들이 당의 책봉을 받은 것은 사실이다. 그러나 동시에 당은 신라 국왕들도 책봉했다. 특히 나당전쟁 후 경색되었던 신라와 당의 관계가 개선되기 시작한 것은 발해의 건국 때문이며, 발해의 등주 공격에 대하여 당이 신라에게 군사지원을 요구하고 그 결과 패강 이남의 영유권을 인정한 사실 등은 당과 발해관계를 이해하기 위해서는 당과 신라관계도 함께 고찰해야 할 필요성을 제기한다.

당은 713년 2월 대조영을 좌효위대장군·홀한주도독·발해군왕에 책봉했다. 그런데 당은 같은 해 10월 신라 성덕왕(聖德王)을 표기장군(驃騎將軍)·특진(特進)·행좌위위대장군(行左威衛大將軍)·사지절(使持節)·대도독계림주제군사(大都督雞林州諸軍事)·계림주자사(雞林州刺史)·상주국(上柱國)·낙랑군공(樂浪郡公)·신라왕(新羅王)에 새로 책봉했다. 여기에서 사지절·대도독계림주제군사는 독자 군사권을 의미한다.

당이 대조영을 책봉한 이유는 동북 방면의 요충지인 영주(營州) 회복에 1차 목적이 있었다. 그러나 건국 직후 돌궐과 통교한 발해는 당의 의도대로 움직이지 않았다. 따라서 당은 발해를 견제하기 위해서라도 신라와 밀접한 관계를 유지할 필요가 있었다. 당이 독자 군사권을 의미하는 사지절·도독계림주제군사라는 관호를 포함하여, 새로 성덕왕을 책봉한 이유는 여기에 있었던 것이다.[46]

한편 당이 발해 왕에게 수여한 책봉호를 일별하면, 9세기에 책봉호 중에 문산관과 직사관이 승진과 강등을 되풀이되는 특징을 보인다. 즉 새로 왕이 즉위할 때 당은 은청광록대부(종3품)·검교비서감(종3품)·홀한주도독·발해국왕에 책봉하였다가 얼마후 금자광록대부(정3품)·검교사공으로 승진시켰으며, 새로 즉위한 왕에게는 다시 은청광록대부·검교

46 김종복(2006), 「남북국의 책봉호에 대한 기초적 검토」, 『역사와 현실』 61.

비서감으로 강등시켰던 것이다.

반면 신라에는 일단 문산관의 경우 발해 국왕보다 높은 종1품 개부의동삼사(開府儀同三司)를 제수했으며, 이를 포함한 책봉호의 등락 없이 일관되게 수여하고 있다. 특히 732년 발해의 등주공격 이후 당이 신라에게 발해 공격을 요청하면서 내린 영해군사(寧海軍使)도 신라 말기까지 계속 수여했다.[47] 이렇게 볼 때, 당은 신라에게 발해 견제를 기대했음을 알 수 있다. 반면 발해 국왕에 대한 책봉호의 승진과 강등 현상은 발해와 당이 잠재적 대립관계에 있었음을 보여준다.

발해의 등주공격에 대해 당이 신라에 군사 동원을 요구하며 내린 칙서에서 '밖으로는 번신(藩臣)이라고 하면서 안으로는 교활함을 품고 있는[外稱藩翰, 內懷狡猾]' 발해의 이중적인 행태를 비난하고 있는 점은[48] 발해의 독자적인 태도를 보여주는 좋은 사례이다. 이는 책봉이라는 형식으로 당이 지향한 자기 중심적 국제질서의 이면을 보여준다. 그런데도 중국 학계는 이런 측면에 대해 전혀 언급이 없다.

결국 『발해국사』는 지방정권설에 입각해 당과 발해 관계에만 치중하기 때문에, 신라와 비교하여 발해사 전개 과정을 구체적이고 객관적으로 파악하는 데 실패하고 있다.

---

47 당이 신라와 발해 국왕에게 수여한 책봉호는 김종복(2006) 앞의 글, 82~84쪽에 도표로 정리된 바 있다.

48 『三國史記』 卷43, 「列傳」 3, 金庾信 下, "開元二十一年(733) 大唐遣使教諭曰 靺鞨渤海 外稱藩翰 內懷狡猾 今欲出兵問罪 卿亦發兵 相爲犄角 聞有舊將金庾信孫允中在 須差此人爲將 仍賜允中金帛若干 於是 大王命允中·弟允文等四將軍率兵會唐兵伐渤海."

V. 당의 압령

2절 '압령을 받고 당에 예속됨'은 ① 홀한주도독부의 설치, ② 변주(邊州) 장관의 통제[管領]와 지시[節度], ③ 당조의 장사(長史) 파견과 감독[監領]등으로 나누어 서술하고 있다.

『발해국사』를 비롯해 발해를 당대 지방민족정권으로 파악하는 중국 학계에서는 대조영이 발해군왕과 함께 제수받은 관직이 홀한주도독이라는 점을 들어 당의 기미부주(羈縻府州)의 하나, 즉 홀한주도독부(忽汗州都督府)가 설치되었다고 보고 있다. 그러나 홀한주도독부에 대한 기록은 어디에도 없다. 다만『신당서』「지리지」7하는 기미주에 대해 서술하고 있는 데, 그 중 하북도(河北道)에는 말갈족(靺鞨族)으로 이루어진 기미부주의 이름이 세 개씩 적혀 있다. 즉 신주(愼州)·이빈주(夷賓州)·여주(黎州)와 흑수주도독부(黑水州都督府)·발해도독부(渤海都督府)·안정도독부(安靜都督府)가 그것이다. 이 중 발해도독부를 홀한주도독부의 별칭으로 보고 있다.

그런데 신주 등은 당 초기에 귀부해 온 속말말갈의 오소고(烏素固) 부락 등을 안치하며 설치한 것이다. 또한 흑수주도독부는 개원 14년(726)에 설치되었다는 세주가 적혀 있다. 그렇지만 후술하듯이 775년 무렵 흑수말갈은 평로절도사의 관할 범위에서 벗어난 점을 감안하면, 흑수주도독부의 존속 기간은 일시적인 것에 불과하다. 어쩌면 발해의 흑수말갈 토벌로, 당으로 피한 흑수말갈의 일부를 안치한 것인지도 모른다. 이와 관련하여 주목되는 것은 무왕에 반대하여 당으로 망명한 대문예(大門藝) 무리이다. 대문예는 처음 장안으로 망명했지만 등주 공격 이후 발해를 공격하기 위해 유주(幽州)로 파견되었다. 당대에 활약한 이민족 장수로, 유일하게 발해말갈 출신인 이회광(李懷光)은 아버지 때부터 유주에 거주했다.[49] 그렇다면 발해도독부도 어쩌면 대문예를 따라 망명한 발해인들을 위해 설치한 기미주일 가능성도 배제할 수 없다.

설사 『발해국사』의 견해대로 발해가 당의 기미부주 중 하나라고 하더라도, 당대 기미부주의 실체는 매우 복잡하여 그 성격을 일률적으로 규정할 수 없다. 탄지샹은 『신당서』 「지리지」 7하 기미주 서문을 토대로 기미주는 다음과 같은 특징을 갖는다고 정리했다. 즉 ① 내부(內附)한 번이(蕃夷) 부락(部落)에 설치했고, ② 부락 수령을 도독·자사(도호·현령을 포함)로 삼았고, ③ 공부(貢賦)와 판적(版籍)은 대부분 호부(戶部)에 올리지 않았다는 것이다. 그러나 기미주의 정황은 매우 복잡하여, 지역과 국족(國族), 그리고 시기에 따라 차이가 커서 일괄적으로 논할 수 없다고 단서를 달았다. 여기서 탄지샹이 강조한 것은 두 가지이다. 하나는 당은 제도상 기미주를 설치하지 않고 당에 대해 칭신(稱臣)·납공(納貢)하는 일반 번속(藩屬)과 기미주를 구별하지 않았다는 점이다. 다른 하나는 기미주가 당의 영역인가 아닌가에 대해서는 당의 영역 또는 변경에 내부한 이민족에 설치한 기미주와 이민족 본토에 설치한 기미주로 구분하여, 후자로는 발해를 예로 들며 당의 영역이 아니라고 단언하였다.[50]

49 『舊唐書』 卷121, 「列傳」 71, 李懷光, "李懷光 渤海靺鞨人也 本姓茹 其先徙于幽州 父常爲朔方列將"; 『新唐書』 卷224上, 「列傳」 149上, 叛臣上, 李懷光, "李懷光 渤海靺鞨人 本姓茹 父常 徙幽州 爲朔方部將."

50 譚其驤(1990), 앞의 글.

이처럼 기미주가 복잡한 양상을 띠고 있었는데도 단편적인 기록을 사료 비판 없이 자의적으로 해석하는 것은 발해의 역사상을 왜곡하는 결과를 초래한다. 이 점에서 홀한주도독부를 통해 발해를 지방정권으로 파악하는 견해는 당의 기미정책의 성쇠(盛衰)와 같은 시간적 변화를 전혀 고려하지 않고 기미제도의 이념 또는 전성시대의 모습만 염두에 두고 있다는 지적은[51] 음미할 만하다.

다음으로 발해가 당의 기미주라고 규정한 결과, 발해를 관할한 당의 기구를 주목할 수밖에 없는데, 『발해국사』는 그것을 평로절도사와 연결하여 해석했다. 그래서 ② 변주 장관의 통제(管領)와 지시(節度)에서는 발해와 교섭하는 것을 관할 업무로 포함하고 있는 역대 평로절도사를 장황하게 서술하고 있다. 그런데 평로절도사의 대외적인 교섭과 관련하여 관할 범위에 변동이 있는 점은 간과하고 있다. 즉 741년 시점에서 평로절도사는 그 관할 대상에 양번(兩番), 즉 거란과 해 그리고 발해와 흑수를 포함하고 있었다.[52] 그런데 775년의 시점에서는 흑수가 빠지고 그 대신 신라를 포함하고 있다.[53] 신라가 당의 지방정권이 아닌 이상, 평로군의 관할 대상으로 나오는 이민족과 외국은 대외교섭, 즉 외교실무와 관련된 책임 범위를 의미하는 것으로 보아야 한다.

마지막으로 당이 발해에 당조를 파견하여 감령(監領)했다는 것은 『발해사고』 이래로 『발해국사』의 특징이라고 할 수 있다. 그런데 그 유

51 송기호(2006), 「대외관계에서 본 발해 정권의 속성」, 『한국 고대국가와 중국왕조의 조공·책봉관계』, 고구려연구재단, 215쪽.

52 『舊唐書』 卷9, 「本紀」 9, 玄宗 下, "開元 二十九年 …… 秋七月 乙卯 …… 幽州節度副使安祿山爲營州刺史 充平盧軍節度副使押兩番渤海黑水四府經略使."

53 『舊唐書』 卷11, 「本紀」 11, 代宗, "大曆 十年 …… 二月 …… 甲申 以平盧淄青節度觀察海運押新羅·渤海·兩蕃等使·檢校工部尙書·青州刺史李正己檢校尙書左僕射."

일한 근거는 830년대 당 문종(文宗)이 발해 국왕 대이진에게 보낸 국서에 보이는 장사(長史)이다.[54]

그런데 문제는 장사가 과연 당이 발해 조정에 파견한 관직인가에 대해서는 의문이 있다. 일찍이 김육불은 대내상(大內相) 또는 좌우상(左右相)이 겸직하는 발해의 관직으로 이해하였다.[55] 여기서 환기하고 싶은 것은 중국 정사 동이전(東夷傳)에 보이는 장사(長史)·사마(司馬)·참군(參軍) 등이 남북조시대 중국 왕조와 동이제국(東夷諸國)의 관계에서 주로 등장한다는 점이다. 이때 장사 등의 역할은 주로 외교 사절의 임무에 한정하고 있으며, 장사 등을 파견한 주체는 동이제국의 군장이었다.[56] 이 점을 감안한다면 발해 국서에 보이는 장사도 발해 자체의 관직일 가능성이 높다.

또한 발해, 즉 홀한주도독부가 당의 번진인 평로군(平盧軍)에 예속한 동시에 당 중앙조정이 장사를 파견했을 때, 당 중앙정부와 평로군의 관계가 문제가 된다. 주지하듯이 안사의 난 이후 각 번진이 독립적으로 할거했다. 과연 당의 입장에서 독립적으로 할거한 평로절도사와 지방정권인 발해가 어떤 차이가 있을지 의문이 들지 않을 수 없는데, 『발해국사』는 이에 대해 전혀 언급이 없다.

참고로 중국의 대표적인 발해사 연구자 가운데 한 사람인 왕청리

54 『文苑英華』卷471, 翰林制詔, 封敕, 與渤海王大彝震書, "勅渤海王大彝震 王子大昌輝等 自省表陳賀幷進奉事具悉 卿代襲忠貞 器資仁厚 遵禮義而封部和樂 持法度而渤海晏寧 遠慕華風 聿修誠節 梯航萬里 任土之貢獻俱來 夙夜一心 朝天之禮儀克備 龍庭必會 域何遙 言念嘉猷 豈忘悟嘆 勉弘敎義 常奉恩榮 今因王子大昌輝等廻國 賜卿官告及信物 至宜領之 妃及副王·長史·平章事等 各有賜物 具如別錄."

55 金毓黻, 『渤海國志長編』卷15, 職官考, 其他內官.

56 金翰奎(1985), 「南北朝時代의 中國的 世界秩序와 古代韓國의 幕府制」, 『韓國古代의 國家와 社會』, 一潮閣.

[王承禮]는 발해는 중앙정부와 밀접히 왕래했을 뿐만 아니라 평로군 등 지방정부와도 직접 관계를 가지고 있었다고 파악한 바 있다.[57] 이 경우 지방정권과 지방정부의 상호 교섭에 대해 중앙정권이자 중앙정부인 당 조정은 어떤 자세를 취했으며, 그러한 당의 국가 성격은 어떠했을지 궁금하다. 그런데 그는 나중에는 발해와 당 조정의 관계를 번속국 대 종주국 관계일 뿐만 아니라 지방정부와 중앙정부 관계로 표명하였다.[58] 지방정권론에서 한걸음 나아가 지방정부론을 주장하는 이 견해 역시 발해의 대당예속도를 강조한다는 점에서 『발해국사』와 크게 다르지 않다.

VI. 맺음말

이상에서 중국이 2002~2007년 사이에 추진한 동북공정의 과제 중 하나인 『발해국사』에 서술된 발해와 당의 관계를 검토해 보았다. 우선 이 책이 전제로 하고 있는 통일적다민족국가론에 바탕을 둔 지방민족정권론의 성립 배경을 살펴보았다.

러일전쟁 승리 후 일제의 대륙 침략을 역사적으로 정당화하기 위해 등장한 만선사학은 중국과 역사적으로 무관한 역사지리 개념으로 '만

57 王承禮(1984·1987), 앞의 책, 166쪽.

58 王承禮(2000), 앞의 책, 192쪽.

주'를 창출했다. 그에 따라 중국에서는 '만주'가 아닌 '중국 동북사'의 시각에서 발해사에 관심을 기울였다. 중화인민공화국은 통일적다민족국가를 표방했고, 이에 따라 과거 역사도 재해석될 수밖에 없었다. 통일적다민족국가론으로 과거 중국의 역사지리를 정리한 『중국역사지도집』의 주편을 맡은 탄지샹의 견해에 의하면, 과거 한족 중심의 중원왕조와 역사상 중국을 일치시킬 수 없었다. 따라서 역사상 중국의 강역을 자본주의 열강과 제국주의 침략 이전의 청조 전성기의 그것에 두었다. 그 결과 발해는 역사상 중국의 경내에 소수민족이 세운 국가로 파악했다. 결국 발해는 당대 지방민족정권으로 규정될 수밖에 없었다. 그렇지만 그는 발해가 명목당 당의 기미주이지만 실제로는 당에 대해 독립국이었다고 파악했다.

1970년대까지 발해사 연구를 주도한 것은 북한이었다. 북한은 '통일신라'를 부정하고 '발해와 후기신라'라는 용어를 공식화하며 발해사를 민족사체계에 적극 편입시켰다. 이때 발해는 고구려를 계승했으며 당에 독립적이며 대등한 관계였다는 점을 강조했다. 중국의 발해사 연구는 1980년대 이후 본격화되었는데, 이때 선행연구로서 북한의 견해를 의식하지 않을 수 없었다. 그 결과 발해의 주체 종족은 고구려 유민이 아니라 속말말갈이며, 그 정권은 당의 책봉을 받고 칭신했다는 점을 강조하게 되었다. 그렇지만 발해사에 나타난 고구려와의 관련성을 무시할 수만은 없었다. 중국이 고구려까지 지방민족정권으로 파악하는 동북공정을 추진한 배경에는 이러한 학문적 딜레마도 작용했을 것이다.

다음으로 『발해국사』에 나타난 발해와 당의 관계를 발해의 국호 문제와 책봉 및 칭번 그리고 당의 압령 등을 중심으로 검토해보았다. 먼저 『발해국사』는 대조영이 건국했을 때 국호를 말갈국으로 파악하고, 사서에 보이는 진국(振國)과 진국(震國)을 그 속칭 또는 별칭으로 보았다. 속말말갈 주체설을 이전보다 더 강조하고 있는 것이다. 또한 발해군왕의 '발해'를 '말갈'과 동의어로 파악한 것도 마찬가지다. 그런데 초기 국호를 진국(振國)이나 진국(震國)으로 보는 견해가 여전히 있고, '발해'의 어의나 발해군왕 책봉의 의미에 대해서도 적지 않은 견해가 제기되고 있지만, 아무런 언급이 없다. 최근 연구성과로서 아쉬운 부분이다.

발해를 당대 지방민족정권으로 설명하기 위하여, 당과 발해 간의 책봉 관계를 과도하게 적용한 나머지 발해사의 역동적인 전개 과정을 소홀히 한 점도 지적하지 않을 수 없다. 예컨대 발해군왕 책봉은 발해가 당의 지방정권이라고 인정하는 것이지만 정식 번봉국은 아니라고 파악하여, 무왕의 등주 공격을 번봉국의 합법적인 지위를 획득하려는 시도로 파악한 것이 그것이다. 또한 발해 국왕에 대한 당의 책봉호는 승진과 강등을 되풀이하는 특징을 보이는데, 그것은 신라 국왕과 대조적이다. 즉 신라 국왕은 발해 국왕보다 높은 품계의 관직을 등락 없이 일관되게 수여받았기 때문이다. 이러한 차이는 당이 신라를 우대하여 발해를 견제하려는 의도에서 나온 것이다. 당에 대한 발해의 종속만 강조한 결과 발해사 자체에 대한 관심을 결여하고 있다고 할 수 있다.

또한 당의 번속국으로서 발해상(渤海像)을 강조한 나머지, 발해가 당의 평로군의 통제를 받는 한편 당 조정이 파견한 장사의 감독도 받는다고 파악했다. 즉 발해라는 지방정권은 중앙정부와 지방정부로부터 이중의 통제를 받는 셈인데, 그러한 당의 국가 성격에 대한 언급이 전혀 없다. 발해가 당대 지방민족정권이라면, 그를 통해 당의 지배질서나 통치구조 등 국가성격을 이해하는 데 도움을 주어야만 그러한 규정이 이론으로서 의미가 있을 것이다.

이상과 같이 『발해국사』의 내용을 살펴본 결과, 가장 큰 문제는 발해를 당대 지방민족정권으로 규정하여 발해사의 주체적 측면을 배제하고 그 실상을 왜곡한다는 점이다. 당대 지방민족정권론에 따르면 발해사의 주체는 발해가 아니라 당이기 때문이다. 그 때문에 발해 자체의 입장이 아니라 당과의 관계나 영향으로 발해사가 전개된 것으로 파악하여 '주인' 없는 역사가 되어버리는 셈이다.

참고문헌

사료

『舊唐書』.

『舊五代史』.

『唐會要』.

『大唐六典』.

『文苑英華』.

『三國史記』.

『三國遺事』.

『新唐書』.

『遼史』.

『資治通鑑』.

『全唐文』.

『册府元龜』.

『通典』.

단행본

고구려연구재단 편 (2004), 『중국의 발해사 연구—동향 분석』, 고구려연구재단.

김종복(2009), 『발해정치외교사』, 일지사.

여호규 외(2006), 『한국 고대국가와 중국왕조의 조공·책봉관계』, 고구려연구재단.

韓圭哲(1994), 『渤海의 對外關係史—南北國의 形成과 展開』, 신서원.

韓圭哲 外(2000), 『渤海史의 綜合的 考察』, 高麗大學校 民族文化硏究院.

金毓黻(1934), 『渤海國志長編』.

金毓黻(1939), 『東北通史』, 國立東北大學東北史地經濟硏究室編印[1969년판, 台聯國風出版社],

楊保隆(1988), 『渤海史入門』.

王承禮(1984), 『渤海簡史』.

王承禮(2000), 『中國東北的渤海國與東北亞』.

禹碩基·劉毅·竇重山(1995), 『渤海國與東亞細亞』.

李殿福·孫玉良(1987), 『渤海國』.

朱國忱·魏國忠(1984), 『渤海史稿』.

논문

金翰奎(1992), 「古代 東아시아의 民族關係史에 대한 現代 中國의 社會主義的 理解」, 『東亞硏究』 24.
金翰奎(2000), 「古代 東아시아 世界秩序의 構造的 特性」, 『東아시아 歷史의 還流』, 지식산업사.
김종복(2006), 「남북국의 책봉호에 대한 기초적 검토」, 『역사와 현실』 61.
박시형(1962), 「발해사연구를 위하여」, 『력사과학』 1962-1 [『북한의 우리고대사 인식』(김정배 엮음), 대륙연구소 출판부, 1991]
송기호(1988), 「발해사 연구의 몇 가지 문제점」, 『韓國古代史論』, 한길사.
李康來(1999), 「『三國史記』의 靺鞨 認識—통일기 신라인의 인식을 매개로」, 『白山學報』 52.
이개석(2005), 「현대중국 역사학 연구의 추이와 동북공정의 역사학」, 『중국의 동북공정과 중화주의』, 고구려연구재단
이기동(2003), 「기원 연구의 흐름」, 『한국사시민강좌』, 일조각,
이병호(2008), 「'東北工程' 前史--傅斯年의 『東北史綱』 비판」, 『동북아역사논총』 20.
한규철(2004), 「中國의 渤海史 硏究 小考」, 『文化傳統論集』 3, 慶星大學校 韓國學硏究所
동북아역사재단(2007), 「해제」, 『김육불의 東北通史』 상, 동북아역사재단.
金香(1990), 「渤海國曾經稱過'震國'嗎」, 『渤海史學術討論會論文集』[孫進己·孫海 主編, 『高句麗 渤海硏究集成』 4, 1997]
金景芳(1986), 「金毓黻傳略」, 『社會科學戰線』 2 [『金景芳古史論集』, 吉林大學出版社 邢玉林, 1991 「東北史壇巨擘金毓黻」 『東北邊疆史地硏究』 2].
紀勝利·郝慶雲(2004), 「渤海國初建之際國號考」, 『中國邊疆史地硏究』 2004-6.
譚其驤(1990), 「唐代羈縻州述論」, 『紀念顧頡剛學術論文集』 下(尹達 等編).
譚其驤(1991), 「歷史上的中國和中國歷代彊域」, 『中國邊疆史地硏究』 1.
馬一虹(2002), 「唐封大祚榮'渤海郡王'號考」, 『北方』 2002-2.
楊軍(2006), 「渤海早期國號考」, 『東北史地』 2006-1.
魏國忠(2006), 「渤海國號初稱'靺鞨'再考」, 『동아시아와 발해 I(고구려연구 25)』.
魏國忠(2006), 「渤海國號初稱'靺鞨'考」, 『東北史地』 2006-3.
劉振華(1981), 「渤海大氏王室族屬新證」 『社會科學戰線』 1981-3 [『渤海的歷史與文

化』(王承禮·劉振華 主編), 延邊人民出版社, 1991].
張碧波(2002), 「渤海早期國號考察」, 『黑龍江民族叢刊』 2002-1.
趙哲夫(2001), 「'振國'考」, 『渤海上京文集』 1, 渤海上京遺址博物館.
韓昇(2002), 「渤海」, 『二十世紀唐研究』(胡戟 外 主編), 中國社會科學出版社.
菊池英夫(1979), 「總說一研究史的回顧と展望」, 『隋唐帝國と東アジア世界』, 汲古書院.
李成市(1988), 「渤海史研究における國家と民族—'南北國時代'論の檢討を中心に」, 『朝鮮史研究會論文集』 25[『만들어진 고대』, 삼인, 2001].

평로군과 발해의 관계

정병준 | 동국대학교

Ⅰ. 머리말

평로군(平盧軍)은 당과 발해를 연결하는 교통로 지역에 설치되어 양국 간 외교·교역의 교량 역할을 수행했던 번진이다. 처음에 요서(遼西) 영주(營州)에 설치하였다가 안사의 난 중에 산둥[山東] 지역으로 이동한 후에도 그 기본 역할에는 변함이 없었다. 영주 시기의 평로절도사는 압양번발해흑수사부경략사(押兩蕃渤海黑水四府經略使)를 겸임하고, 산둥에서 평로절도사는 압신라발해양번사(押新羅渤海兩蕃使)를 겸임하여 해당 업무를 전담했던 것이다. 이들 사직(使職)의 기본 직무는 발해 등의 정세를 파악하여 조정에 보고하고, 사신이 입당(入唐)하면 이를 접대하며, 조공품과 입경(入京) 인원을 경사로 호송하고, 과소(過所, 통행증)를 발급해 주고, 관할 지역에 거주하는 발해인 등을 관리하고, 교역을 관장하는 것 등이었다.[1]

평로군은 당조의 위임을 받아 줄곧 발해와의 외교 관련 제반업무를 수행했지만, 그 중간에 평로절도사가 당조의 통치를 거부했던 시기가 있었음에 유의할 필요가 있다. 즉 고구려 유민인 이정기(李正己) 일가가 평로군을 지배하면서 자신의 이해관계에 따라 발해와의 관계를 조정했을 수 있기 때문이다. 하마다 고사쿠[濱田耕策]는 발해와 당의 외교사를 네 시기로 나누면서, 그렇게 분기(分期)하는 근거로 평로군의 동향을 들고 있다.[2]

1 鄭炳俊(2009), 「押新羅渤海兩蕃使와 張保皐의 對唐交易」, 『중국고중세사연구』 21, 중국고중세사학회, 354·359·366~367쪽.

2 濱田耕策(2003), 「渤海國の對唐外交—時期區分とその特質」, 佐藤信 編, 『日本と渤海の古代史』, 山川出版社, 57~62쪽; 古畑徹(2008), 「渤海와 唐과의 관

① 1기는 698년 대조영의 진국(振國) 건립부터 대무예의 치세까지, ② 2기는 대흠무의 즉위(737)부터 그가 발해 국왕으로 진작(進爵)되는 762년까지, ③ 3기는 대명충이 사망한 817년 말 혹은 818년 초까지, ④ 4기는 대인수의 즉위에서 멸망까지이다. 이 중 3기와 4기를 나누는 기준으로 이정기 일가의 멸망(819)을 들고, 또 3기를 전반과 후반으로 나누면서 이정기가 반당활동을 개시하는 778년[3]을 기준점으로 든다. 전체적으로 이정기 일가가 반당활동을 하며 발해와 당의 통교를 방해했기 때문에 발해의 견사(遣使)가 감소했다는 것이다.

근래 중국 학계에서는 발해가 중국사에 속한다는 주된 근거로 평로군을 거론하는 경우가 많다.[4] 그 같은 연구의 완결에 해당하는 것이 웨이궈중[魏國忠] 등이 공동으로 쓴 『발해국사(渤海國史)』(중국사회과학출판사, 2006)인데, 즉 발해는 당조의 번속국(藩屬國)이자 기미주(羈縻州)였으며 평로군이 그 상급 관아로서 실질적으로 관리·통솔했다는 내용이다.[5] 고구려와 발해 등의 귀속문제에 대한 중국 학자들의 견해는 크게 번속국론(또는 속국론)과 지방정부론(또는 지방정권론)으로 나눌 수 있지만,[6] 평로군과 발해관계에 대한 『발해국사』의 견해는 지방정부론의

계—濱田耕策씨의 시기구분을 둘러싸고」, 한일문화교류기금·동북아역사재단 편, 『東아시아속의 渤海와 日本』, 경인문화사, 67·72·74·75쪽.

3 다만 이정기의 반당활동 개시 시기를 언제로 볼 것인가에 대해서는 여러 견해가 있을 수 있다.

4 송기호(2006), 「대외관계에서 본 발해 정권의 속성」, 『한국 고대국가와 중국왕조의 조공·책봉관계』, 고구려연구재단, 175쪽의 〈표 1〉에는 중국 학자들이 말하는 '발해가 당나라 지방정권인 근거들'을 15가지로 정리하고 있는데, 가장 많이 언급하는 것이 조공·책봉이고 그 다음이 당의 감독이라고 한다.

5 이 책에서는 그간의 연구를 집대성하듯이 평로군 全史를 매우 상세히 기술하고 동시에 발해와의 관계를 기술하고 있다.

6 노태돈(2006), 「고구려와 북위 간의 조공·책봉관계에 대한 연구」, 『한국 고대국가와 중국왕조의 조공·책봉관계』, 고구려연구재단, 85~105쪽 참조.

전형에 속한다. 이 책에서 가장 심혈을 기울인 작업은 발해에 대한 평로군의 관리·통솔이 결코 이념이나 명분에 그치지 않고 실질적이었음을 밝히는 것이며, 그 실질성의 증거로 모두 8가지를 제시하고 있다[본문에서 〈증거 1~8〉로 표시]. 이에 이 증거들의 타당성 여부를 하나하나 검토하여 과연 평로군이 발해를 실질적으로 관리·통솔했는가를 확인해 보는 것이 이 글의 주목적이다.

이처럼 중국 학자들이 발해 등의 귀속문제를 논하면서, 중원 왕조가 발해를 실제 관리·지배했음을 증명하려는 것은 이제 그 실질성 여부가 해당 국가나 민족의 역사적 귀속 여부를 결정짓는 핵심 사안이 되고 있음을 나타내는 것으로 생각된다. 만약 중국 학자들이 실질적 관할의 증거로 제시하는 것들이 사실에 어긋나거나 구체성을 결여한다면, 역으로 해당 나라가 중국사에 속하지 않음을 나타내는 근거가 될 수도 있다고 하겠다. 그리고 중국 학자들은 이정기 일가의 할거에 따른 상황 전개에 대해서는 거의 논급하지 않고 있는데, 그 자체가 평로군과 발해관계를 실질적인 것보다는 명분 측면에서 다루고 있음을 보여준다. 이 글에서는 평로군과 발해관계가 명목이 아닌 실제로 어떻게 전개되었는가를 살펴보고 해당 증거들의 문제점을 각각 검토해보겠다.

Ⅱ. 요서 평로군과 발해 관계

『신당서(新唐書)』 권43하, 「지리지(指理志)」에는 발해도독부(渤海都督府)[7]가 처음에 영주도독부(營州都督府)에 예속되었다고 기술하고 있다.[8] 즉 발해가 처음에는 영주도독부의 관할을 받는 기미부주였다는 것이다. 그런데 발해 초기에 영주도독부는 온전한 역할을 수행하지 못했다. 이진충(李盡忠)의 난으로 무측천(武則天) 만세통천(萬歲通天) 원년(696)에 도독부 자체가 폐지되었다가 중종(中宗) 신룡(神龍) 원년(705)에 유주도독부(幽州都督府) 경내에 임시로 설치되었으며, 현종(玄宗) 개원(開元) 5년(717)에 이르러서야 영주 지역에 다시 복구되면서 동시에 신설된 평로군사(平盧軍使)를 겸했던 것이다.[9] 물론 그 사이 현종 선천(先天) 2년(713)에는 당이 대조영에게 좌효위원외대장군(左驍衛員外大將軍)·발해군왕(渤海郡王)·홀한주도독(忽汗州都督)이라는 관작을 수여했다. 하지만 영주도독부가 발해 또는 홀한주도독부를 관할 또는 상대

7 송기호는 발해도독부란 명칭이 해당 지리지에 유일하게 보이는 점을 지적하며 '발해 지역에 설치한 도독부'란 의미로 해석하는 것이 좋을 것이라고 말한다 [송기호(2006), 앞의 글, 210쪽].

8 『新唐書』 卷43下, 「地理志」 7下, 河北道, "渤海都督府, …… 右初皆隸營州都督, 李盡忠陷營州, 內遷玄州于徐·宋之境, …… 在河南者十州, 神龍初乃使北還, 二年皆隸幽州都督府"(中華書局, 1128쪽).

9 『舊唐書』 卷39, 「地理」 2, 營州條, 中華書局, 1520~1521쪽; 『資治通鑑』 卷211, 開元 5年 2月; 3月條, 中華書局, 6727쪽; 『舊唐書』 卷185下, [宋慶禮傳], 4814쪽; 『新唐書』 卷66, 「藩鎭表」 3, 1832쪽. 이 시기에는 평로군 및 영주가 아직 완전한 독립을 이루지 못하고 사실상 유주절도사의 지휘를 받고 있었다.

한 시기는 실질적으로 717년 이후일 수밖에 없다.[10]

개원 7년(719)에 평로군사가 평로군절도사로 승격되면서 경략(經略)·하북지탁(河北支度)·관내제번(管內諸蕃)·영전등사(營田等使)를 겸직하고 또 안동도독부(安東都護府)와 영주(營州)·요주(遼州)·연주(燕州)를 함께 관할했다.[11] 즉 평로군절도사가 관내제번사를 겸임하여 관내 이민족들을 다스리는 시대가 도래한 것이다. 같은 해에 고조 대조영이 죽으니 당 현종이 그 아들 대무예를 발해군왕·홀한주도독으로 책립했다. 이러한 것을 근거로 왕청리[王承禮]는 이때부터 발해도독부가 평로군절도사의 관할을 받았다고 말한다.[12] 하지만 앞의 '관내제번'은 평로절도사가 직접 다스리는 관내 이민족들을 가리킬 뿐 관외의 발해 등을 포함한다고 보기는 어렵다. 그 대신 한가지 눈에 띄는 것은 개원 20년(732) 9월 발해 무왕이 장문휴(張文休)를 보내 등주(登州)를 공격하고 그 다음해에 직접 군대를 이끌고 산하이관[山海關] 근처 마도산(馬都山) 주변 성읍(城邑)을 공략하였을 때 평로선봉장(平盧先鋒將) 오승자(烏承玼)가 이에 맞서 싸웠다는 사실이다.[13] 평로군은 발해를 다스렸다기보다는 발해 등의 공격을 최전방에서 막는 역할을 맡았다고 보는 것이 자

10 영주가 유주 경내에 僑置된 시기에도 제도적으로 발해를 관할하는 것으로 상정되었을 가능성도 배제할 수는 없다. 하지만 설령 그렇다고 해도 영주가 독자적 관할 영역조차 가지지 못한 상황에서 실질적으로 발해를 관할하는 것은 어려울 수밖에 없다.

11 『新唐書』 卷66, 「方鎭表」 3, 1833쪽. 자세한 것은 鄭炳俊(2002), 「安史의 亂과 李正己」, 『동국사학』 37, 520~521쪽; 王承禮, 송기호 역(1988), 『발해의 역사』, 한림대학교 아시아문화연구소, 65~66쪽; 魏國忠·朱國忱·郝慶雲(2006), 『渤海國史』, 中國社會科學出版社, 268~269쪽 참조.

12 王承禮 저, 송기호 역(1988), 위의 책, 66·156쪽.

13 『韓昌黎文集校注』 卷6, 碑誌, 「烏氏廟碑銘」, 上海古籍出版社, 395쪽; 『新唐書』 卷136, 「烏承玼傳」, 4596~4597쪽; 『資治通鑑』 卷213, 玄宗 開元 21年 正月條의 『考異』, 6800쪽.

연스럽다. 실제 현종 시기에 변경에 설치했던 10절도사는 당 초기의 기미정책이 파탄을 맞으면서 출현한 것으로 이전의 도호부에 비해 안쪽으로 물러난 지역에 위치했고, 방어적 성격이 강했다.[14]

개원 28년(740) 2월 현종이 왕곡사(王斛斯)를 평로군절도사에 임명하면서 압양번(押兩蕃)·발해·흑수등사부경략처치사(黑水等四府經略處置使, 이하 압사부경략사라 칭함)를 겸하게 하고 이를 정규 관직 즉 정액(定額)으로 정했다.[15] 이때 양번은 거란과 해(奚)를 가리킨다. 이후 평로군은 제도적으로 발해 등을 '압(押)'하였다. 그리고 다음 해(741) 7월 유주절도부사(幽州節度副使) 안록산(安祿山)을 평로군절도부사·영주자사·압사부경략사에 임명하고,[16] 그 다음 해인 천보(天寶) 원년(742) 정월에는 평로절도사·압사부경략사 등에 임명하면서 평로 번진이 유주절도사로부터 완전 독립했다.[17]

왕청리는 "왕곡사가 평로군절도사에 임명되자 발해는 평로군의 통제와 관리를 받았다"[18]고 말한다. 또 웨이궈중 등은 현종이 평로절도사 오지의(烏知義, 오승자의 전임)에게 내린 칙서(勅書)에서 "발해와 흑수가 근래 다시 귀순[歸國]했다. 경(卿)에게 절도(節度)하게 하니 잘 다스릴

14 누노메 조후·구리하라 마쓰오 저, 임대희 역(2001), 『중국의 역사(수당오대)』, 혜안, 223쪽.

15 『唐會要』 卷78, 諸使中, 平盧節度使條, 上海古籍出版社, 1692쪽.

16 『舊唐書』 卷9, 「玄宗本紀」 下, 開元 29年 7月條, 213~214쪽. 이에 대해 『資治通鑑』 卷214, 開元 29年 8月條에 "以(安)祿山爲營州都督, 充平盧軍使", 또 『安祿山事迹』 卷上에 開元 29年 3月條에 "遂授(安祿山)營州都督, 充平盧軍節度使, 知左廂兵馬使, 營田·水利·陸運使副·押兩蕃渤海黑水四府經略·順化州刺史"(上海古籍出版社, 2~3쪽)라는 기록이 전한다.

17 『新唐書』 卷225上, 「安祿山傳」, 6412쪽; 『安祿山事迹』 卷上, 天寶 元年 正月條, 3쪽; 『資治通鑑』 卷215, 天寶 元年 正月條, 6847쪽.

18 王承禮 저, 송기호 역(1988), 앞의 책, 66쪽.

[知] 것으로 생각한다. 초봄이어서 여전히 추우니 ……"[19]라고 적혀 있는 구절을 인용하면서 이때의 '절도'는 관리와 통솔을 의미하며 홀한주도독부는 반드시 평로절도사 아문의 관리와 통솔을 받아야 했다고 말한다.[20] 모두 '압'이나 '절도' 또는 '지'와 같은 관직명과 칙서의 표현을 그대로 해석한 견해로, 구체적 검토를 거친 것은 아니다. 반면, 리후[黎虎]는 같은 성격의 압번사(押蕃使)들이 수행했던 역할을 상세히 고찰한 후 그 주된 직무로 ① 조공 관리, ② 조공품 전달, ③ 이민족 정세 보고, ④ 통행증[과소(過所)] 관리라는 네 가지를 들고 있다.[21]

그렇다면 '압'의 내용은 과연 무엇이었을까? '압'은 원래 관장 또는 통할을 의미하는 말이지만, 중국의 제도적 용어가 반드시 원래 의미대로 기능하지는 않았다. 평로절도사의 직임에 관한 용례들을 살펴보자. 먼저 『구당서(舊唐書)』 권38에 "변경에 절도·경략사를 설치하여 사이(四夷)를 방어[식알(式遏)]했다 ……. 범양절도사(范陽節度使)는 해와 거란을 임제(臨制)하고, …… 평로군절도사는 실위(室韋)와 말갈(靺鞨)을 진무(鎭撫)하고, ……"[22]라고 적혀 있다. 이때 말갈은 발해와 그 외 말갈을 모두 지칭하며,[23] '진무'는 글자 그대로 "힘으로 누르고 어루만지다"는 의미일 것이다. 또 『당어림(唐語林)』 권8에서는 현종 천보 원년에 설치한 10절도사의 임무 등을 설명하면서 평로절도사는 "동변(東

19 『曲江張先生文集』 卷9, 「勅平盧使烏知義書」 四部叢刊正編 31, 56쪽.

20 魏國忠 等(2006), 『渤海國史』, 中國社會科學出版社, 266쪽.

21 黎虎(1998), 『漢唐外交制度史』, 蘭州大學出版社, 514~516쪽.

22 『舊唐書』 卷38, 「地理志」 1, 1385~1387쪽. 또한 『通典』 卷172, 「州郡典」 2, 序目下에도 이와 같은 기록이 보이지만, '臨制'가 '制臨'으로 적혀 있다(中華書局, 4479~4481쪽).

23 日野開三郎(1984), 「玄宗の平盧軍節度使育成と小高句麗國」, 『日野開三郎東洋史學論集』 8, 三一書房, 234쪽.

邊)을 방비[備]하고", 삭방(朔方)과 하동(河東)과 범양(范陽) 절도사는 모두 "북변(北邊)을 방비했다"[24] 고 적혀 있다. 비록 천보 연간의 상황을 설명하는 것이지만, 개원 시기에도 거의 차이가 없었을 것이다. 이들 기록에 보이는 '방어' '방비' '진무'는 결국 같은 직임을 설명하는 것으로 모두 '압'에 대응한다.[25] 특히 압사부경략사의 '경략'이라는 명칭은 군사적 의미를 지니는 말이지만, 그 내용은 사실상 방어 또는 방비를 의미한다고 하겠다. 이러한 평로절도사가 '압'했던 직무에는 변방 호시(互市)의 관리도 포함하고 있음은 이미 밝혀진 사실이다.[26] 한편 덕종(德宗) 정원(貞元) 8년(792) 당으로 파견된 발해 사신 양길복(楊吉福)의 직함이 발해압말갈사(渤海押靺鞨使)였다.[27] 이때의 '압'은 함께 입당한 말갈 사신을 거느린다[押領]는 의미다.[28] 또한 『자치통감』 정관(貞觀) 16년(642) 11월조에는 영주도독 장검(張儉)이 당 태종에게 "고구려 동부대인(東部大人) 연개소문이 그 왕 무(武)를 시해했다"고 보고한 것을 기술하고 있다.[29] 이는 변경 도독부가 상대 이민족의 동향을 파악하여

24 『唐語林』 卷8, 中華書局, 695쪽. 또한 『資治通鑑』 卷215, 天寶 元年 正月條에는 "置節度·經略使以備邊. …… 平盧節度使鎭撫室韋·靺鞨, ……"(6849쪽)이라 적혀 있다.

25 鄭炳俊(2009), 앞의 글, 356쪽.

26 張澤咸(1993), 「唐朝與邊境諸族的互市貿易」, 『魏晉南北朝隋唐史』 1, K22(원래는 『中國史硏究』 1992-4에 게재), 32쪽; 劉玉峰(1999), 「試論唐代民族貿易的管理」, 『山東大學學報』 2, 14쪽; 劉玉峰(2002), 『唐代工商業形態論稿』, 齊魯書社, 200~201쪽; 鄭炳俊(2009), 앞의 글, 356·367·370~376쪽.

27 『唐會要』 卷96, 渤海, 貞元 8年 閏12月條, "渤海押靺鞨使楊吉福等三十伍人來朝貢"(上海古籍出版社, 2042쪽).

28 宋基豪(2008), 「渤海의 高句麗 繼承性 補論」, 한일문화교류기금·동북아역사재단 편, 『東아시아속의 渤海와 日本』, 경인문화사, 47쪽 참조.

29 『資治通鑑』 卷196, 貞觀 16年 11月條, 6181쪽. 영류왕이 시해된 것은 그 전달이다.

보고하는 임무를 수행했음을 나타내는데, 변방 절도사의 경우도 마찬가지였을 것이다.

평로절도사 안록산은 천보(天寶) 3재(載, 744) 3월 범양(范陽, 유주)절도사를 겸하고, 천보 10재 2월에는 하동절도사까지 겸하게 되었다.[30] 천보 14재(755) 11월 안록산은 반란을 일으켰으며, 다음 해 4월에 평로의 장수인 유정신(劉正臣)이 안록산을 이반한 공으로 당조로부터 평로절도사·압사부경략사 등의 관직을 수여받았다. 그리고 같은 해 유정신을 대신하여 임시로 평로를 다스리던 서귀도(徐歸道)가 발해에 군사 지원을 요청하기 위해 장원간(張元澗)을 파견했다.

> 平盧留後事 徐歸道가 果毅都尉·行柳城縣·兼四府經略判官 장원간을 발해에 파견하여 병마를 요구[徵]하며 말하기를 "올해 10월 마땅히 안록산을 공격할 것이니 왕께서는 기병 4만을 보내 적을 토평하는 것을 도와주시기 바랍니다"라고 하였다. 발해는 다른 마음이 있을까 의심하여 사신을 억류하고 돌려보내지 않았다(『續日本記』 前篇 卷21, 淳仁天皇 天平寶字 2年 12月條, 吉川弘文館, 258쪽).

이때 장원간의 관함인 '사부경략판관'은 두말할 나위도 없이 압사부경략사의 속관이다. 서귀도의 요청에 대해 발해가 신중한 자세로 사태를 관망한 것은 사료에 보이는 대로다. 이에 대해 웨이궈중 등은 서귀도의 군사 요청이 평로절도사 자격으로 행해졌으며 결코 당조의 명에 따른 것이 아니었다고 말하고, 나아가 이는 평로절도사가 발해를

30 『安祿山事迹』 卷上, 上海古籍出版社, 3·11쪽.

절도하고 병마를 징발할 '권력'을 가졌던 증거라고 주장한다〈증거 2〉.[31] 중국 학자들이 중원 왕조와 관계를 맺었던 주변국에 대한 징병권을 운운한 것은 종종 보이지만, 이는 내번(內藩)과 외번(外藩)을 혼동한 견해에 불과하다. 중원 왕조가 실효적으로 지배하는 내번에 대해 징병권을 갖는 것은 당연하지만, 발해 등의 외번에 대한 징병권은 일방적 이념에 지나지 않는다. 물론 왕망 시기의 고구려와 당 현종 시기의 신라가 당의 군사동원 요청에 응한 것이 보이기도 하지만, 이는 양국 사이에 얽힌 현실의 이해관계에 따른 것으로 보아야 한다. 앞의 기록에 보이듯이 발해는 서귀도의 속내를 의심하여 병마 요청에 응하지 않았다고 하는데, 만약 발해가 내전에 개입하지 않기 위해 사태를 관망한 것이라면,[32] 발해는 철저하게 자국의 이해를 우선하여 행동한 셈이 된다. 외번에 대한 중원 왕조의 징병권을 인정하려면 일방적 당위론이나 명분이 아니라, 상대국에 대한 실질적 '지배력'이 전제되어야 한다.

왕현지가 죽은 후 후희일(侯希逸)이 평로절도사에 올랐다. 그러나 얼마 후 그는 당의 구원이 없어 고립무원에 빠진 상황에서 해(奚)가 북쪽에서 침략해 오자 군사 2만 여 명을 거느리고 바다를 통해 산동 지역으로 남하했다. 해는 평로절도사가 '압'하는 대상이었지만, 평로군이 오히려 그들에게 쫓기는 상황이 벌어진 것이다. 실질적 힘을 바탕으로 돌아가는 당시 국제관계 양상을 잘 보여주는 사건이다.

---

31 魏國忠 等(2006), 앞의 책, 279쪽. 여기서 "(만약) 병마를 징발할 권력을 가지지 않았다면, 서귀도가 장원간을 파견할 필요가 있었겠는가"라는 반문까지 한다.

32 박시형 저·송기호 해제(1989), 『발해사』, 이론과실천, 81쪽; 宋基豪(1995), 『渤海政治史研究』, 일조각, 99쪽; 하마다 고사쿠 저, 신영희 역(2008), 『발해국 흥망사』, 동북아역사재단, 63쪽 등 참조.

Ⅲ. 이정기 일가의 평로군과 발해 관계

안사의 난이 끝난 뒤인 대종(代宗) 영태(永泰) 원년(765) 5월 이정기가 후희일을 쫓아내고, 두 달 후 평로절도사에 임명되었다. 그때 그가 받은 관함은 "평로치청절도(平盧淄青節度)·관찰(觀察)·지탁(支度)·영전(營田)·해운(海運)·압신라발해양번사(押新羅渤海兩蕃使), 검교공부상서(檢校工部尙書), 겸어사대부(兼御史大夫), 청주자사(青州刺史)"[33]였다. 이때의 양번(兩蕃)은 신라와 발해를 가리킨다.

이에 앞선 현종 개원 시기에 당조는 산둥지역에 두 수착사(守捉使)를 두어 '해구(海寇)'에 대비했다.[34] 개원 20년(732)에 발해 무왕이 산둥지역을 공격하였던 것을 거울삼아 취해진 조치로 산둥지역과 발해의 연관성을 나타낸다.[35] 만약 이정기가 평로절도사가 된 시기에도 이들 수착이 존속했다면 당연히 평로절도사의 지휘를 받았을 것이다. 또 『당육전(唐六典)』 권3에서는 10도 중 하나인 하남도(河南道)를 기술하면서 "원이(遠夷)로서는 해동(海東)의 신라·일본의 조공을 관할[控]한

33 鄭炳俊(2002), 앞의 글, 551~552쪽.

34 『通典』 卷172, 「州郡典」 2, 序目下, "又有經略守捉使三, 以防海寇, 長樂郡經略使[原註 : 管兵千伍百人], 東萊郡守捉[原註 : 管兵千人], 東牟郡守捉[管兵千人]. 天寶初, 又改州爲郡, 刺史爲太守"(4483쪽).

35 누노메 조후·구리하라 마쓰오 저, 임대희 역(2001), 앞의 책, 223쪽에서 栗原益男은 "(10개 번진) 이 외에 병력은 1000~1500으로 적었지만, 푸젠[福建] 해안지대의 푸저우[福州]와 산둥반도 북안의 라이저우[萊州] 및 등주[登州]의 합계 3개 소에 부대를 주둔시켰다. 뒤의 2개 소는 분명 신라를 대상으로 설치된 것이다"라고 말한다.

다"라고 적혀 있는데,[36] 이는 산둥지역과 신라의 연관성을 나타낸다. 평로절도사가 압신라발해양번사를 겸한 것은 바로 이러한 배경을 바탕으로 한 것이라 할 수 있다. 다만 이전의 압사부경략사와 비교할 때, '경략'이라는 글자가 빠진 것이 눈에 띈다. 이것은 두말할 나위없이 군사적 성격보다 외교나 교역의 측면을 중시한다는 의미다. 실제로 산둥지역은 발해, 신라와의 통교에 편리한 위치에 있었다. 즉 선천 원년(713) 당 현종이 대조영을 책봉할 때 파견한 최흔(崔訢)이 등주를 경유하였고,[37] 발해와 신라의 견당사도 대부분 산둥을 경유하였다.[38] 장칭보(姜淸波)는 압신라발해양번사에 관한 논문에서 해당 관직의 직무로 ① 외교와 속국(또는 번속국)에 관한 사무, ② 입당(入唐)한 사람들에 대한 과소(즉 통행증) 발행, ③ 당조와 번국(蕃國)의 육상 혹은 해상무역 관장이라는 세 가지를 들고 있다.[39]

이정기 일가는 약 54년 동안 산둥지역을 지배하면서 압신라발해양번사를 계속 겸직했다. 그런데 이들 일가가 '하북삼진' 등과 함께 당조의 통치를 거부하며 독자적으로 이 지역을 지배한[40] 시기에 당과 발해 등의 관계에도 변화가 생겼을 가능성이 있다. 혹자는 이정기 일가가

---

36 『唐六典』 卷3, 尙書戶部, 戶部郞中·員外郞條, "凡天下十道, 任土所出而爲貢賦之差. 分十道以總之. …… 二曰河南道, …… 凡二十有八州焉, …… 遠夷則控海東新羅·日本之朝貢焉. 三曰河東道, …… 四曰河北道, …… 遠夷則控契丹·奚·靺鞨·室韋之朝貢焉(中華書局, 65~66쪽).

37 정병준(2007), 「李正己 一家의 藩鎭과 渤海國」, 『중국사연구』 50, 141쪽 등.

38 權悳永(1997), 『古代韓中外交史』, 일조각, 232~241쪽.

39 姜淸波(2005), 「試論唐代的押新羅渤海兩蕃使」, 『暨南學報』 1, 91~92쪽.

40 이정기 일가가 평로를 지배하였던 기간은 다음과 같다. ① 이정기가 代宗 永泰 元年(765) 5月부터 德宗 建中 2年(781) 8月까지 약 16년간, ② 아들 李納이 德宗 貞元 8年(792) 5月까지 약 11년간, ③ 손자 李師古가 憲宗 元和 元年(806) 윤6月까지 약 14년간, ④ 이사고의 배다른 형제인 李師道가 원화 14年(819) 2月까지 약 13년간이었다.

고구려인의 후예이기 때문에 고구려를 계승한 발해와는 우호관계를 유지한 반면, 신라에 대해서는 고구려를 멸망시켰다는 감정을 내세워 박대하였다고 하며, 그 근거로 발해와 신라가 당에 파견한 사신 횟수의 차이, 또 해적들이 신라인들을 이정기 일가의 번진에서 노비로 팔았다는 것 등을 들고 있다.[41] 반대로 혹자는 해당 시기에 많은 신라인이 산둥지역 등에 거주하였고 이정기 일가가 신라소(新羅所)·신라관(新羅館)을 세운 것으로 볼 때 이정기 일가가 신라인을 우호적으로 대했다고 보는 견해를 제시하고 있다.[42] 이 중 전자에 대해서 필자는 근대 이후 민족주의 또는 국민국가 관점을 투영한 것이라는 비판을 제기한 적이 있다. 즉 이정기 일가의 최우선 과제는 번진의 안위였다. 당조가 자신들을 부정하지 않는 한 당조와 공존을 원했으며, 당조와 투쟁은 사실 기득권을 지키기 위한 것이었다. 그들은 계속 당조의 관작(官爵)을 원했고, 당의 서북 변경을 지켜주기 위해 방추병(防秋兵)을 보내기도 했다. 자신들이 관할하는 지역을 통과하는 사행(使行)을 방해하여 당조와 분쟁이 생기는 것은 전혀 이익이 아니였을 뿐 아니라, 번진의 안위를 위협하는 중대 사안이 될 수 있다. 오히려 사신의 왕래는 이정기 일가에게 여러 가지 보탬을 주었다. 곧 사신을 보호하여 당조에

41 蒲生京子(1979), 「新羅末期の張保皐の擡頭と反亂」, 『朝鮮史研究會論文集』 16, 44·47~48쪽; 金文經(1998), 『淸海鎭의 張保皐와 東亞細亞』, 향토문화진흥원, 37~38쪽; 千田稔(2003), 「中世の國際交易活動—張寶高の海上王國について」, 千田稔·宇野隆夫 編, 『東アジアと『半島空間』—山東半島と遼東半島』, 思文閣, 172쪽; 李勁軍(2005), 「試論唐代登州地區新羅村的成因」, 陳尙勝 主編, 『登州港與中韓交流』, 山東大學出版社, 97~98쪽 등.

42 趙紅梅(2005), 「在唐新羅人的聚居區及其相關問題探微」, 陳尙勝 主編, 『登州港與中韓交流』, 山東大學出版社, 89~90쪽. 趙는 아울러 "요컨대 신라인은 이씨 할거정권이 자신들에게 유익했다. 이씨 가족이 진압된 뒤, 더 많은 신라인들이 노비로 팔렸다"고도 말한다.

게 공존의 의지를 전달하고 사신단과 교역하여 경제적 이익 등을 얻었다는 것이다.[43]

웨이궈중 등은 이정기 일가가 "비록 군대를 가지고 세력을 키우며 때론 복종하고 때론 반란을 일으킨 시기가 있었다고 해도, 여전히 하나의 방진(方鎭)이었고 한번도 당조를 벗어난 적이 없었다", 또 "그것이 당 경내에 출현한 고구려인의 국가, 즉 제국(齊國)은 실제상의 독립국가였다는 설은 실로 황당무계한 이야기일 뿐이다 ……, 일정 기간의 할거한 시기가 있다는 것이 결코 우리의 입론에 영향을 줄 수 없다. 발해도독부는 확실하게 당에 예속하였으며 그 변주(邊州)의 장관(즉 절도사)의 절도와 압령하에 있었던 기미부주였음을 알 수 있다"[44]라고 말한다. 그러면서 이정기 일가의 평로군이 여전히 발해도독부의 상급 기관[上司]이었음을 여러 차례 강조한다.[45] 하지만 이러한 견해는 실상을 도외시한 것이다. 이정기 일가가 당조의 통치를 시종 거부한 것은 움직일 수 없는 사실인데도, "여전히 하나의 방진이었고 한번도 당조를 벗어난 적이 없었다"고 하는 것은 참으로 억지에 불과하다. 『자치통감(資治通鑑)』 권225, 대종 대력(大曆) 12년(777) 12월조의 기사를 보자.

> (이정기·전승사·이보신·양숭의는) 각기 할거하며 서로 蟠結했다. 비록 조정을 받들었지만 그 법령을 사용하지 않았으며, 官爵·甲兵·租賦·刑殺을 모두 마음대로 했다. 대종은 관인하여 그들이 하려는 것을 모두 들어

43 정병준(2007), 앞의 글, 126·147~148쪽.
44 魏國忠 等(2006), 앞의 책, 280~281쪽.
45 魏國忠 等(2006), 앞의 책, 271~273쪽.

주었다. 조정이 혹 城 하나를 쌓거나 병력을 증강하면 바로 원망하고 의심을 하여 매번 그만둘 수밖에 없었다. 그러면서도 그들의 경내에는 보루를 쌓고 전쟁 준비를 하는 데 여념이 없었다. 그리하여 비록 중국에 있고 번신이라고 하지만 실제는 蠻貊異域과 같았다(7250쪽).[46]

이정기 등이 ① 거두어들인 조세를 마음대로 사용하고, ② 군대를 마음대로 징발하고, ③ 관하 주현관을 뜻대로 임명하고, ④ 형벌을 자율적으로 운용한 상황을 전하고 있다. 독자적인 국명과 연호를 사용하지 않았을 뿐 사실상 국가를 구성하는 기본 요소들을 모두 가지고 있었다고 해도 좋다. 이 문장에서 주목할 것은 "비록 중국에 있고 번신(藩臣)이라고 하지만 실제는 만맥이역과 같았다(雖在中國名藩臣, 而實如蠻貊異域焉)"라는 구절이다. 즉 명목[名]과 실제[實]의 차이를 명확하게 지적한 것으로 당과 발해의 관계에도 그대로 적용할 수 있는 말이다. 해당 문장에서 '이정기 등의 번진'과 '발해'를 서로 바꾸어 놓는다면 "발해는 번신이라고 하지만, 실제는 만맥이역과 같다"라고 할 수 있다. 역사 인식에서 실제가 중요한가, 아니면 명목이 중요한가를 두고 한국 학계와 중국 학계 사이에 큰 견해 차이가 있지만,[47] 사마광(司馬光)은 양자의 차이에 대한 명확한 정의를 내린 것이다. 이러한 견해는 이외에도 볼 수 있는데, 예를 들어 청의 조익(趙翼)도 양자의 차이를 명확하게 구별하여 이해했다.[48] 발해는 이정기 등이 행사한 ①~④에

46 『舊唐書』 卷144, 「陽惠元傳」, 3914쪽; 『舊唐書』 卷142, 「李寶臣傳」, 3866쪽; 『舊唐書』 卷12, 「德宗本紀」, 建中 2年 3月條, 328쪽에도 거의 같은 내용이 보인다.

47 송기호(2006), 앞의 글, 228쪽.

48 『二十二史箚記教證』 卷20, 「長安地氣」, "自後河朔三鎮名雖屬唐, 僅同化外羈縻, 不復能臂指相使"(中華書局, 443쪽)"; 同書 卷22, 「伍代姑息藩鎮」, "唐自失河北後, 河朔三鎮, 朝命不行, 已同化外羈縻. 至末季, 天子益弱, 諸侯益强"(472쪽).

더해 외교권까지 자율로 행사했다. 발해가 지방정부라는 말이 성립하기 위해서는 지방정부에 걸맞는 실제적 의무사항과 그 이행 사실을 구체적으로 제시하여야 한다.

이정기 일가는 원화 14년(819) 2월 헌종(憲宗)에게 패망했는데, 하마다 고사쿠는 이를 두고 당과 발해 사이의 장애가 사라지면서, 따라 대인수(大仁秀) 이후 발해는 활발히 당에 견사했다고 말한다. 그러나 양국 사신의 왕래 상황을 살펴보면,[49] 이후에 횟수가 반드시 크게 늘었다고 단정하기는 어렵다. 즉 이정기의 아들 이납(李納)이 지배하던 시기와 그 아들 이사고 지배기의 중간에 발해 사신이 일시 크게 감소한 것은 사실이지만, 전체를 볼 때 현격한 차이가 있다고는 생각되지 않는다. 그리고 해당 시기에 사신 왕래가 감소한 이유도 과연 이정기 일가의 방해 때문인가에 대해서는 조금 더 검토할 여지가 있다. 그 기간 동안 당조와 이정기 일가는 비교적 큰 충돌 없이 지냈으며, 또 이정기 일가가 양국 사행을 방해할 만한 특별한 이유나 정황을 파악할 수 없기 때문이다. 대인수 이후 발해가 당에 빈번히 사신을 보낸 원인은 발해 내부 또는 당조와의 관계에서 찾아야 할 것으로 생각된다.[50]

49 王承禮(2000), 『中國東北的渤海國與東北亞』, 吉林文史出版社, 401~413쪽의 '渤海與唐及 ; 世界大事年表' ; 송기호(2006), 앞의 글, 183~188쪽의 〈표 2〉 渤海·統一新羅와 唐·伍代 사이 使臣往來' 등 참조.

50 이정기 일가의 할거를 바탕으로 한 당과 발해 관계의 시기구분은 다소 재고의 여지가 있다. 왜냐하면 이정기 일가가 반독립적으로 산동지역을 지배하면서도 당조와의 공존을 원했기 때문에, 사행에 그다지 영향을 미치지 않았을 가능성이 있기 때문이다[鄭炳俊(2007), 앞의 글, 147~148쪽]. 한편 古畑徹도 다른 몇 가지 이유를 들어 하마다의 시기 구분은 재고의 여지가 있다고 말한다[古畑徹(2008), 앞의 글, 74~89쪽].

IV. 이후의 평로군과 발해 관계

이정기 일가가 패망한 후 그의 번진은 세 개의 번진으로 분할되었다. 즉 운주(鄆州)·조주(曹州)·복주(濮州) 3주가 1도(道), 치주(淄州)·청주(青州)·제주(齊州)·등주·래주(萊州) 5주가 1도, 연주(兗州)·해주(海州)·기주(沂州)·밀주(密州) 4주가 1도로 나누어지고 마총(馬總), 설평(薛平), 왕수(王遂)가 각각 번수(藩帥)로 임명되었다.[51] 이 중 평로 번진의 정통성을 계승한 것은 평로군의 군호(軍號)를 승계한 소(小)치청 번진이었다. 그뿐만 아니라 이 소평로치청 번진은 압신라발해양번사(押新羅渤海兩蕃使)라는 직임도 계승하여 관련 업무를 계속 수행한다.[52]

목종(穆宗) 원화(元和) 15년(820) 2월 평로절도사에게 다음과 같은 칙서가 내려졌다. 『당회요(唐會要)』 권24, 제후입조(諸侯入朝)의 해당 연월조를 보면,

> 淄青이 海蕃을 統押하면서 매년 모두 朝事가 있으면 部領을 파견하는데, 그 사람 숫자가 너무 많다. 금후에는 관을 파견할 때 正과 試를 합쳐 5인을 넘지 않게 하라(上海古籍出版社, 538쪽).

즉 평로치청 번진이 해번(신라와 발해)을 통입하는 가운데 그 나라

51 정병준(2004), 「李正己 一家 이후의 山東 藩鎭—順地化 過程」, 『대외문물교류연구』 3, 126~130쪽.

52 鄭炳俊(2009), 앞의 글, 362~367쪽.

에서 사신단이 도착하면 해당 번진에서 이들을 경사로 호송하기 위해 보내는 관인(官人)의 숫자가 너무 많다고 지적하며 정관(正官)과 시관(試官)을 합쳐 5인을 넘지 못하게 하는 내용이다.[53] 신라와 발해의 사신이 입당하면 이들을 경사로 호송하는 것이 압신라발해양번사의 직무였음을 명확하게 전하는 기록이다. 그리고 『책부원귀(冊府元龜)』 권60, 「입제도(立制度)」 1, 같은 해 7월조에,

> 平盧節度使가 奏하여 "勅에 준하여 새로 더해진 押新羅渤海兩蕃에게 印 1面을 내려주시길 청합니다"라고 하니, 이에 따랐다(676쪽).

라고 하여,[54] 압신라발해양번사에게 직인[55]을 사여하였다고 적혀 있다. 또한 『구당서』 권16, 「목종본기(穆宗本紀)」, 같은 연월조에는 이에 더해 그 사직(使職) 예하에 순관(巡官) 1인을 새로 설치했다고 전한다.[56] 이들 조처는 모두 압신라발해양번사부의 직능을 강화하기 위한 것이다.

---

53 『冊府元龜』 卷60, 「立制度」 1, 穆宗 元年條, "正月卽位, 三月詔, 淄青統押海蕃, 每年皆有朝賀, 比差部領, 人數較多. 今寇盜旣夷, 典章須守, 宜以後差此官, 正試相兼, 不得過伍人"(中華書局, 676쪽). 『全唐文』 卷65, 「穆宗」 2, 「淄青朝賀部領不得過伍人詔」(中華書局, 65쪽 상)에도 같은 문장이 실려있는데, '今' 자가 빠져있다.

54 원문에는 "平盧節度使奏, 准勅押加新羅渤海兩蕃, 請印一面, 從之"라고 적혀 있지만, 글자를 조금 바꾸어 해석하였다.

55 직인이 하사되는 기록이 이다금 보이는데, 예를 들면 다음과 같다. 즉 『舊唐書』 卷17下, 文宗本紀下, 開成 2年 6月條, "吏部奏長定選格, 請加置南曹郎中一人, 別置印一面, 以「新置南曹之印」爲文, 從之"(570쪽); 『冊府元龜』 卷60, 穆宗 元和 元年 6月條, "賜河中節度使韓弘印一面. 先是, 皇甫·爲相, 頻排故相李絳, 罷河中節度使爲防禦使, 而命絳爲之, 至(韓)弘復授旌節而以印賜焉"(676쪽) 등.

56 『舊唐書』 卷16, 「穆宗本紀」, 元和 15年 7月條, "平盧軍新加押新羅渤海兩蕃使, 賜印一面, 許置巡官一人"(479~480쪽).

그런데 웨이궈중 등은 이에 대해 "모두 발해도독부를 책임지고 처리하기" 위한 것이라고 말한다. 그러면서 "만약 이른바 경략·압령·절도가 아무런 실적적 의미가 없다면, 왜 당조와 평로절도사가 그렇게 쓸모없는 일들을 하였겠는가"라고 반문하기까지 한다. 〈증거 1〉[57] 하지만 지금까지 언급한 내용만으로도 이 사직이 당과 신라·발해 사이에서 수행한 역할은 결코 '아무런 실질적 의미'가 없거나 '쓸모없는 일들'이었다고 보기는 어렵다. 발해·신라와의 외교는 당이 여전히 '천하국가'임을 표방하는 중요한 근거로 기능했고, 또 해양을 방비하는 역할 역시 결코 방치할 수만은 없는 사안이기 때문이다. 그리고 직인 사여와 순관 설치를 가지고 평로절도사가 "발해도독부를 책임지고 처리했다"는 증거로 들고 있지만, 이것들이 구체적 증거는 아니다. 평로절도사가 발해를 책임지고 처리했다는 주장을 펼치기 위해서는 막연한 관념이나 당위성이 아닌 실제로 처리한 내용을 제시해야 한다.

4년 후 평로절도사 설평(薛平)이 숙위를 위해 입당한 발해인들을 경사로 호송하였다는 기록이 전한다. 즉『책부원귀』권111, 연향(宴享) 3, 경종(敬宗) 장경(長慶) 4년(824) 2월조를 보자.

> 평로군절도사 설평이 사자를 보내어 숙위를 위한 발해 大聰叡 등 50인을 [青州에서] 호송[押領]하여 [長]樂驛에 이르렀다. 환관에게 명하여 술과 포[酒脯]를 가지고 환영하여 연회를 열게 했다(1318쪽).

이때 사신들의 호송을 위해 설평이 파견한 관인의 숫자는 앞선 820년 2월에 목종이 내린 칙서에 따라 정관과 시관을 합쳐 5인을 넘지

57 魏國忠 等(2006), 앞의 책, 278~279쪽.

않았을 것이다. 그런데 웨이궈중 등은 이 기사를 근거로 "당시의 평로 절도사 아문이 발해인을 당의 경사까지 압령하고 호송하는 구체적인 직능과 임무를 갖고 있었다는 것을 확실히 증명하는 것이다"[58] 라고 하면서, 홀한주도독부에 대한 당의 관리와 통솔이 이름뿐인 껍데기가 아님을 나타낸다고 말한다. 〈증거 4〉 하지만 사신단 호송은 어디까지나 평로절도사가 당 경내에서 수행한 임무에 해당하는 것으로, 이를 그대로 발해에 대한 관리와 통솔로 연결시켜 이해할 수는 없다. 입당한 사신단을 경사로 호송하는 것은 변방 절도사가 설치되기 이전에도 해당 지역 변주(邊州)[59]가 수행해야 할 의무였다. 『당육전』 등은 당에 사신을 파견했던 67개 나라들을 나열하고 있는데, 여기에는 이란, 인도, 스리랑카, 임읍(林邑) 등이 포함되어 있다.[60] 이들 나라에서 사신이 오면 변주 도독이나 변방 절도사 등이 그들을 관할했을 것이지만, 그렇다고 해서 변주 도독 등이 이들 나라 자체를 관리했다고는 말할 수는 없다. 그리고 영남절도사가 겸임했던 시기의 압번박사(押蕃舶使)와 관련하여 『유종원집(柳宗元集)』 권26, 「영남절도사향군당기(嶺南節度使饗軍

58 魏國忠 等(2006), 279쪽.

59 『唐會要』 卷24, 諸侯入朝, 玄宗 開元 18年 11月條, "勅, 「靈, 勝, 涼, 相, 代, 嶲, 豊, 洮, 朔, 蔚, 嬀, 檀, 安東, 疊, 廓, 蘭, 鄯, 甘, 肅, 瓜, 沙, 嵐, 鹽, 翼, 戎, 愼, 威, 西, 牢, 當, 郎, 茂, 驩, 安, 北庭, 單于, 會, 河, 岷, 扶, 拓, 安西, 靜, 悉, 姚, 雅, 播, 容, 燕, 順, 忻, 平, 靈, 臨, 薊等伍十九州爲邊州. 揚, 益, 幽, 潞, 荊, 秦, 夏, 汴, 澧, 廣, 桂, 安十二州, 爲要州(上海古籍出版社, 537쪽); 『唐六典』 卷3, 尙書戶部, "安東, 平, 營, 檀, 嬀, 蔚, 朔, 忻, 安北 單于, 代, 嵐, 雲, 勝, 豊, 鹽, 靈, 會, 涼, 肅, 甘, 瓜, 沙, 伊, 西, 北庭, 安西, 河, 蘭, 鄯, 廓, 疊, 洮, 岷, 扶, 柘, 維, 靜, 悉, 翼, 松, 當, 戎, 茂, 嶲, 姚, 播, 黔, 驩, 容爲邊州"(中華書局, 73쪽). 당조 체제에서의 변주의 위상에 대해서는 渡邊信一郎(2009), 「唐代前期律令制下の財政的物流と帝國編成」, 『國立歷史民俗博物館硏究報告』 152, 172~173쪽 등 참조.

60 『唐六典』 卷4, 尙書禮部, 主客郎中條, 129~130쪽.

堂記)」를 보면 "그 외 대해(大海)에 만이(蠻夷)가 많은데, 유구(流求)·가릉(訶陵)으로부터 서쪽으로 대하(大夏)·강거(康居)에 이르기까지 바다 주변에 있는 100개 나라들은 압번박사가 통괄[統]한다"[중화서국(中華書局), 706쪽][61]라고 한다. 이때의 '통(統)' 역시 압번박사라는 관직 이름 그대로 그들 나라에서 온 배들을 관리·감독하는 역할을 말할 뿐이다. 또한 『한창려문집교주(韓昌黎文集校注)』 권4, 「송정상서서(送鄭尙書序)」를 보면

> 그 해외의 잡다한 나라들, 즉 耽浮羅·流求·毛人·夷亶과 같은 州 및 林邑·扶南·眞臘·于陀利 등이 동남으로 천지가 맞닿는 곳에 만 개가 있는데, 혹시 바람과 조류를 기다려 조공하기도 하고 蠻胡 상인들이 배를 타고 바다 가운데에서 교역하기도 했다[舶交海中]. 만약 영남의 절도사가 잘 인선되면 그 변경지역[一邊]이 잘 다스려져 서로 도적질하거나 죽이는 일이 없으며 風·魚의 재난이나 水·旱과 질병의 우환이 없고, 외국의 화물이 날마다 들어와 …… "(上海古籍出版社, 284쪽).[62]

라고 하여, 영남절도사가 영남 지역으로 들어온 사신이나 상인들을 관리해야 하는 상황을 구체적으로 잘 기술하고 있다. 영남절도사가 해외 나라들의 사신과 상인을 관리한 것과 평로절도사가 발해 사신이나 상인을 관리한 것은 같은 맥락으로 파악할 수 있다.

그로부터 16년 후에는 일본 승려 엔닌[圓仁]이 청주(靑州)의 압신라

---

61 유종원 저, 홍승직 외 역(2009), 「記」, 『柳宗元集』 2, 소명출판, 706쪽.

62 한유 저, 이주해 역(2009), 「序」, 『한유문집』 1, 문학과지성사, 304~305쪽.

발해양번사 아문을 방문하였다. 즉 『입당구법순례행기(入唐求法巡禮行記)』 권2, 무종(文宗) 개성(開成) 5년(840) 3월 22일조를 보면

> 오전 집무 시간 때 青州 청사로 들어가서 綠事와 司法을 만나고 이어 尚書·押兩蕃使 衙門 앞으로 갔다. 거기서 登州의 첩[州諜]을 주려고 하였으나, 늦게 온 탓에 상서가 타구장[毬場]으로 간 뒤라 만날 수 없었다. [청주에 있는] 登州知後院으로 가서 등주의 공문서[文牒] 한 통을 제출했다. 晩衙(오후 집무 시간) 때 주청으로 들어가 使의 衙門에 도착하여 劉都使에게 등주의 첩을 제출했다. 도사가 나와 使宅으로 부른다는 말을 전했다. 상서가 갈을 전하여 이르기를 "잠시 절로 돌아가 있으면 곧 결정이 있을 것이다"라고 했다. 돌아와 절 안에 있었다. 節度副使 張員外가 절로 찾아와 만났다. 또 幕府 判官을 만났는데, 성은 蕭이며 이름은 度中이었다(上海古籍出版社, 94쪽).[63]

라고 적혀 있다. 압양번사 아문의 전경과 운용형태가 대략적이나마 보이는 듯하다. 양번은 발해와 신라를 가리키지만,[64] 나아가 입당한 일본인에 대한 관리도 행할 수 있었음을 알게 한다. 그런데 웨이궈중 등은 이 기록을 들어 평로절도사가 양번을 겸압(兼押)하는 명목을 확실히 가졌던 증거라고 말한다. 〈증거 3〉[65] 하지만 이 엔닌의 기록 역시 어

63 김문경 역주(2001), 『엔닌의 입당구법순례행기』, 중심, 264~265쪽.

64 압신라발해양번사에 관한 기록에는 압신라발해양번등사라고 하여 '等'자가 붙어 있는 경우가 적지 않다. 혹자는 이 '等'에 일본도 포함되었을 것이라고 본다[윤재운(2006), 『한국 고대무역사 연구』, 경인문화사, 194쪽]. 하지만 이때의 '等'은 당대 관직을 열거하면서 관행적으로 붙인 것일 가능성이 크다고 생각된다.

65 魏國忠 等(2006), 앞의 책, 279쪽.

디까지나 입당한 일본인에 대한 관리 상황을 전할 뿐으로, 더 이상의 의미가 있다고 하기는 어렵다. 이 기사를 두고 평로절도사가 발해를 관리했다고 주장하기 위해서는 먼저 평로절도사가 일본을 확실히 겸압(즉 관리)했음을 증명해야 한다. 엔닌이 개인적으로 통행증을 발급받기 위해 압신라발해양번사 아문에 들렀던 사실을 들어 과연 평로절도사가 일본을 확실히 겸압했다고 볼 수 있을까? 웨이궈중 등은 이 문제에 대해서는 전혀 언급하지 않고 있다.

그리고 엔닌의 일기에는 등주에 세워진 신라관과 발해관에 관한 기술이 적혀 있다. 즉 같은 책 권2, 개성 5년 3월 2일조에 다음과 같이 전한다.

> 등주도독부 성은 동[서] 1리, 남북 1리이다. …… 성안[城下]에 蓬萊縣이 있다. …… 성 남쪽 거리 동편에 新羅館과 渤海館이 있다(86쪽).[66]

이에 대해 웨이궈중 등은 평로절도사가 발해 등의 조공사, 관원, 학생, 승려, 상인 등을 압령하여 보호·접대하기 위해 세운 시설이라고 하면서 역시 발해를 실질 지배했음을 보여주는 증거의 하나로 삼고 있다. 〈증거 5〉[67] 하지만 아무리 넓게 보아도 이들은 입당한 발해인에 위한 시설 이상이 아니다.

문종 개성 원년(836) 6월에 발해인과 신라인이 평로로 숙동(熟銅)을 가지고 와서 교역하려 하자 평로절도사가 조정에 허가를 구했다. 즉 『책부원귀』 권999, 외신부(外臣部), 호시, 개성 원년(836) 6월조에 다

66 김문경 역주(2001), 앞의 책, 243~244쪽.
67 魏國忠 等(2006), 앞의 책, 279쪽.

음과 같이 적혀 있다.

> 淄青節度使가 奏하여, 新羅와 渤海가 熟銅을 가지고 왔는데, 禁斷하지 않기를 청했다(11727쪽).

평로절도사가 압신라발해양번사의 자격으로 상주(上奏)했음은 두말할 나위도 없다. 그가 조정에 교역 허가를 청한 것은 외국과 교역을 금지한 품목에 동(銅)이 포함되어 있었기 때문이다.[68] 기록에는 보이지 않지만, 평로절도사가 특별히 주청한 것이어서 아마도 숙동 교역을 허가했을 것으로 생각한다. 이에 대해 웨이궈중 등은 "평로절도사가 발해에 관한 사무를 처리하는 직능과 권력을 갖고 있음을 확실히 증명하는 것"[69] 이라고 하며 역시 평로절도사의 발해 압령이 실질적었다는 근거로 삼고 있다. 〈증거 7〉 하지만 발해라는 국가를 실질 지배한 것과 교역 관리는 차원이 전혀 다르다. 입당한 발해인의 교역을 관리한 것이 어떻게 해당 국가를 실질 지배한 증거가 될 수 있는가? 이는 먼 서역의 어떤 상인이 당에 교역을 위해 온 것을 가지고 입당 지역의 변주가 해당 나라를 실질 지배했다고 말하는 것과 같은 이치이다.

다음 해인 문종 개성 2년(837) 3월 발해 왕자 대준명(大俊明)은 조하(朝賀)를 위해 입당하면서 발해 학생 16명을 대동하였다. 그러자 당조는 이 중 일부만을 입경시키고 나머지는 그대로 귀국하도록 했다.

68 『冊府元龜』 卷999의 기사를 계속 보면 "是月, 京兆府奏, 准建中元年十月六日勅, 諸錦·罽·綾·羅·縠·繡·織成·細紬·絲·布·犛牛尾·眞珠·銀·銅·鐵·奴婢等竝不得與諸蕃互市, 又令式, 中國人不令私與外國人交通·買賣·婚聚·來往, 又擧取蕃客錢, 以産業奴婢爲質者, 重請禁之"(11727~11728쪽)라고 적혀 있다.

69 魏國忠 等(2006), 앞의 책, 280쪽.

『당회요』 권36, 「부학독서(附學讀書)」, 같은 연월조를 보자.

> 발해국이 賀正 왕자 대준명을 따라 입당[入朝]한 학생이 모두 16인이었다. 칙을 내려 "발해가 生徒의 학습을 청했는데, 마땅히 靑州觀察使가 6인을 보내[放] 上都로 오게 하고 나머지 10인은 돌아가게 하라"고 명했다(779쪽).

웨이궈중 등은 경사에 축하사절로 보낸 발해 학생 6인의 선정 주체가 청주관찰사(즉 평로절도사가 겸임)였다고 말하고, 이 또한 "평로절도사가 확실히 발해도독부를 압령하는 직능을 가졌음을 증명하는 것"이라고 주장한다. 〈증거 6〉[70] 하지만, 여기에는 두 가지 고려할 사항이 있다. 하나는 발해 학생 6인의 선발권이 과연 평로절도사에게 있었는가이다. 『입당구법순례행기』의 다른 기록에 의하면, 엔닌을 포함한 일본 사신단이 해안에 상륙했을 때 관할 관아의 상황 보고를 받은 조정이 입경할 사람들을 구체적으로 지정했다.[71] 또 하나는 설령 평로절도사가 입경할 학생을 선정하였다고 하더라도, 이는 어디까지나 입당한 사람들에 대한 처분일 뿐 해당 국가에 대한 실질적 관리와는 의미가 다르다.

그리고 웨이궈중 등은 발해가 평로절도사에 예속했다는 마지막 증거로, 당의 절도사와 발해 간에 오간 사신들의 관직을 비교하여 그 지위가 크게 다르다는 점을 들고 있다. 먼저 「당고전중감장군묘지(唐故殿中監張君墓誌)」에서는 대종 대력 10년(775) 또는 그 전 어느 시점에 유주절도부사(幽州節度副使) 주도(朱滔)가 장광조(張光祚)를 발해로 파

70 魏國忠 等(2006), 앞의 책, 279~280쪽.

71 김문경 역주(2001), 앞의 책, 承和 5年(開成 3年) 9月 13日條; 10月 4日條, 중심, 56·61~62쪽.

견했던 사실이 적혀 있는데, 그때 장광조의 관직이 지현(知縣, 縣令)이었다.[72] 당대 현령의 관계(官階)는 종6품상에서 종7품하 사이였다. 또 「당소주자사겸어사대부장부군묘지명(唐蘇州刺史兼御史大夫張府君墓地銘)」을 보면, 문종 태화(太和) 8년(834)[73] 발해 국왕 대이진(大彝震)이 사빈경(司賓卿) 하수겸(賀守謙)을 유주절도사에게 파견하자 이에 대한 반례사(返禮使)로 장건장(張建章) 등이 발해로 출발하여 다음 해 가을에 상경용천부(上京龍泉府)에 도착하고 그 다음 해 유주로 돌아왔다는 내용이 적혀 있다. 이때 장건장의 관직은 현위(縣尉)였는데,[74] 당대에 현위의 관계는 종9품상 또는 종9품하였다.[75] 이에 반해 하수겸의 관직인 사빈경은 매우 고위직이었던 것이다. 바로 이러한 지위의 차이를 들어 웨이궈중 등은 "당시 유주절도사는 발해의 압사가 아니었는데도 이러한 정도였으니, 직접 상사(上司)인 평로절도사 아문과의 관계는 가히 짐작할 수 있다" 라고 하며, 발해가 평로절도사에 예속된 증거의 하나로 삼고 있는 것이다. 〈증거 8〉[76]

72 周紹良·趙超 主編, 『唐代墓誌彙編續集』, 上海古籍出版社, 711쪽, "妙年以縱橫術干二千石, 奏補易州滿城縣丞. …… 復以尺書獻亞相朱公, 公納之. 知公有孔明·子布之英略, 端木·仲由之辯勇, 委充入渤海使. 外門闢, 遠儌通, 還加銀青光祿大夫·試殿重監, 尙膺公也. 又充節度留後押牙, ……."

73 하마다 고사쿠 저, 신영희 역(2008), 앞의 책, 179쪽.

74 周紹良 主編, 『唐代墓誌彙編』 下, 上海古籍出版社, 2511쪽, "大和四載, 博陵歎, …… 太保以公厚遇, 縻之安次尉. 踰年, 李公入覲, 弘農楊僕射受鉞, 星紀再周, 渤海國王大彝震遣司賓卿賀守謙來聘. 府選報復, 議先會主, 假瀛州司馬朱衣使行. 癸丑秋, 方舟而東, 海濤萬里. 明年秋杪, 達忽汗州, 州卽挹婁故地. 彝震重禮留之. 歲換而返, 口王大會, 以豐貨·寶器·名馬·文革以餞之·九年仲秋復命. … 又著渤海記, …… 至太尉張公, 以素分擢受節度隨軍, 委之草檄, 詢之運籌. …… 咸通伍年四月, 奏押奚契丹兩蕃使·正議大夫·檢校左庶子·兼御史大夫. ……."

75 안사의 난 중에 평로군에서 발해로 파견되었던 장원간은 行柳城縣의 직함을 가지고 있었다(앞의 2절 참조).

76 魏國忠 等(2006), 앞의 책, 280·286쪽.

하지만 관위의 고하(高下)는 국가의 대소(大小)를 반영할 수는 있을지언정 예속의 문제와는 별개 사안이다.

이상의 8가지를 증거로 제시한 후 웨이궈중 등은 "이 모든 것들이 소위 말하는 '압령', '절도', 그리고 '경략'이 결코 이름뿐이라던가 실질적인 것이 아니었다는 주장을 일축하는 증거들이며, 평로절도사 아문 과 앞에서 말한 40여 명의 압사(押使)들이 모두 그 정도의 차이는 있다고 해도 발해도독부에 대한 통솔권[統轄權]을 행사했다는 증거들이다"[77]고 말한다. 마지막까지 강조하는 것은 평로군이 발해를 통솔하였다는 점이다.

가장 큰 문제점은 역시 압령에 대한 이해에 차이가 있다는 점이다. 웨이궈중 등은 압령의 내용을 발해 자체에 대한 압령으로 확장시키고 있지만, 앞에서 살펴본 것처럼 그것은 모두 평로군 경내에서 행하는 압령에 지나지 않았다. 심지어 『책부원귀』 권 111, 연향(宴享) 3, 경종 장경 4년(824) 2월 조에서는 발해의 사신단을 장안으로 호송하는 행위를 '압령'이라고 표현한 것도 앞에서 보았다.[78] 이때의 압령은 권력이라기보다 의무에 가깝다.

압신라발해양번사의 직무에 관한 연구사를 잠시 살펴보자. 앞에서 언급한 리후(黎虎)와 장칭보(姜淸波)의 견해에는 발해를 직접 관리하거나 통솔했다고 하는 내용이 없다. 다만 장칭보가 언급한 "외교와 속국에 관한 사무"라는 말에는 약간 애매만 점이 없지 않지만, 웨이궈중 등의 견해와는 달리 역시 평로군 경내에서 수행하는 직무에 초점을 둔 말로 생각된다. 그리고 류통(劉統)은 압신라발해양번사가 산둥으로

77 魏國忠 等(2006), 앞의 책, 280·286쪽.

78 '증거 4'를 설명하는 부분이다.

들어온 발해와 신라의 사절·상인을 관리하였을 뿐 두 나라를 '기미통치(羈縻統治)'한 것은 아니었다고 명확히 말하는데,[79] 이는 명분이 아닌 실제 상황을 염두에 둔 견해라고 할 수 있다. 일본의 하마다 고사쿠는 그 관직의 직무를 구체적으로 언급하여 "산둥반도 일대에서 발해만이나 서해를 왕래하는 신라와 발해의 사자와 상인을 관찰하고 통제하는 일이다", "발해와 신라 양국의 대당(對唐) 교통을 감독했다"[80]라고 말한다. 여기에 평로절도사가 발해 등을 관리하거나 통솔했다는 인식은 전혀 엿보이지 않는다.

V. 맺음말

평로군과 발해관계에 대한 웨이궈중 등의 견해는, 발해는 당의 기미부주의 하나였고, 평로절도사가 그 상급 관사로서 실질적으로 관리·통솔했다는 것이다.

이제 웨이궈중 등이 제시하는 해당 증거 8가지를 순서대로 정리·비판해 보겠다. 첫째, 원화 14년(819) 이정기 일가가 패망한 직후 당조가 압신라발해양번사에게 직인을 사여하고 속관인 순관을 설치한 것은 평로절도사가

79 劉統(1998), 『唐代羈縻府州研究』, 西北大學出版社, 100쪽.
80 하마다 고사쿠 저, 신영희 역(2008), 앞의 책, 172~173쪽.

발해를 관리한 것을 나타내는 증거라고 말한다. 하지만 이것은 당조가 발해 등과의 관계를 중시하는 증거는 될 수 있어도 평로절도사가 바다 건너편에 존재하는 발해를 실질적으로 관리했다는 증거가 될 수 없다.

둘째, 안사의 난 중에 평로의 서귀도가 발해에 장원간을 파견하여 군사 지원을 요청한 것은 평로군이 발해에 대한 징병권을 가졌기 때문이라고 말한다. 하지만 이는 내번과 외번을 혼동한 견해에 불과하다. 외번에 대한 '징병권'은 명분에 지나지 않는다. 이전에 고구려와 신라 등이 중원 왕조의 요청에 응해 군사를 동원한 적이 있지만, 이는 양국의 이해관계에 따른 것이다.

셋째, 문종 개성 5년(840) 3월에 엔닌이 청주의 압신라발해양번사 아문을 방문하여 통행증을 발급 받은 사실을 근거로 평로절도사가 양번(兩蕃)을 겸압하는 명목을 확실히 가졌다고 말한다. 하지만 이 엔닌의 기록은 입당한 일본인에 대한 관리 상황을 전할 뿐이다. 이 기사를 근거로 평로절도사가 발해를 실제 관리했다고 주장하기 위해서는 먼저 평로절도사가 일본을 관리한 증거를 제시해야 하지만, 이에 대해서는 전혀 언급하지 않고 있다.

넷째, 경종 장경 4년(824) 2월에 평로절도사 설평이 입당한 발해인들을 경사로 호송하였다는 기록을 바탕으로 발해에 대한 평로군의 관리·통솔이 실질적이었다고 말한다. 하지만 발해 사신을 호송한 것은 평로절도사가 당 경내에서 수행한 임무일 뿐, 발해 자체를 관리하였다는 것과는 차원이 다르다. 『당육전』은 당에 사신을 파견하였던 67개 나라들을 나열하고 있는데 여기에는 이란, 인도, 스리랑카 등을 포함하고 있다. 이들 나라에서 사신이 오면 변주 도독이나 변방 절도사가 이들을 관리했을 것이지만, 그렇다고 변주 도독 등이 이들 나라 자체를 관리했다고는 말할 수는 없다.

다섯째, 엔닌의 일기에는 등주에 신라관과 발해관이 있었다고 적혀 있는데, 이 역시 평로절도사가 발해를 실질적으로 관할했음을 나타내는 증거라고 말한다. 하지만 이 시설들은 입당한 신라인과 발해인에게 편의를 제공하기 위한 것에 불과하다.

여섯째, 문종 개성 2년(837) 3월 발해 왕자 대준명 등이 입당할 때 함께 데리고 온 학생들 중 일부만 입경을 허락받았는데, 당시 평로절도사가 그 입경 인원을 선정했으며 이는 바로 평로절도사가 발해도독부를 확실히 압령하는 직능을 가졌음을 증명하는 것이라고 말한다. 하지만 입경 인원을 선발한 것은 평로절도사가 아니라 당 조정이었다.

일곱째, 문종 개성 원년 6월에 발해인과 신라인이 숙동을 가지고 평로에 와서 교역하려 하였을 때 평로절도사가 조정에 교역 허가를 청했는데, 이는 평로절도사가 발해에 관한 사무를 처리하는 직능과 권력을 갖고 있었음을 말하는 또하나의 증거라고 말한다. 하지만 발해라는 국가를 지배한 것과 평로 경내에서 이뤄지는 교역을 관리하는 행위는 다른 차원에서 논의해야 한다. 먼 서역의 어떤 나라에서 당에 교역을 위해 온 것을 두고, 해당 변주가 그 나라를 지배하였다고 말할 수는 없는 것과 같은 이치이다.

여덟째, 발해가 당의 절도사에게 파견한 사신은 관계가 매우 고위직이었는 데 비해, 당의 절도사가 발해에 파견한 사신은 관계가 매우 낮았던 것도 발해가 평로절도사에 예속한 증거라고 말한다. 하지만 관위의 고하가 나라의 대소(大小)를 반영할 수는 있어도, 지배·종속의 의미를 나타낼 수는 없다.

이렇게 볼 때 웨이궈중 등은 평로절도사가 발해를 실질적으로 지배하였음을 나타내는 증거를 하나도 제시한 것이 없다. 결국 위 등은 관직명 등에 보이는 피상적·명분적 의미를 근거로 발해의 예속성을 주장하고 있을 뿐이다. 실질적 지배력을 증명하려면 역사적 실체에 대한 접근방법이 필요하지만, 이에 대해서는 명확한 논지를 전개하지 못하고 있다. 이는 역설적으로 발해가 중국사에 속하지 않음을 나타내는 것이라고 말할 수 있다.

참고문헌

단행본

權悳永(1997), 『古代韓中外交史』, 일조각.

김육불 저, 동북아역사재단 역(2007), 『김육불의 東北通史』 상·하, 동북아역사재단.

동북아역사재단(2007), 『발해의 역사와 문화』, 동북아역사재단.

馬大正 저, 이영옥 역(2004), 『중국의 동북변강연구』, 고구려연구재단.

박시형 저, 송기호 해제(1989), 『발해사』, 이론과실천.

宋基豪(1995), 『渤海政治史研究』, 일조각.

송기호(2007), 『동아시아의 역사분쟁』, 솔.

여호규 등(2006), 『한국 고대국가와 중국왕조의 조공·책봉관계』, 고구려연구재단.

王承禮 저, 송기호 역(1988), 『발해의 역사』, 한림대학교 아시아문화연구소.

하마다 고사쿠 저, 신영희 역(2008), 『발해국 흥망사』, 동북아역사재단.

한규철(2000), 『渤海史의 綜合的 考察』, 고려대학교민족문화연구원.

한일문화교류기금·동북아역사재단 편(2008), 『東아시아속의 渤海와 日本』, 경인문화사.

葛劍雄(2007), 『歷史上的中國 中國疆域的變遷』, 上海文藝出版總社·上海錦繡文章出版社.

高明士(2003), 『東亞古代的政治與教育』, 樂學書局.

高鳳林(1994), 『山東通史·隋唐伍代卷』, 山東人民出版社.

龔蔭(2006), 『中國民族政策史』, 四川出版集團·四川人民出版社.

郭素美(2002), 『渤海國歷史與文化』, 黑龍江人民出版社.

馬大正 等(2001), 『古代中國高句麗歷史叢論』, 黑龍江教育出版社.

黎虎(1998), 『漢唐外交制度史』, 蘭州大學出版社.

寧梵辰(1999), 『東北地方史』, 遼寧大學出版社.

王承禮(1984), 『渤海簡史』, 黑龍江人民出版社.

王承禮(2000), 『中國東北的渤海國與東北亞』, 吉林文史出版社.

王承禮·劉振華(1991), 『渤海的歷史與文化』, 延邊人民出版社.

魏國忠·朱國忱·郝慶云(2006), 『渤海國史』, 中國社會科學出版社.

劉統(1998), 『唐代羈縻府州研究』, 西北大學出版社.

尹鉉哲(2006), 『渤海國交通運輸史研究』, 華齡出版社.

陳尚勝 主編(2005), 『登州港與中韓交流』, 山東大學出版社.

佟冬 主編(2006), 『中國東北史』 2, 吉林文史出版社.
彭建英(2004), 『中國古代羈縻政策的演變』, 中國社會科學出版社.
黃松筠(2008), 『中國古代藩屬制度研究』, 吉林人民出版社.
佐藤信 編(2003), 『日本と渤海の古代史』, 山川出版社.

논문

정병준(2007a), 「李正己 一家의 藩鎭과 渤海國」, 『중국사연구』 50.
정병준(2007b), 「중화인민공화국의 번속이론(藩屬理論)과 고구려 귀속문제」, 『고구려연구』 29.
지배선(2003), 「이정기 일가의 산동 지역 활동」, 『이화사학연구』 30.
姜清波(2005), 「試論唐代的押新羅渤海兩蕃使」, 『暨南學報』 1.
馬一虹(2004), 「渤海與唐朝押蕃使關係述考」, 『歐亞學刊』 4輯, 中華書局.
馬馳(1997a), 「唐代蕃州的管理體制」, 中國唐代學會, 『第三屆中國唐代文化學術研討會論文集』.
馬馳(1997b), 「唐代羈縻州與中央關係初探」, 『陝西師範大學學報』 1.
樊文禮(1993), 「唐代平盧淄青節度使略論」, 『煙臺師範學院學報』 2.
孫慧慶(1991), 「唐代治理東北邊疆的重要機構平盧節度使」, 『北方文物』 4.
孫慧慶(1992), 「唐代平盧節度使南遷之后·議」, 『北方文物』 4.
楊曉燕(2003), 「唐代平盧軍與環渤海地域」, 王小甫 主編, 『盛唐時代與東北亞政局』, 上海辭書出版社.
王賽時(1994), 「唐代的淄青鎮」, 『東岳論叢』 2.
魏國忠·朱國忱(1981), 「渤海國政治制度述略」, 『求是學刊』 3.
劉玉峰(1999), 「試論唐代民族貿易的管理」, 『山東大學學報』 2.
林樹山(1991), 「唐朝對渤海國實行的民族自治政策」, 『黑河學刊』 4.
莊嚴(1982), 「渤海是唐朝統轄下的地方民族政權」, 『遼寧大學學報』 4.
張澤咸(1993), 「唐朝與邊境諸族的互市貿易」, 『魏晉南北朝隋唐史』 1, K22[원래는 『中國史研究』 4, 1992에 게재].
田廷柱(1993), 「唐代外國人來華與留居述略」, 『社會科學戰線』 1.
郝黎(2003), 「唐代淄青鎮的特點」, 『青島科技大學學報』(社會科學版) 4.
氣賀澤保規(2001), 「九世紀の山東—中國唐宋變革期の一斷面」, 『アジア遊學』 26.
松井恭子(2003), 「押蕃使の設置について—唐玄宗期における對異民族政策の轉換」, 『東洋學報』 84-4.

日野開三郎(1984), 「玄宗の平盧軍節度使育成と小高句麗國」, 『日野開三郎東洋史學論集』 8, 三一書房.

발해와 유목민족 관계

권은주 | 경북대학교

Ⅰ. 머리말

발해는 698년부터 926년까지 중국 동북지방을 중심으로 한반도 북부와 러시아의 연해주 지구에 있었던 나라이다. 발해는 한국사에서 삼국·고려·조선 등에 비해 절반에도 못 미치는 약 227년의 짧은 역사를 가졌지만, 어느 왕조 못지않게 다양한 대외관계를 가졌다. 발해사 연구 분야 중 대외관계 연구가 많은 부분을 차지하고 있는 것은 이러한 원인 때문이다.

물론 발해사 연구에서 대외관계에 관한 연구가 많을 수밖에 없는 것은, 발해 내부구조와 성질을 파악할 수 있는 발해인이 기록한 사료가 전무한 것도 중요한 원인이다. 현재 발해사 연구에서 대부분 주요 외교대상 국가였던 신라, 당, 일본 측의 자료를 활용할 수밖에 없는 것이 현실인데, 발해에 관한 사료는 이들 나라와 맺은 외교관계에 관한 글이 대부분이다. 이러한 글들은 당연히 자국입장을 강하게 반영하여 서술했기 때문에 발해 대외관계를 객관적이고 총체적으로 이해하는 것은 처음부터 근본적인 한계를 가지고 있다.

이러한 사료의 한계 때문에 발해의 대외관계 연구 역시 신라·당·일본과의 대외관계에 편중해 있고,[1] 돌궐·거란·흑수말갈·실위 등과 같은

1 이러한 경향은 발해의 대외관계 연구동향을 정리한 다음 글들에서도 잘 알 수 있다. 한규철(1994), 「북한의 발해사연구—대외관계」, 『북한의 고대사연구와 성과』, 대륙연구소; 한규철(1994), 『발해의 대외관계사』, 신서원; 김종복(1996), 「발해 초기의 대외관계」, 『한국고대사연구』 9; 에.붸.샤브꾸노프 편, 송기호·정석배 역(1996), 『러시아 연해주와 발해역사』, 민음사; 김은국(1998), 「발해 말왕 대인선시기 대외관계 연구」, 『국사관논총』 82; 박진숙(2001), 「발해의 대일

북방 유목민족과의 관계 연구는 절대적으로 부족한 실정이다. 그나마 남방국가와의 관계 연구도 현재의 역사인식에 경도되어 자국사와의 관련성을 더 부각시키고 자국과의 관계에서 발해를 수동적 위치에 설정하여 기술하고 있다. 중국은 이러한 현상이 두드러지는데, 발해가 당나라의 번속국(藩屬國)이었다는 사실을 기정사실로 여기면서 당나라로부터 얼마나 많은 영향을 받았는가에 주안점을 두고 있다. 이는 발해를 고대부터 '통일적다민족국가' 였던 당의 지방정권으로 규정하고 있기 때문이다. 이때문에 발해와 당의 관계를 개별 독립국가 간의 외교관계가 아닌 중앙정권과 지방정권의 관계로 보고, 발해의 주체적 외교활동을 당에 종속된 객체로 이해하고 있다.

중국에서 근대 이후 발해사를 정리하기 시작한 것은 탕옌[唐晏], 황웨이한[黃維翰], 진위푸[金毓黻]의 연구에서이지만,[2] 본격적인 연구는 문화대혁명을 종결하고 개혁개방을 추진하는 1970년대 말부터다. 이후 1980~1990년대를 거쳐 2000년대 초까지 발해 관련 연구논문은 1200여 편이 넘었고, 1편 이상의 논문을 쓴 연구자 수도 415명이 넘는다.[3] 이러한 논문 수와 연구자 수의 증가는 지금도 이어지고 있다.[4]

본외교 연구」, 충남대학교 박사학위논문; 酒寄邪志(2001), 「渤海史硏究の成果と課題」, 『渤海と古代の日本』, 校倉書房; 石井正民(2001), 『日本渤海關係史の硏究』, 吉川弘文館; 김종복(2002), 「발해 정치세력의 추이 연구」, 성균관대학교 박사학위논문; 김은국(2003), 「발해의 대외관계사연구의 현황과 과제」, 『한국사연구』 122; 김은국(2004), 「중국의 발해 대외교류 연구동향」, 『중국의 발해사 연구 동향분석』, 고구려연구재단; 한규철(2006), 「발해연구의 회고와 전망」, 『백산학보』 76; 김진광(2009), 「중국 학계의 발해사 연구 동향과 검토」, 『동아시아의 발해사 쟁점 비교 연구』(공저) 등.

2 唐晏(1919), 『渤海國志』; 黃維翰(1931), 『渤海國記』; 金毓黻(1934), 『渤海國志長編』 등.

3 한규철(2006), 앞의 글, 507~509쪽.

4 김진광(2009), 앞의 글, 140쪽의 '그림 1 중국 학계의 시기별 발해사 연구동

그러나 연구 주제는 고고일반과 역사지리를 제외하고는 발해의 건국·종족·주민구성과 그 성격 규명에 집중하고 있다.[5] 이 많은 연구 중 외교·군사와 관련된 것은 50~60여 편으로 전체 편수의 5퍼센트 정도에 불과하다.[6] 게다가 유목민족과의 관계를 밝힌 연구는 더욱 부족한 실정이다. 이것은 앞서 언급한 것과 같이 발해를 당의 지방정권으로 규정한 뒤 당에 종속한 객체로 발해를 바라보는 시각, 즉 당과 관계를 중심으로 발해사를 파악하려는 인식 태도가 반영된 결과다. 이러한 인식은 비단 발해사에 국한한 것이 아니라, 돌궐, 거란, 흑수, 실위 등의 유목민족사 연구에도 반영되고 있다. 따라서 발해와 유목민족 관계 연구는 관심이 없거나, 이들 관계 변화의 주요 동인을 당과의 관계 변화에서 주로 찾고 있어, 발해와 유목민족 관계의 실체를 파악하는 데 한계를 지닌다.

이러한 상황에서 이루어진 유목민족 관계 연구 현황을 간략히 살펴보면 다음과 같다. 먼저 단행본으로 절을 구분하여 개략이라도 정리한 책은 진위푸의 『동북통사(東北通史)』와 방학봉의 『중국 동북민족관계사』, 웨이귀중[魏國忠]·주궈천[朱國忱]의 『발해사고(渤海史稿)』, 웨이귀중·주궈천·하오칭윈[郝慶雲]의 『발해국사(渤海國史)』 등이 있다.[7] 논

향' 참조.

5 김진광(2009), 앞의 글, 158~159쪽의 '그림 2 중국 학계의 주제별 발해사 연구 동향' 참조.

6 이것은 한국의 약 10퍼센트와 일본의 약 30퍼센트에 비해서 적은 수치이다[한규철(2006), 앞의 글, 509쪽의 표 2 참조].

7 『東北通史』 목차에는 「제5권 2. 발해의 사대와 교린」 중 소제목에 「발해와 돌궐의 통교」가 있으나 본문상에서는 소제목의 구분 없이 서술되어 있어 실제 유목민족과의 관계를 체계적으로 정리하고 있지 않다[김육불 저, 동북아역사재단 역(2007), 『김육불의 東北通史』 하, 581~598쪽]. 『중국 동북민족관계사』에서는 「제3장 제5절 발해와 거란, 실위, 돌궐 등 민족들과의 관계」를 설정하여

문으로 대외 민족 관계를 정리하면서 유목민족 관계를 부분적으로 언급한 것은 왕청궈[王成國], 송더인[宋德胤], 쑨진지[孫進己], 장가오[張高] 등의 글이 있다.[8] 다음으로 개별 민족 관계 연구로는 거란과의 관계 연구가 가장 많은 편이다. 그러나 내용은 한정적이어서 건국 및 세수(世讎)에 대한 것과 멸망에 관한 것이 대종을 이룬다. 관련 연구로는 쑹위샹[宋玉祥], 마리칭[馬利清], 루웨이[盧偉] 등의 글이 있다.[9] 투르크계와의 관계 연구에서는 후동돌궐과의 관계를 발해국 초기 주변 환경과 연관 지어 설명한 마이훙[馬一虹]의 연구와 중앙아시아 소그드인과의 문화적인 교섭을 중심으로 연구한 장비보[張碧波]의 글 등이 있다.[10] 흑수말갈과 관계는 대무예 통치시기 대외확장과 흑수말갈의 관계를 연구한 루웨이의 연구와 8세기 중기 이후 흑수말갈과의 관계 변화를 연구한 마이훙의 연구, 흑수말갈과의 관계를 세 시기로 나누어

살펴보고 있으며 [방학봉(1994), 대륙연구소출판부, 93~96쪽], 『渤海史稿』는 「제7장 제2절 발해와 주변제민족과의 관계」에서 돌궐, 거란, 실위, 흑수말갈 등 북방유목민족과의 관계를 간략히 정리했다. 魏國忠·朱國忱 [佐伯有清·濱田耕策(日) 역(1996), 『渤海史』, 東方書店, 207~211쪽]. 『渤海國史』에는 「제9장 제1절 인근 제족관계의 변화」 부분에서 북방 유목민족 관계를 기술했다[魏國忠·朱國忱·郝慶雲(2006), 『渤海國史』, 中國社會科學出版社, 494~504쪽].

8 王成國(1986), 「略論唐代渤海與東北各族的關係」, 『東北地方史研究』 제3기(『高句麗·渤海研究集成』 4卷); 宋德胤(1992), 「略論渤海與鄰族的關系」, 『黑龍江民族叢刊』 제1기; 孫進己(1994), 「渤海國和鄰族鄰國的關係」, 『東北民族史研究(一)』, 中州古籍出版社(『高句麗·渤海研究集成』 4卷); 張高(1995), 「渤海國與東北亞史研究」, 『牧丹江師範學院學報』 제2기 등.

9 宋玉祥(1995), 「渤海與契丹"世讎"之淺見」, 『北方文物』 제4기; 馬利清(1998), 「契丹與渤海關系探源」, 『內蒙古社會科學(漢文版)』 제5기; 盧偉(2001), 「試論渤海文化迅速消亡的原因」, 『牡丹江師範學院學報(哲學社會科學版)』 제1기; 盧偉(2004), 「試論契丹迅速滅亡渤海國的原因」, 『佳木斯大學社會科學學報』 제5기 등.

10 張碧波(2006), 「渤海國與中亞粟特文明考述」, 『黑龍江民族叢刊』 제5기; 馬一虹(2007), 「渤海與後東突厥汗國的關系—兼及渤海建國初期的周邊環境」, 『民族研究』 제1기 등.

살펴본 방향(方香)의 글 등이 있다.[11] 이외 실위의 경우는 단독 연구가 전혀 이루어지지 않고 있다.

이상에서 알 수 있듯이 발해와 북방 유목민족에 관한 연구는 매우 부족한 실정이다. 본 글에서는 이상의 글을 기본으로 하면서 이 밖에 기타 논저에서 이들과의 관계를 언급한 것을 참조해 가며, 현재 중국의 발해와 유목민족 관계 연구 현황에 대해 분석하기로 한다. 그리고 이해의 편의를 위해 거란, 돌궐·회흘, 흑수·실위 관계로 나누어 살펴 보겠다.[12]

11 盧偉(2003), 「論大武藝統治時期渤海的對外擴張及政策」, 『牡丹江師範學院學報(哲學社會科學版)』 제1기; 馬一虹(2001), 「8世紀中期以後黑水靺鞨與渤海關系考」, 『文史哲』 제6기; 方香, 「試談渤海和黑水靺鞨的關係」(「발해와 흑수말갈의 관계에 대하여」, 『발해사연구』 7, 연변대학출판, 1996) 등.

12 발해관련 중국 논문은 어떤 사건이나 주장을 언급할 때, 해당 사료나 출처를 제시하지 않는 경우가 종종 있다. 특히 개략적이고 짧은 글일 경우 이런 현상이 심한데, 전공자가 아닌 이상 이해하기 힘들다. 때문에 독자의 이해를 돕기 위해, 이하 본문과 각주에서는 필자가 관련 사료를 임의로 구성하여 제시했다.

II. 발해와 거란 관계

거란은 발해와 가장 밀접한 관련을 가진 유목민족으로, 중국사서에는 『위서(魏書)』「거란전(契丹傳)」에 처음 이름이 보이며 중국 세력과의 접촉은 등국(登國, 386~396) 연간 이후에 나타나고 있다. 그런데 『삼국사기』 기록에 따르면 고구려와의 역사적 관계는 이보다 조금 앞선 378년부터 이루어지고 있다.[13] 남북조시기에 거란족(契丹族)은 시라무렌[西剌木倫] 강 유역에서 유목생활을 주로 하는 민족이었는데, 4세기 후반에 고구려의 팽창정책으로 고구려의 영역이 요하 서쪽까지 미치자 본격적으로 고구려와 관계를 맺으면서 기록에 등장한 것이다.[14] 이후 국제정세 변화에 따라 고구려 및 유연(柔然), 북위(北魏), 수(隋), 당(唐), 돌궐(突厥)에 내부와 이반을 반복하며 북방 주요민족으로 성장했다. 이후 당 초에 이르면 이른바 대하씨(大賀氏) 8부 연맹을 형성할 정도로 성장하였고, 고구려와 당 전쟁에서는 양 진영에 나뉘어 활약하

13 『魏書』「契丹傳」에는 登國(386~396) 연간에 격파되어 庫莫奚와 분리되었고, 수십 년이 지나면서 점차 무성해져 和龍 북쪽 수백 리에 부락이 있으면서 약탈이 많아졌다고 한다. 그런데 『三國史記』 卷18, 「高句麗本紀」 6, 小獸林王 "(8年) 秋九月, 契丹犯北邊, 陷八部落"의 기사에 따르면, 이보다 앞선 378년에 고구려를 약탈한 기록이 있어서 고구려와 거란의 접촉이 중국 측보다 더 빠른 것으로 나온다.

14 고구려와 거란의 관계에 대한 최근 논문으로는 李在成(2002), 「4~5世紀 高句麗와 契丹」, 『高句麗研究』 14 ; 강선(2003), 「高句麗와 北方民族의 관계 연구—鮮卑·契丹·柔然·突厥과의 관계를 중심으로」, 淑明女大 博士論文 ; 박경철(2003), 「高句麗 異種族支配의 實相」, 『韓國史學報』 15 ; 이성제(2005), 「高句麗와 契丹의 關係 —對隋·唐戰爭期 契丹의 動向과 그 意味」, 『북방사논총』 5 등이 참고 된다.

기도 한다.[15] 고구려가 멸망한 후에는 당 내지로 천사(遷徙)된 일부 고구려 유민과 말갈이 영주를 중심으로 거란과 잡거하면서, 더욱 밀접한 관계를 맺는다. 발해의 풍속이 "고려 및 거란과 같다[與高麗及契丹同]."라고 한 것에서도 그 친밀성을 확인할 수 있다.[16] 또한 발해 건국 세력은 696년 '이진충(李盡忠)의 난'을 계기로 거란과 반당(反唐) 연대를 맺고 당에 대항했으며, 발해 건국과 건국 후 각자의 역사 발전과정에 중요한 역할을 했다.

중국에서 발해와 거란 관계에 대한 연구는 주로 세 가지 주제에 집중하고 있다. 첫 번째는 발해 건국과 '이진충의 난'의 관계에 대한 것이다. 두 번째는 세수(世讎)에 관한 것으로, 발해 건국 후 발해와 거란의 관계가 적대적이었는가 아닌가이다. 세 번째는 발해 멸망 원인과 그 과정에서 거란과의 관계에 대한 것이다.

1. 발해 건국과 '이진충의 난'의 관계

현재 발해와 거란의 관계 연구 중 가장 많은 부분을 차지하고 있는 주제는 발해 건국과 '이진충의 난'의 관계에 대한 것이라고 할 수 있다. 그것은 발해의 건국과 초기 연구에서 '이진충의 난'을 빼놓고 설명

15 고구려와 당의 전쟁기간 동안 거란은 대체로 당편에 서서 활약한 것으로 이해되고 있다. 그러나 男生이 男建과 권력쟁투에서 패해 唐에 降附할 때 아들 獻誠을 契丹·靺鞨兵과 함께 보낸 것으로 보아, 거란의 일부는 고구려에 복속하고 있었음을 알 수 있다(『三國史記』 卷49, 「列傳」 9, 蓋蘇文).

16 『舊唐書』 卷199, 「列傳」 149, 北狄 渤海靺鞨.

할 수 없기 때문이다. 그러나 내용 면에서는 대체로 '이진충의 난'을 계기로 대조영 집단이 동주(東走)하여 건국했다는 사료의 내용을 그대로 제시하는 편이어서 특별히 주목할 것은 많지 않다. 우선 발해 건국 과정을 보여주는 대표적인 사료를 살펴보면 다음과 같다.

A-1. 渤海靺鞨大祚榮者, 本高麗別種也. 高麗旣滅, 祚榮率家屬徙居營州. 萬歲通天年, 契丹李盡忠反叛, 祚榮與靺鞨乞四比羽各領亡命東奔, 保阻以自固. 盡忠旣死, 則天命右玉鈐衛大將軍李楷固率兵討其餘黨, 先破斬乞四比羽, 又度天門嶺以迫祚榮. 祚榮合高麗·靺鞨之衆以拒楷固, 王師大敗, 楷固脫身而還. 屬契丹及奚盡降突厥, 道路阻絶, 則天不能討, 祚榮遂率其衆東保桂婁之故地, 據東牟山, 築城以居之.(『舊唐書』卷199, 「列傳」149, 北狄 渤海靺鞨)

A-2. 渤海, 本粟末靺鞨附高麗者, 姓大氏. 高麗滅, 率衆保挹婁之東牟山, 地直營州東二千里, 南比新羅, 以泥河爲境, 東窮海, 西契丹. 築城郭以居, 高麗逋殘稍歸之. 萬歲通天中, 契丹盡忠殺營州都督趙翽反, 有舍利乞乞仲象者, 與靺鞨酋乞四比羽及高麗餘種東走, 度遼水, 保太白山之東北, 阻奧婁河, 樹壁自固. 武后封乞四比羽爲許國公, 乞乞仲象爲震國公, 赦其罪. 比羽不受命, 后詔玉鈐衛大將軍李楷固·中郎將索仇擊斬之. 是時仲象已死, 其子祚榮引殘痍遁去, 楷固窮躡, 度天門嶺, 祚榮因高麗·靺鞨兵拒楷固, 楷固敗還. 於是契丹附突厥, 王師道絶, 不克討. 祚榮卽幷比羽之衆, 恃荒遠, 乃建國, 自號震國王.(『新唐書』卷219, 「列傳」144, 北狄 渤海)

A-3. 初, 高麗旣亡, 其別種大祚榮徙居營州. 及李盡忠反, 祚榮與靺

鞨 乞四北羽聚衆東走, 阻險自固, 盡忠死, 武后使將軍李楷固討其餘黨. 楷固擊乞四北羽, 斬之, 引兵踰天門嶺, 逼祚榮. 祚榮逆戰, 楷固大敗, 僅以身免. 祚榮遂帥其衆東據東牟山, 築城居之. 祚榮驍勇善戰, 高麗·靺鞨之人稍稍歸之, 地方二千里, 戶十餘萬, 勝兵數萬人, 自稱振國王, 附于突厥. 時奚·契丹皆叛, 道路阻絶, 武后不能討.(『資治通鑑』 卷210, 「唐紀」 26, 玄宗至道大聖大明孝皇帝, 開元元年 2月條)

위의 사료를 종합하자면 대조영은 속말말갈로 고구려 장수였는데, 고구려가 멸망하자 가족과 함께 영주(營州)로 사거(徙居)했다. 이후 696년 거란 '이진충의 난'이 일어나자, 대조영이 무리를 이끌고 동주하여 동모산(東牟山)에 성을 쌓고 나라를 세워 스스로 진국왕[震(振)國王]을 칭하였다. 이렇게만 보자면 발해 건국이 건국 주도세력이 적극 활동한 결과가 아닌, 주변정세에 편승한 부수적 결과물로 의미가 축소될 수 있다. 그런데 대조영 집단이 거란 '여당(餘黨)'으로 토벌대상이 되었던 점이나, 당이 책봉 사면으로 회유한 것 등을 보면, 건국 주도세력의 적극적인 활동의 결과물로 이해할 소지가 크다.[17] 이 때문에 발해건국이 거란의 반란과 돌궐의 세력 확장에 따른 부수적 결과물이 아니라, 거란의 반당 활동에 적극 참여하면서 얻은 것이라는 견해가 간간히 제시되었던 것이다. 그런데 중국의 쑨진지 등이 발해 건국 주도세력의 반당 의지 자체를 부정하면서 약간의 논란이 있게 된다.

쑨진지는 『구당서(舊唐書)』와 『신당서(新唐書)』의 「발해전」 기록에 대

17 건국과정에 대한 자세한 분석은 송기호(1995), 『渤海政治史研究』, 일조각, 23~76쪽 참조.

해, 속말말갈과 고려여중(高麗餘衆)이 거란을 따라 서진(西進)하여 당을 공격하지도, 고지(故地)에 남아서 거란의 반당을 지지하지도 않았다고 한다. 거란이 영주를 점거한 후 동분(東奔)한 것은 그들이 거란과 함께 반란을 원하지 않았고, 거란인의 공제에서 벗어나기 위한 것이라고 했다. 따라서 당시의 반당 전쟁과 발해 건국 주도세력은 무관한 것으로 보았다. 걸사비우(乞四比羽)와 걸걸중상(乞乞仲象)이 당의 책봉을 받아들이지 않은 것은, 이미 거란에 동조하지 않아서 거란에게 죄를 지은 상태에서, 다시 당의 책봉을 받아 거란의 분노를 사지 않으려는 이유에서라고 했다. 그러나 무후(武后)가 이런 사정을 양해하지 않았기 때문에 이해고(李楷固)에게 토벌하도록 한 것이라고 한다. 그리고 대조영이 건국한 후 황제를 칭하지 않고 국호를 진(震)이라고 한 것은 당에 귀부할 후로(後路)를 마련한 것이라고 보았다. 따라서 발해 건국은 반당 활동으로 얻은 결과가 아니라 당과 우호관계를 염두에 두고 건립한 것이라는 지극히 자의적인 결론을 내리고 있다.[18]

발해 건국 전 거란과 대조영 집단의 역학관계에 대해서는 두 가지로 나눌 수 있다. 앞서 '이진충의 난'에 대조영 등이 참여하지 않았다고 보는 입장에서는 거란과 대조영 집단의 종속관계를 인정하지 않는다. 필자 역시 힘의 우열은 인정하나 종속관계를 인정하지는 않는다. 그러나 중국 학계의 이러한 견해는 양자의 관계를 객관적으로 검토하여 내린 결론이기라기 보단, 발해 건국 주도세력인 고구려 유민과 말갈인들의 반당활동을 부정하고 발해 건국 전부터 당 중앙과 우호 내지 귀부의식이 있었다는 전제에서 거란과의 관계를 바라본 것이라는데

18 孫進己(1994), 「粟末靺鞨的漢化及建立渤海國」, 『東北民族史研究(一)』, 中州古籍出版社(『高句麗渤海研究集成』 4, 哈尒濱出版社, 1997, 135~136쪽).

문제가 있다. 다음으로 대조영 집단의 반당활동을 인정하는 입장에서는, 주로 대조영 집단이 거란에 종속하고 있었다고 보는데, 주된 근거로는 사리(舍利)라는 직책을 들고 있다.[19] 이러한 인식은 진위푸의 『동북통사』에서 시작하여 가장 최근의 발해사 연구 집대성이라고 할 수 있는 『발해국사』까지 거의 일관된다. 그러나 사리라는 명칭은 거란 고유의 것이라기보다는 돌궐계와 관련하여 처음 보이고 있으며,[20] 7세기 후반 거란에서 사리를 관명(官名)으로 사용하였는지는 확인할 수 없다. 당시 영주 지역은 거란, 말갈 외에도 돌궐계 역시 잡거하고 있었고, 여러 민족의 언어가 통용되어 상호 간에 영향을 미쳤을 것으로 생각된다.[21] 걸걸중상이 사리를 모칭(冒稱)했던 것은 영주 지역에서 한 집단의 지도자 또는 수령을 부르던 호칭 중 하나를 사용한 것 이상도 이하도 아닐 가능성이 높다.[22] 대체로 거란과 말갈은 영주지역에서 당에

19 『遼史』 卷116, 「國語解」에는 "舍利, 契丹豪民要裹頭巾者, 納牛駝十頭, 馬百疋, 乃給官名曰舍利. 後遂為諸帳官, 以郎君系之"라고 해서 豪民이 일정한 재산을 바치면 얻을 수 있는 官名이라고 했다.

20 『舊唐書』 卷194上, 「列傳」 144上, 突厥上, "骨咄祿 者, 頡利之疏屬, 亦姓阿史那氏. 其祖父本是單于右雲中都督舍利元英下首領, 世襲吐屯啜. 伏念既破, 骨咄祿鳩集亡散, 入總材山, 聚爲羣盜, 有衆伍千餘人";『新唐書』 卷171, 「列傳」 96, 李光進, "其先河曲諸部, 姓阿趺氏. 貞觀中內屬, 以其地爲雞田州, 世襲刺史, 隸朔方軍. 光進與弟光顔少依舍利葛旃, 葛旃妻, 其女兄也";『新唐書』 卷111, 「列傳」 36, 王方翼, "西域平, …… 阿史那元珍入寇, 被詔進擊. 時庫無完鎧, 方翼斷六板, 畫虎文, 鉤聯解合, 賊馬忽見, 奔駭, 遂敗, 獲大將二, 因降桑乾·舍利二部."

21 실제 거란어의 일부는 돌궐어의 영향을 받았는데, 夷離董, 夷離畢 등의 관직명도 돌궐어에서 유래된 것이다. 愛新覺羅 烏拉熙春(2004), 『遼金史與契丹, 女眞文』, 東亞歷史文化研究, 132~133쪽 참조.

22 어쩌면 고구려에서도 舍利가 수령을 부르던 명칭 중 하나였을 가능성이 있다. 당이 고구려에 설치한 州名 중 舍利州의 경우(『新唐書』 卷43下, 「志」 33下, 「地理」 7下, 河北道, "高麗降戶州十四 …… 舍利州都督府 …… 右隸安東都護府") 舍利가 지명일 수도 있지만, 수령 칭호에서 유래하였을 가능성도 완전히

의해 기미(羈縻)되어 있었기 때문에, 힘의 우열은 존재한다고 해도 기본적인 입장은 같았다고 본다. 또한 반당 전쟁과정 중 양자가 상하관계였는지도 확인되지 않는다. 다만 거란 주력군의 방향이 만리장성 쪽인 서남향이었고, 대조영 집단은 요동방면이었던 점과 이후 건국에 성공했던 점 등을 고려할 때 기본적으로 양자관계는 수평적 동맹관계였다고 생각된다.[23]

2. 거란과 발해의 '세수' 관계

발해 건국 후 거란과의 관계 연구는 양자관계가 우호적이었는가 적대적이었는가에 집중하고 있다. 양자관계 해석에서 적대적이었다고 보는 주요근거는 '세수(世讎)'라는 단어이다. 이 '세수' 관계를 언제부터로 보느냐에 따라, 발해 역사 기간 동안 거란과의 관계가 기본적으로 적대적이었다고 보는 견해와 초기에는 우호적이었다가 뒤에 적대관계로 바뀌었다고 보는 견해로 구분할 수 있다. 아래의 사료는 발해와 거란이 적대관계였다는 근거로 사용하는 대표적인 사료이다.

B-1. 扶餘故地爲扶餘府, 常屯勁兵扞契丹(『新唐書』 卷219, 「列傳」 144, 北狄 渤海靺鞨)

B-2. (天贊4年(925))十二月乙亥, 詔曰 所謂兩事, 一事已畢, 惟渤海

배제할 수 없다.

23 이와 관련해서는 권은주(2010), 「7세기 후반 북방민족의 反唐활동과 발해건국」, 『白山學報』 86, 164~178쪽 참조.

世讎未雪，豈宜安駐．乃舉兵親征渤海大．皇后，皇太子，大元帥堯骨皆從．閏月壬辰，祠木葉山．壬寅，以青牛白馬祭天地于烏山．己酉，次撒葛山，射鬼箭．丁巳，次商嶺，夜圍扶餘府.(『遼史』卷2，太祖紀下)

우선 발해와 거란이 기본적으로 적대적이었다고 보는 연구자는 쑨진지와 왕청궈가 대표적이다. 쑨진지는 앞서 첫 번째 문제에서 보았듯이 발해 건국에서 반당 활동의 참여를 부정하고 당에 대항할 의사가 없었다는 점에서 거란과의 우호 관계를 부정하고 있다. 이러한 비우호 관계는 발해 건국 후에도 마찬가지였다고 본다. 부여부에 항상 강한 군사를 두어 경계한 것과 말기에 거란과 수십 년간 전쟁을 벌였던 것에서 거란과의 관계가 좋지 않았다고 한다. 그리고 720년에 당이 거란을 공격하려고 했을 때와 734년경 돌궐이 거란을 공격하려 했을 때에 발해가 당과 돌궐의 요구에 모두 불응하여 출병하지 않았다 해서,[24] 거란과 우호적이었다고 증명하기는 부족하다고 여겼다. 당과 신라가 초기에 발해와 거란이 함께 악을 행한다고 양자를 연결하여 비난한 것도,[25] 발해와 거란의 일시적 연계에 대한 것이었을 뿐이라고 한다.[26] 따라서 그는 발해 전 기간 동안 거란과의 관계가 대체로 비우호

24 당이 발해에 군사 원조를 부탁한 것은 720년이며(『冊府元龜』卷986，外臣部，征討 5，“(開元)八年 九月 遣左驍衛郎將攝郎中張越使于靺鞨以奚及契丹背恩義討之也”)，돌궐이 발해에 군사 협동을 제의한 것은 734~735년경이다(『全唐文』卷285，張九齡，勅渤海王大武藝書，“勅渤海郡王 忽汗州都督大武藝．…… 又近得卿表云，突厥遣使求合，擬打兩蕃，奚及契丹．今既內[來]屬，而突厥私恨，欲讐此蕃，卿但不從．何妨有使，擬行執縛，義所不然，此是人情”).

25 『孤雲集』卷1，謝不許北國居上表，“始與契丹濟惡，旋於突厥通謀，萬里耨苗，累拒渡遼之轍，十年食葚，晚陳降漢之旗.”

26 孫進己(1994)，「渤海國和鄰族鄰國的關係」，『東北民族史研究(一)』，中州古籍出

적이었다고 보는 것이다. 왕청궈 역시 건국 후 줄곧 발해와 거란이 긴장 상태에 있었다고 본다.[27]

그러나 대체적인 통설은 초기에는 친선관계를 유지하다가 이후 사이가 멀어진 것으로 보고 있다. 그럼 언제 양자 사이가 멀어졌는가가 문제인데, 다수는 문왕 즉위 이후로 보고 있으며, 일부 말기에 가서 본격적으로 나빠졌다고 본 견해도 있다. 방학봉은 영주 인근에서 한인, 말갈, 고구려인 등이 잡거했는데, 민족 모순과 가뭄 등으로 함께 반당봉기하고 투쟁하면서 발해인과 거란인이 친선관계로 발전했다고 보았다. 이러한 관계가 점차 멀어진 것은 문왕 즉위 후며, 양자의 거리는 멸망 때까지 지속된 것으로 본다. 〈B-1〉의 부여부에 강한 군사를 배치하여 거란의 침입을 방지한 것과, 〈B-2〉의 요 태조 야율아보기가 925년 12월 발해로 진격하기 전 "…… 대대로 내려오는 원수 발해에 복수를 아직 못했으니 우리가 어찌 그대로 살 수 있겠는가"라고 한 점이 양국의 모순을 설명해준다고 한다.[28]

주궈천·웨이궈중은 영주의 난에서 거란의 반당활동이 대조영에게 요하를 넘어 독립할 기회를 제공했다고 보았다. 때문에 진정권은 거란과 처음부터 밀접한 관계를 맺고 있었고, 이후 돌궐에 함께 귀부하고 협력하며 발전했다고 한다. 이들 또한 발해와 거란 사이가 멀어진 것을 문왕대 이후로 보는데, 그 원인을 발해와 당 관계가 친밀해 진 것에서 찾는다. 역으로 거란과의 관계는 냉각되면서 양자의 역관계가 역

版社(『高句麗渤海研究集成』 4, 哈尓濱出版社, 1997)

27 王成國(1986), 「略論唐代渤海與東北各族的關係」, 『東北地方史研究』 제3기(『高句麗渤海研究集成』 4, 哈尓濱出版社, 1997, 517쪽).

28 방학봉(1994), 「제5절 발해와 거란, 실위, 돌궐 등 민족들과의 관계」, 『중국동북민족관계사』, 대륙연구소출판부.

전되었다고 본다. 이후 발해는 부여부 일대에 강대한 군대를 상주시켜 거란을 방비했고, 거란 반역자 할저(轄底)를 받아들여[29] 양자 관계가 더욱 악화되었다고 한다.[30]

이상에서 주목되는 것은 거란과 발해 사이가 멀어진 계기를 발해와 당과의 관계 변화에서 찾는 점이다. 이것은 중국에서 발해와 거란 등 변강 지역 및 민족들의 정치·외교 활동의 동인을 당을 중심으로 하여 찾고자 하는 기본 태도를 반영한 것이다. 발해와 거란의 관계변화 원인을 당과의 관계 변화에서 찾는 시각은 다른 연구자들도 대체로 일치를 보이며 『발해국사』에서도 잘 반영되어 있다. 『발해국사』에서는 발해와 거란이 무왕대까지 서로 같은 이해를 전제로 정치적 밀월 관계였다가 문왕대에 당과의 관계가 순조로워지면서 거란과 소원해졌다고 한다. 특히 천보 15년(755) 겨울 안록산의 반란에 거란은 실위 및 해인과 함께 동참했으나 발해가 참여하지 않아, 쌍방은 제 갈 길을 갔다고 보았다. 발해는 이후 당의 지지를 받으며 번영하여 전통생산 생활방식을 유지하던 거란과 격차가 커졌고, 이것이 거란으로 하여금 풍요한 발해 지역을 월경하여 약탈을 유발했을 수 있다고 한다. 때문에 발해는 서부 지역의 안정을 위해 부여부에 항상 정예병을 주둔시켜 거란을 방비하였고, 양자가 대립하는 상황이 지속되었다고 보았다.[31]

29 『遼史』卷112, 「列傳」42, 逆臣상, “轄底, 字涅烈袞, 肅祖孫夷離剌之子, 幼黠而辯, 時險佞者多附之. 遙輦痕德可汗時, 異母兄罨古只爲迭剌部夷離. 故事, 爲夷離者, 得行再生禮. 罨古只方就帳易服, 轄底遂取紅袍, 貂蟬冠, 乘白馬而出. 乃令黨人大呼曰, 夷離出矣. 眾皆羅拜, 因行柴册禮, 自立爲夷離. 與於越耶律釋魯同知國政. 及釋魯遇害, 轄底懼人圖己, 挈其二子迭裏特, 朔刮奔渤海, 僞爲失明. 後因球馬之會, 與二子奪良馬奔歸國. 益爲奸惡, 常以巧辭獲免.”

30 魏國忠·朱國忱 [佐伯有清·濱田耕策 역(1996), 앞의 책, 209쪽].

31 魏國忠·朱國忱·郝慶云(2006), 앞의 책.

이상과 같이 거란과의 관계가 문왕 이후 멀어졌다고 보는 것이 일반적인데, 이 외에 '세수'라는 말이 얼마나 양국관계의 상황을 진실하게 반영하는가라는 기본적인 물음을 던지며 이 문제에 접근한 연구가 있다. 천찬(天贊) 4년(925) 12월 을해(乙亥)에 야율아보기(耶律阿保機)가 "所謂兩事, 一事已畢, 惟渤海世讎 未雪, 豈宜安駐"라고 하면서 친정(親征)을 시작하는데, 마리칭(馬利靑)은 여기서 '양사(兩事)'란 일찍부터 안배되어 있었던 것이며, 이를 실천하기 위해 세수를 명분으로 이용한 것이라고 보았다. 마리칭은 말갈인이 처음에는 696년 '이진충의 난'에 참여하여 반당투쟁을 벌였지만, 측천무후가 반란을 진압한 후 동주하면서 거란에 대한 지지를 견지하지 못했다고 한다. 그리고 713년에는 당의 책봉을 받았는데, 거란은 이러한 발해인의 배신 때문에 반란에 실패했다고 여겼고, 거란 태조가 말한 세수는 이 사건을 가리킨다는 것이다. 즉 그는 세수를 건국 초의 사건으로 끌어올리면서 발해와 거란이 국초부터 긴장관계였다고 본 것이다. 그러나 이러한 긴장관계는 계속되지는 않았고, 발해 말기에 가서 다시 긴장이 나타난다고 했다. 10세기 초 야율아보기의 등장과 거란의 통일, 그리고 주변국가에 대한 확장을 통해 긴장 관계가 고조되었다. 이러한 상황에서 결국 야율아보기가 '세수'라고 한 것은 국초의 사건을 끌어다가 발해를 멸망시키려는 명분으로 삼기 위해 과장한 표현이라는 결론을 내린다.[32] 마리칭이 '세수'가 얼마나 양국관계의 실상을 반영하고 있는가 하는 의문을 던진 것은 좋았지만, 결국 국초의 문제로 끌어 올림으로써 설득력을 잃고 있다. 실제 거란과 발해는 건국 전부터 무왕대까지 적극적으로 연대하여 당에 대항했다는 점에서 '세수'는 국초의 사건과는 무관하다. 이

32 馬利靑(1998), 「契丹與渤海關係探源」, 『內蒙古社會科學』 5, 42~44쪽.

문제는 다음에서 살펴볼 발해 멸망과 관련하여 거란과 발해가 수십년간 싸웠던 상황을 설명하는 것으로 이해하는 것이 순리일 것이다.

3. 발해 멸망과 거란의 관계

발해가 거란의 침략으로 직접 멸망당했기 때문에, 발해멸망 원인이나 과정 연구에서 거란관계는 자연스럽게 언급될 수밖에 없는 주제다. 이 문제에서 쟁점이 될 수 있는 것은 전쟁기간과 침공루트, 그리고 멸망의 근본 원인에 대한 해명일 것이다.

C. 天贊 4年(925) 十二月乙亥, 詔曰, 所謂兩事, 一事已畢, 惟渤海世讎未雪, 豈宜安駐. 乃擧兵親征渤海大. 皇后, 皇太子, 大元帥堯骨皆從. 閏月壬辰, 祠木葉山. 壬寅, 以青牛白馬祭天地于烏山. 己酉, 次撒葛山, 射鬼箭. 丁巳, 次商嶺, 夜圍扶餘府. 天顯元年春正月己未, 白氣貫日. 庚申, 撥扶餘城, 誅其守將. 丙寅, 命惕隱安端, 前北府宰相蕭阿古只等將萬騎爲先鋒, 遇老相兵, 破之. 皇太子, 大元帥堯骨, 南府宰相蘇, 北院夷離斜涅赤, 南院夷離迭裏是夜圍忽汗城. 己巳, 請降. 庚吾, 駐軍於忽汗城南. 辛未, 素服, 稿索牽羊, 率僚屬三百餘人出降. 上優禮而釋之. 甲戌, 詔諭渤海郡縣. 丙子, 遣近侍康末怛等十三人入城索兵器, 爲邏卒所害. 丁醜, 複叛, 攻其城, 破之. 駕幸城中. 請罪馬前. 詔以兵衛及族屬以出. 祭告天地. 複還軍中. 二月庚寅, 安邊, 頡, 南海, 定理等府及諸道節度, 刺史來朝, 慰勞遣之. 以所獲器幣諸物賜將士.

壬辰，以青牛白馬祭天地．大赦，改元天顯．以平渤海遣使報唐．甲吾，複幸忽汗城，閱府庫物，賜從臣有差．以奚部長勃魯恩，王鬱自回鶻，新羅，吐蕃，項，室韋，沙陀，烏古等從征有功，優加賞賚．丙吾，改渤海國爲東丹，忽汗城爲天福．冊皇太子倍爲人皇王以主之．以皇弟迭剌爲左大相，渤海老相爲右大相，渤海司徒大素賢爲左次相，耶律羽之爲右次相．赦其國內殊死以下．丁未，高麗，貊，鐵驪，來貢．三月戊吾，遣夷離畢康默記，左僕射韓延徽攻長嶺府．甲子，祭天．丁卯，幸人皇王宮．己巳，安邊，鄚，定理三府叛，遣安端討之．丁醜，三府平．壬吾，安端獻俘，誅安邊府叛帥二人．癸未，宴東丹國僚佐，頒賜有差．甲申，幸天福城．乙酉，班師，以大舉族行．夏四月丁亥朔，次傘子山．辛卯，人皇王率東丹國僚屬辭．…… 伍月辛酉，南海，定理二府複叛，大元帥堯骨討之．六月丁酉，二府平．丙吾，次慎州，唐遣姚坤以國哀來告．秋七月丙辰，鐵州刺史衛鈞反．乙丑，堯骨攻撥鐵州．庚吾，東丹國左大相迭剌卒．辛未，衛送大於皇都西，築城以居之．賜名曰烏魯古，妻曰阿裏只．…… 甲戌，次扶餘府，上不豫．是夕，大星隕於幄前．辛巳平旦，子城上見黃龍繚繞，可長一裏，光耀奪目，入於行宮．有紫黑氣蔽天，日乃散．是日，上崩，年伍十伍．…… 八月辛卯，康默記等攻下長嶺府．…… 壬寅，堯骨討平諸州，奔赴行在．乙巳，人皇王倍繼至.(『遼史』卷2,「本紀」2，太祖下)

위의 사료는 거란의 발해 침공과 멸망 과정을 가장 잘 정리하고 있다. 925년 9월 거란은 서방 정벌을 성공적으로 마치고, 12월 16일 본격적으로 발해로 진군했다. 발해 영역으로 들어오기 전 윤 12월 4일에는 목엽산(木葉山)에 제사를 지냈으며, 14일에는 오산(烏山)에서 천지

(天地)에 제사를 지내고 열병(閱兵)했다. 21일에는 살갈산(撒葛山)에서 귀전(鬼箭)을 쏘고, 29일 상령(商嶺)을 지나 밤에 드디어 부여부를 포위했다. 이듬해 926년 정월 3일에 부여부를 함락하고, 상경으로 가는 중도에서 발해 노상(老相)의 3만 군대를 격파했다. 그리고 부여부를 함락한지 만 6일만인 9일에 상경을 포위했다. 12일에는 발해 마지막 왕인 대인선(大諲譔)이 항복했고, 14일 정식으로 항복절차를 밟아 발해는 완전히 멸망했다. 이후 안변부(安邊府), 막힐부(鄚頡府), 정리부(定理府) 등에서 잇따라 반란을 일으키지만 8월 장령부(長嶺府)와 제주(諸州)가 평정되면서 발해는 역사 속으로 사라졌다.

이상과 같이 거란의 발해 침공과 멸망은 매우 빠르게 진행되었다. 그런데 9세기 해동성국으로 불리던 발해가 925년 말, 거란의 대대적 침공을 받고, 부여성이 함락된지 보름도 안 되어 홀한성이 함락되면서 갑자기 멸망한 것은 큰 수수께끼로 여겨졌다. 이에 앞서 거란과 발해의 직접적인 무력 충돌 기사가 나오는 것도 빨라야 924년에 발해의 요주 공격이 처음이어서 궁금증을 더했다.[33] 그러나 지금은 거란과 발해가 수십 년 동안 전쟁을 치루었다는 기록과[34] 야율아보기가 10세기 초부터 요하 이동으로 줄곧 세력을 확장하면서 발해와 대립했던 사실

33 『遼史』卷2, 「本紀」2, 太祖下, “[天贊 3年(924) 5月] 是月, 徙薊州民實遼州地. 渤海殺其刺史張秀實而掠其民” 발해의 요주 공격 이후 거란 역시 발해를 공격했다. 『舊伍代史』卷32, 「莊宗紀」6, “[同光2年(924) 7月 壬戌] 幽州奏, 契丹安巴堅東攻渤海. …… 九月癸卯, 畋於西北郊. 幽州上言, 契丹安巴堅自渤海國回軍. …… 庚戌, 有司自契丹至者, 言女真, 回鶻, 黃頭室韋合勢侵契丹.” 이 사건에 대해 『契丹國志』卷1, 「太祖紀」, “師攻渤海, 無功而退”라고 해서 거란의 발해 공격은 성공적이지 않았음을 알 수 있다.

34 『遼史』卷28, 「本紀」28, 天祚皇帝 2, “(6年 正月)東京故渤海地, 太祖力戰二十餘年乃得之.”

들이 밝혀지면서 전쟁기간에 대한 의문은 일부 해소되었다.[35] 침공 일자도 위 사료에 나오는 간지를 날로 환산하면 알 수 있기 때문에 문제가 없다. 중국 학계에서도 이 문제에 대해서는 별다른 이견이 없다.

거란의 침공루트는 발해의 거란도(契丹道)와 대체로 일치한다고 본다. 거란도는 상경인 홀한성에서 남하하여 위호령(威虎嶺)을 넘고, 지린시[吉林市] 이동루트를 거슬러 올라가 서북 국경 요충지인 부여부를 지나 파림좌기(巴林左旗)에 이르는 길로 인정되는데,[36] 거란의 침공루트도 대략 이 길을 따라 진공한 것으로 여겨졌다. 그런데 거란군의 침공루트가 한개가 아닐 가능성이 나와 주목된다.[37] 자오핑춘[趙評春]은 거란군이 부여성을 함락하고 홀한성을 포위한 것이 불과 7일만인데, 이것이 같은 부대가 한 것이라고 보지 않았다. 그는 부여성을 함락한 것과 대원수 요골(堯骨)이 홀한성을 밤에 에워싼 것은 루트가 달랐다고 보았다. 『요사(遼史)』에 따르면 요제(遼帝)가 친정할 때는 경계에 들어선 후 3로(路)로 나눠서 공격했다고 한다.[38] 발해 공격 때는 요골이 전봉(前鋒)이 되어 부여성 전투에는 참여하지 않았고, 별도의 부대가 부여성을 공격하는 동안 다른 루트로 홀한성으로 곧바로 진격했다는

35 김은국(1992), 「渤海滅亡에 관한 재검토-거란 침공과 그 대응을 중심으로」, 『백산학보』 40 ; 김은국(1998), 앞의 글 ; 송기호(1995), 앞의 책 ; 박지영(2004), 「契丹의 요동 진출과 渤海의 대응」, 동아대학교대학원 석사학위논문 등 참조.

36 馬德謙(1990), 「渤海契丹道吉林市以東區段假說」, 『博物館研究』 제3기 ; 박학봉(2000a), 『발해의 주요교통로 연구』, 연변인민출판사, 105쪽.

37 趙評春(1986), 「遼太祖攻滅渤海時程考」, 『學習與探索』 제6기, 323~324쪽.

38 『遼史』 卷34, 「志」 4, 兵衛志上에는 거란 황제의 親征 과정에 대해 기록하고 있다. 親征軍이 경계에 들어 서면, "分爲三路"하여 세 길로 나뉘어 진군하고 각각 전후 좌우로 先鋒을 앞세워 정탐과 교전을 수행한 뒤 최종 목적지에 이르러 합류하고 있다. 이 기록은 시기가 좀 뒤이긴 하지만, 야율아보기의 발해 親征도 비슷한 전략을 사용했을 가능성이 있다.

것이다. 요골의 공격루트가 의외의 루트였기 때문에 발해의 노상군(老相軍)을 만나지 않았고, 노상군은 태조군의 선봉관이었던 초아고지(肖阿古只)와 만나 격패를 당했으며, 요골이 홀한성을 에워싼 후 모두 합류하여 발해를 멸망시켰다고 보았다. 자오핑춘의 견해는 충분한 개연성을 가지며 앞으로 좀더 검토가 필요하다고 생각된다.

다음으로 발해 멸망의 근본 원인에 대한 것이다. 이와 관련한 중국 학계의 이해를 간단히 정리하자면 첫째, 발해 내부의 혼란으로 거란에 대한 충분한 방어 대책이 없었다는 점, 둘째, 발해의 멸망이 발해 사회의 계급모순과 통치계급 내부의 모순과 투쟁의 필연적 결과라는 점, 셋째, 종주국인 당의 원조를 받지 못해서 복속민족에 대한 통치력이 약화되었고 이런 상태에서 거란의 흥기와 침입으로 결국 멸망했다고 본다.[39] 이 중 마지막인 당의 원조를 받지 못한 점을 가장 큰 원인으로 꼽고 있다. 그간의 연구로 거란의 흥기와 발해 정복은 기록상 부정할 수 없으며, 발해 멸망 전 지배층의 분열과 이탈도 확인되고 있다. 또한 발해 마지막 왕 대인선의 활발한 외교활동을 통한 국면타개 노력과 요주공략 등 적극적인 군사적 공세가 밝혀졌다.[40] 그렇지만 중국 학계에서 당의 원조 여부가 발해의 멸망에 가장 근본 원인이라고 보고 있는 것은, 처음부터 발해 건국이 반당 활동의 결과가 아니며, 당의 지방정권으로 발해를 바라보고자 하는 기본태도가 여기서도 나타나고 있는 것이다.

39 방학봉(1993), 「발해의 멸망원인에 대하여」, 『발해사연구』 1, 서울대학교출판부 ; 馬繼華, 「簡談渤海國的滅亡」(『高句麗渤海硏究集成』 4, 哈介濱出版社, 1997) 등.

40 주 35) 논문들 참조.

Ⅲ. 발해와 돌궐·회흘 관계

돌궐은 원래 유연의 속부(屬部) 중 하나였는데, 6세기 초부터 유연에 대항하여 자립했고, 552년에는 유연을 대파하여 유연의 가한(可汗)을 자살[41]하게 만들면서 급성장했다. 돌궐은 이 해에 내부 분열로 서·동 돌궐로 나뉘어졌으나, 이들은 수·당을 압도하는 세력으로 성장했고 고구려와 밀접한 관련을 맺으며 동아시아 국제사회를 양분시켰다.[42] 『삼국사기』에 따르면 돌궐은 551년에 처음 고구려와 접촉했다.[43] 이후 돌궐은 때로는 동북지역의 거란, 말갈 등에 대한 주도권을 두고 고구려와 대립하기도 하고, 때로는 수·당에 공동으로 대응하기 위해 연합하기도 했다. 동돌궐과 고구려가 수에 대응하기 위해 접촉한 첫 사례로는 대업(大業) 3년(607) 8월에 수 양제(煬帝)가 계민가한(啓民可汗)의 아장(牙帳)에 들렀다가 그곳에서 영양왕(嬰陽王)이 보낸 고구려 사신을 목격하고 "歸語爾王 當早來朝見 不然者 吳與啓民巡彼土矣"[44] 라고 한

41 『北史』 卷98, 「列傳」 86, 蠕蠕, "天保三年, 阿那瓌傀爲突厥所破, 自殺."

42 李龍範(1959), 「高句麗의 遼西進出企圖와 突厥」, 『사학연구』 4 ; 朴元吉(2002), 「高句麗와 柔然·突厥의 關係」, 『高句麗硏究』 14 ; 강선(2003), 앞의 글 ; 이재성(2005), 「6세기 후반 突厥의 南進과 高句麗와의 충돌」, 『북방사논총』 5 등 참조.

43 고구려와 돌궐과의 관계는 처음부터 우호적이지는 않았다. 『三國史記』 卷9, 「高句麗本紀」 7, 陽原王, "(7年) 秋九月, 突厥來圍新城, 不克, 移攻白巖城, 王遣將軍高紇領兵一萬, 拒克之, 殺獲一千級" 강선은 돌궐이 551년 고구려를 침공한 것은 이후 유연과의 전쟁을 일으키기 전에 유연과 긴밀한 관계에 있었던 고구려를 먼저 공격한 것으로 보았다[강선(2003), 「高句麗와 北方民族의 관계 연구」, 숙명여자대학교대학원 박사학위논문, 118쪽].

44 『隋書』, 「煬帝本紀」, 大業 3年 8月 乙酉條.

기록이있다. 이후 동돌궐이 당에 멸망하기까지 고구려와 긴밀한 관계를 계속 유지했을 가능성이 높다. 이런 관계로, 돌궐은 고구려 멸망 후 발해 건국 전까지 당의 통치에서 벗어나고자 한 고구려 유민의 주요 도피처 중 하나가 되었다고 생각된다. 그리고 681년 재흥(再興)에 성공한 후동돌궐은 7세기 말~8세기 전반 요서와 요동에서 반당 연대의 동반자로서, 발해 역사발전에 중요한 역할을 한다.

회흘(回紇)의 경우 다른 민족에 비해 기록상 늦은 시기에 출현하였다. 돌궐의 한 지류로 고구려와 관련있는 기록은 661년에 처음 보인다. 보장왕 20년(661) 정월에 당이 소사업(蕭嗣業)을 부여도행군총관(扶餘道行軍摠管)으로 삼아 여러 부병(部兵)을 거느리고 평양(平壤)을 공격하기 위해 보내는 데, 여기에 회흘이 처음 보인다.[45] 이후 회흘과 동북 민족과의 관련 기사는 더 이상 보이지 않으며, 8세기 중엽 후동돌궐을 무너뜨리고 중앙아시아의 패자가 되기까지 회흘은 당과 후동돌궐에 예속하고 있었다.[46] 따라서 발해와 회흘의 직접적인 관계는 8세기 중반 이후라로 볼 수 있다.

45 『三國史記』, 「高句麗本紀」, 寶藏王 20年條, "春正月, 唐募河南 北淮南六十七州兵, 得四萬四千餘人, 詣平壤鏤方行營, 又以鴻臚卿蕭嗣業爲扶餘道行軍摠管, 帥回紇等諸部兵, 詣平壤."

46 程溯洛(1990), 「回纥游牧封建汗国的兴衰(744~840)」, 『西北民族研究』 제2기; 薛宗正(1992), 「回纥的初兴及其同突厥, 唐朝的关系」, 『西北民族研究』 제1기; 정재훈(2005), 『위그르 유목제국사』, 문학과지성사 등 참조.

1. 돌궐과의 관계

먼저 돌궐과의 관계 연구를 살펴보면, 정치적 예속관계 여부가 주를 이룬다. 예속 여부에 대한 견해는 세 가지로 나눌 수 있는데, 첫째는 처음부터 돌궐에 예속했다가 당의 책봉을 계기로 예속관계에서 벗어났다고 보는 것이고, 둘째는 당의 책봉을 계기로 돌궐과 당 모두에 예속한 형태, 즉 양속관계로 보는 것이다. 셋째는 소수견해로 돌궐에 처음부터 예속하지 않았다고 본다. 아래 자료는 국초에 돌궐과 외교관계를 맺었음을 보여주는 자료이다.

D-1. 祚榮驍勇善用兵, 靺鞨之衆及高麗餘燼, 稍稍歸之. 聖曆中, 自立爲振國王, 遣使通于突厥.(『舊唐書』 卷199, 「列傳」 149, 北狄 渤海靺鞨)

D-2. (開元)十四年(726), 黑水靺鞨遣使來朝, 詔以其地爲黑水州, 仍置長史, 遣使鎭押. 武藝謂其屬, 黑水途經我境, 始與唐家相通. 舊請突厥吐屯, 皆先告我同去. 今不計會, 卽請漢官, 必是與唐家通謀, 腹背攻我也.(『舊唐書』 卷199下, 「列傳」 149下, 北狄 渤海靺鞨)

D-3. 未幾, 黑水靺鞨使者入朝, 帝以其地建黑水州, 置長史臨總. 武藝召其下謀曰, 黑水始假道於我與唐通, 異時請吐屯於突厥, 皆先告我, 今請唐官不吳告, 是必與唐腹背攻我也. 乃遣弟門藝及舅任雅相發兵擊黑水.(『新唐書』 卷219, 「列傳」 144, 北狄 渤海)

첫 번째, 처음부터 돌궐에 예속했다가 당의 책봉을 계기로 돌궐의 예속에서 벗어났다고 보는 견해로는 왕청귀 주궈천·웨이궈중 등이 있다. 왕청귀은 발해가 건국 후 영주도(營州道)가 막히면서 당의 비호를 받을 수 없자 돌궐에 사신을 보냈다고 한다. 돌궐에 사신을 보낸 직접 원인에 대해서는 첫째, 돌궐의 세력을 두려워해서이고, 둘째는 거란의 속박에서 벗어나려는 데 있었다고 했다. 이러한 이유로 돌궐에 사신을 파견하면서 예속관계에 들어갔다고 본 것이다.[47] 주궈천·웨이궈중은 건국 후 불안정한 진국정권이 당의 침공에 대비해, 돌궐에 사신을 파견하여 지지를 획득했는데, 이러한 행동은 돌궐에 종속국이 된 것을 의미한다고 보았다. 돌궐의 통치행위에 대해서는 토둔(吐屯)을 파견하여 진 정권을 통제하고 공부(貢賦)를 수탈하는 등 직접적인 통치행위가 이루어졌다고 본다. 발해와 돌궐의 이러한 관계는 당의 초위(招慰)와 최흔(崔忻)을 통한 책봉 이후 발해가 당에 의존하면서 일시적으로 소원해졌다고 한다. 그러나 대무예 즉위 후 당과 대치하고, 흑수말갈과 함께 돌궐에 토둔을 요청하면서 관계를 회복한다. 그렇지만 734년 돌궐의 거란·해 토벌 요청을 발해가 거절하고 역으로 돌궐 사자를 구류하여 당에 보내면서,[48] 최종적으로 돌궐과 관계가 결렬되었다고 보았다.[49]

『발해국사』에서는 건국 초 가장 직접적인 위협은 후동돌궐 정권이었으며, 강병이 40만인 돌궐의 공격에 대응하는 유일한 방법은 이들에게 신복하는 것이라고 보았다. 돌궐은 속부(屬部), 속국(屬國)에 대한 관례에 따라 발해에 토둔을 주둔시켜 현지를 감시·통제하고 세금을

47 王成國(1986), 「略論唐代渤海與東北各族的關係」, 『東北地方史研究』 제3기(『高句麗渤海研究集成』 4, 哈介濱出版社, 1997, 518쪽).

48 『全唐文』 卷285, 張九齡, 勅渤海王大武藝書, "勅渤海郡王 忽汗州都督大武藝. ……又近得卿表云, 突厥遣使求合, 擬打兩蕃, 奚及契丹. 今旣內[來]屬, 而突厥私恨, 欲讎此蕃, 卿但不從. 何妨有使, 擬行執縛, 義所不然, 此是人情."

49 魏國忠·朱國忱[佐伯有清·濱田耕策 역(1996), 앞의 책, 208쪽].

거뒀다고 본다. 돌궐의 묵철가한(默啜可汗)은 권력을 남용하여 전쟁을 일삼았고, 아랫사람을 가혹하게 부렸는데,[50] 이를 감안하면 말갈국[51]에 대한 수탈도 양번(兩藩, 거란과 해)과 비교해서 가볍지 않았을 것으로 본다. 따라서 말갈은 정권이 점차 안정되고 실력이 증강되면서 돌궐의 규제에서 벗어나려고 기회를 엿보고 있었다고 한다. 마침 신룡 3년(707) 당 중종(中宗)이 돌궐을 반격하기 위해 제번(諸藩) 연합을[52] 목적으로, 시어사(侍御史) 장행급(張行岌)을 말갈국에 보내 초위하면서[53] 발해와 돌궐의 관계가 소원해졌고, 선천 2년(713) 당의 책봉[54] 후 돌궐과 결별한 것으로 본다. 단, 당에 대응하기 위한 등주(登州) 공격[55] 전후에 대무예가 돌궐과 연락하여 옛 우호를 다시 맺을 것을 의논

50 『舊唐書』 卷194上, 「突厥」 上, "初, 景雲中, 默啜西滅娑葛, 遂役屬契丹·奚, 因虐用其下. 既年老, 愈昏暴, 部落怨畔."

51 말갈국은 발해를 가리킨다. 현재 중국에서는 713년 당이 대조영을 발해군왕으로 책봉하여, 발해로 국명을 개칭하기 전, 정식 국명으로 말갈국을 自稱했다는 설이 확산되고 있다. 사료에 나오는 "自稱하여 震國(振國)"이라고 했던 것을 인정하지 않고 있는 것이다.

52 『舊唐書』 卷194上, 「突厥」上 "中宗卽位, …… 中宗下制絶其請婚, 仍購募能斬獲默啜者封國王, 授諸衛大將軍, 賞物二千段. 又命內外官各進破突厥之策. 右補闕盧俌上疏曰 …… 臣聞以蠻夷攻蠻夷, 中國之長算, 故陳湯統西域而郅支滅, 常惠用烏孫而匈奴敗. 請購辯勇之士, 班·傅之儔, 旁結諸蕃, 與圖攻取, 此又掎角之勢也. …… 上覽而善之."

53 『舊唐書』 卷199下, 「列傳」 149下, 北狄 渤海靺鞨, "中宗卽位, 遣侍御史張行岌往招慰之. 祚榮遣子入侍."

54 『舊唐書』 卷199下, 「列傳」 149下, 北狄 渤海靺鞨, "睿宗 先天二年, 遣郎將崔往册拜祚榮爲左驍衛員外大將軍·渤海郡王, 仍以其所統爲忽汗州, 加授忽汗州都督."

55 『舊唐書』 卷199下, 「列傳」 149下, 北狄 渤海靺鞨, "(開元)二十年, 武藝遣其將張文休率海賊攻登州刺史韋俊. 詔遣門藝往幽州徵兵以討之, 仍令太僕員外卿金思蘭往新羅發兵以攻其南境. 屬山阻寒凍, 雪深丈餘, 兵士死者過半, 竟無功而還. 武藝懷怨不已, 密遣使至東都, 假刺客刺門藝於天津橋南, 門藝格之, 不死. 詔河南府捕獲其賊, 盡殺之."

했을 가능성이 있다고 한다. 그러나 이것은 어디까지나 책략적 고려일 뿐이고, 이후의 관계도 책략적 접촉으로 보았다. 그리고 이후 형세 변화에 따라 돌궐과의 관계가 최종 결렬되었다고 한다.[56]

두 번째 당의 책봉을 계기로 돌궐과 당 모두에 예속한 형태 즉 양속관계로 보는 연구자로는 진위푸와 마이홍 등이 있다. 진위푸는 대조영대에 일찍이 돌궐에 복속했고, 이런 관계는 대무예시기에도 고치지 못했다고 한다. 발해가 713년에 당의 책봉을 받았지만 아직 돌궐과 결별하지 않았고, 734년 돌궐의 청병을 거절하면서 돌궐의 기미에서 벗어났다고 보았다.[57] 따라서 713년 발해가 당의 책봉을 받은 후부터 734년까지 돌궐과 당 모두에 예속한 것으로 보는 것이다. 마이홍 역시 발해가 713년 이후 일정기간 동안 당과 돌궐에 대해 양속관계를 맺었다고 보았다.[58] 이러한 양속관계를 맺은 원인은 당과 돌궐, 당과 발해, 돌궐과 발해 3자의 역관계에 따른 것으로 본다. 발해는 대조영 시기 별달리 당에 대적할 의도가 없었으며, 돌궐과 당 사이에서 자보(自保)와 발전의 기회를 위해 양속관계를 택했다는 것이다. 그리고 당은 돌궐을 견제할 필요성에서, 돌궐은 묵철가한 이후 세력약화로 자의든 타의든 발해의 양속관계를 유지했다고 한다.[59]

마지막으로 돌궐에 처음부터 예속하지 않았다고 보는 견해로는 쑨진지가 있다. 쑨진지는 『구당서』와 『신당서』에는 대조영이 진국을 건립

56 魏國忠·朱國忱·郝慶云(2006), 앞의 책, 494~504쪽.

57 김육불 저, 동북아역사재단 역(2007), 앞의 책, 586쪽.

58 馬一虹(2007), 앞의 글, 60~66쪽.

59 마이홍[馬一虹]은 당과 돌궐에 대한 양속 관계에서 더 나아가 발해 초창기는 신라왕에게 관작을 받은 것까지 고려하면 三屬, 多屬의 시기였다고 한다[馬一虹(2007), 앞의 글, 66쪽].

한 후 돌궐에 견사(遣使)했다는 이야기는 있지만, 돌궐의 토둔파견은 언급하고 있지 않음을 지적했다. 돌궐이 발해에 토둔을 파견했다는 설의 근거는 〈D-2〉와 〈D-3〉의 기록으로, 흑수말갈이 돌궐에 토둔을 청할 때 발해에 알리고 같이 갔다는 기사다. 그런데 여기에는 흑수말갈의 토둔 이야기만 있지 발해의 토둔 설치는 없다. 그리고 734년 돌궐의 군사 요청시 발해가 거부한 것에서 알 수 있듯 발해가 돌궐에 예속한 것이 아니라고 한다. 쑨진지는 발해와 돌궐이 단지 사신을 파견하여 교류했을 뿐 더 많은 관계는 없었다고 보았다.[60] 또한 돌궐과 관계를 맺은 것은 실제적 힘의 우열에 의한 것으로, 그 이면은 당과 적대관계가 아니라 기회가 있다면 얼마든지 회귀하려는 의도를 가지고 있었다고 한다. 쑨진지의 이러한 견해는 앞서 거란과의 관계에서처럼 돌궐과 발해의 관계를 당과 발해, 당과 돌궐관계에 따라 변하는 부차적인 것으로 이해한 것이다.

2. 회흘과의 관계

발해와 회흘의 직접적인 관계는 안사(安史)의 난이 평정된 후 회흘이 북방 초원의 강자로 등극하면서부터라고 생각된다. 그런데 발해와 돌궐의 관계 연구가 정치적 예속 여부에 집중하고 있다면, 회흘과의 관계는 경제·문화 교류에 집중하고 있다. 이것은 회흘이 등장한 8세기 후반 동북아시아의 국제관계가 경제교류를 중심으로 움직인 것과

60 孫進己(1994), 「渤海國和鄰族鄰國的關係」, 『東北民族史研究(一)』, 中州古籍出版社(『高句麗渤海研究集成』 4, 哈尒濱出版社, 1997, 459쪽).

무관하지 않을 것이다. 회흘은 '안사의 난'을 진압한 것을 계기로 당에 영향력을 확대하고, 돌궐과는 달리 막대한 회사품과 말무역을 중심으로 경제 관계에 주력했다.[61] 이러한 정책은 기본적으로 여타 대외 관계에서도 마찬가지였을 것으로 생각된다. 발해의 경우 당과의 관계가 '안사의 난'을 경계로 당 중앙이 아닌 당의 지방과 번진이 1차 접촉대상으로 바뀌었다. 이에 따라 8세기 전반처럼 국가의 안정과 발전을 위해, 더 이상 북방민족과 정치적·군사적으로 연대하여 당에 대항해야 했던 상황에서 벗어났다. 또한 당시 발해가 1차적으로 접촉했던 번진의 주도권을 안록산 휘하의 해, 거란, 고구려 유민 또는 반당 한장(漢將) 출신이 장악하고 있었기 때문에, 이들과의 관계는 그간의 당 중앙과의 관계와 근본적으로 달랐다. 그리고 8세기 중후반은 문왕의 치세로 넓어진 영토의 효율적인 정비와 상경을 중심으로 한 국가체제를 완비해 가던 시기였기 때문에, 달라진 국제환경에 맞추어 발해의 대외정책도 변화했을 것으로 보인다. 즉 동북아 전체가 대체로 군사대립보다는 경제교류에 주력하는 시기로 전환한 것처럼, 발해 역시 북방민족과의 관계와 정책을 정치·군사 연대에서 경제교류를 중심으로 전환하는 것은 자연스러운 것이며, 회흘과의 관계 역시 그러했을 것이다.

61 당과 회흘의 관계는 안사의 난 후 互市를 통한 경제적 관계를 중심으로 전환되었고, 현실적 힘이 약화되어 있던 당은 회흘 사신 또는 상인이 당 수도에서 일으키는 범죄행위마저 묵과하는 유화책으로 회흘과 우호적 관계를 유지하였다. 『資治通鑑』卷224, 「唐紀」 40, 代宗 大歷 七年(772), "春, 正月, 甲辰, 回紇使者擅出鴻臚寺, 掠人子女, 所司禁之, 毆擊所司, 以三百騎犯金光, 硃雀門. 是早, 宮門皆閉, 上遣中使劉淸潭諭之, 乃止":『資治通鑑』卷225, 「唐紀」 41, 代宗 大歷 10年(774) 9月, "壬寅, 回紇擅出鴻臚寺, 白晝殺人, 有司擒之. 上釋不問":『資治通鑑』卷225, 「唐紀」 41, 代宗 大歷 11年(775), "九月, 戊申, 回紇白晝刺市人腸出, 有司執之, 系萬年獄. 其酋長赤心馳入縣獄, 斫傷獄吏, 劫囚而去. 上亦不問" 등.

발해와 회흘은 840년 회흘이 멸망하기까지 빈번한 경제·문화 교류를 가졌을 것으로 추정하지만, 이를 구체적으로 살펴볼 사료가 남아 있지 않아 양자 간의 관계 복원은 쉽지 않다. 대체로 회흘과의 관계를 설명하는 것은 발해지역에서 발견되는 투르크계 문물을 근거로 한다.[62] 그런데 발해 지역에서 발견되는 투르크계 문물의 주체에 대해서는 약간의 논란이 있다. 돌궐인인가 아니면 회흘인인가 아니면 소그드인인가이다. 현재 당시 중앙아시아와 실크로드, 초원의 길 등에서 무역에 종사한 주요 민족으로 소그드계의 역할이 상당히 주목을 받고 있다.[63] 소그드인은 이란 인종에 속하는 중앙아시아 고대민족으로, 원래는 소그디야나(소그드) 지구인 지금의 우즈베키스탄에서 생활하였다. 국가로는 강국(康國), 안국(安國), 동조국(東曹國), 조국(曹國), 서조국(西曹國), 미국(米國), 하국(何國), 사국(史國), 석국(石國) 등이 있었는데, 중국사에서는 이들을 소무구성(昭武九姓), 구성호(九姓胡), 속특호(粟特胡)라고 불렀다. 이들의 특징은 상업에 뛰어난 민족이라는 것이다.[64] 이

62 발해시기 투르크계와 관련된 유물로는 伯力州에서 발견한 중앙아시아 은화(7~12세기 중앙아시아에서 유통 은화 모방)와 赤塔州 普里阿尔贡(Priargun)지구 库赤村과 南西伯利亚의 米努辛斯克盆地에서 발견된 소그드어가 새겨진 동경, 滨海州 哈桑(Khasan)지구 克拉斯基诺(Kraskino)村 土城遗址에서 출토된 공예품(중앙아시아산품 모방), 滨海州 阿尔瑟尼耶夫(Arsenyev)市에서 수집된 黑衣大食时代의 은화(安国 은화 모방 : 8세기 중반 추정) 등이 있다.(王小甫(2001), 「"黑貂之路"质疑–古代东北亚与世界文化联系之我见」, 『历史研究』 제3기, 82~83쪽.) 그 외 渤海 上京龍泉府 출토 舍利函의 비취색 유리병과 19개의 사리 및 은쟁반, 阿烏羅夫卡古城址에서 출토된 5각형 "☆"이 새겨진 渤海陶罐 등이 있다. 张碧波(2006), 「渤海国与中亚粟特文明考述」, 『黑龙江民族丛刊』 제5기, 74~75쪽.

63 纪宗安(1989), 「活跃在丝绸之路上的粟特人」, 『暨南学报(人文科学与社会科学版)』 제3기 ; 王小甫(2001), 앞의 글 ; 张碧波(2006), 앞의 글 ; 후쿠시마 메구미(2007), 「당대 소그드인과 "동아시아해" 교류」, 『중국사연구』 46 등.

64 『舊唐書』「西戎傳」"善商賈, 爭分銖之利. 男子年二十, 即遠之旁國, 來適中夏, 利之所在, 無所不到"

러한 소그드인과 발해인의 관계가 영주에서 비롯되었다는 주장이 있다. 영주지구는 수·당대 중국으로 이주한 소그드인들의 본관지 중 하나이고 주요 활동지였는데, 여기서 발해국의 주체인 속말말갈이 이들과 관계를 가졌고 발해국 시기까지 이어졌다는 것이다. 그리고 일본과 외교교섭에서 나타나는 안, 사와 같은 성씨가 소그드계일 것으로 본다.[65] 그러나 발해와 소그드계의 직접 관계는 기록이 없어서 발해에서 발견되는 투르크계 문물의 주체를 소그드계로 단정 할 수 없다.

1. 八連城 출토 석불상(『半拉城』)

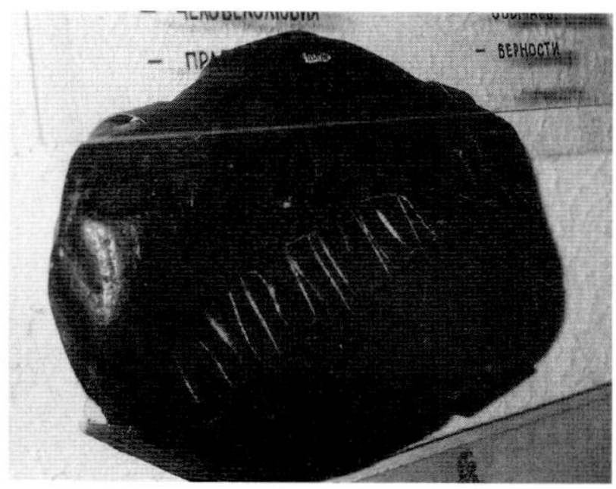

2. 남우쑤리크 출토 돌궐문자(『러시아연해주와 발해역사』)

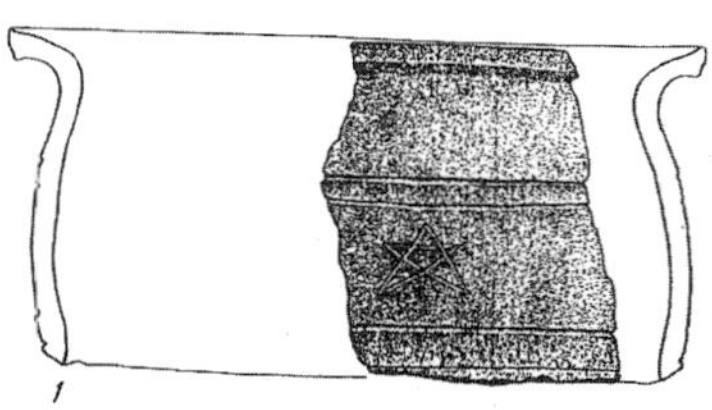

3. 꼰스딴찌노브까 I 취락지 출토 발해 윤제도기 조각(『러시아연해주와 발해역사』)

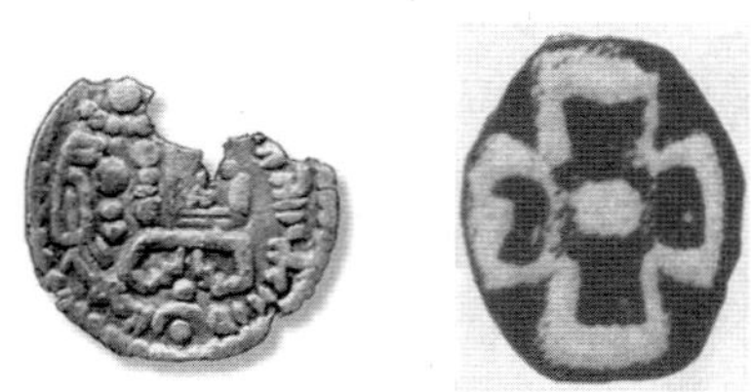

4. 소그드 은화(왼쪽)와 십자가 장식(오른쪽)(전쟁기념관, 발해건국 1300주년 기획전『발해를 찾아서』, 1998)

그림 1 발해시대 투르크계 관련 유물

65 발해에서 일본으로 보낸 사신 중 安貴寶(760년)와 史都蒙, 史道仙(776) 등이 소그드계로 추정된다. 张碧波는 이들이 발해에서 활동하게 된 것은, 契丹 李盡忠의 반란 때 乞乞仲象·乞四比羽 등 "東走"하던 민족 속에 营州지구의 昭武 九姓(소그드계)이 포함되었기 때문으로 본다[张碧波(2006), 앞의 글, 70~74쪽].

투르크계 문물 중 시기의 상한을 알 수 있는 것으로는 경교와 관련 있는 유물이다. 예를 들어 우수리스크 발해 사찰유지에서 발견한 경교십자가 조형은 회흘인의 유물로 알려져 있다. 그것은 발해인과 후돌궐인이 경교를 믿지 않았기 때문이라고 한다.[66] 중심지가 아닌 솔빈부 지역에서 회흘계 문물이 출토되는 원인으로는 회흘이 9세기 중엽 힐알사인(黠戛斯人)에게 멸망하면서 잔여 부족이 실위에 의탁했고, 일부가 발해 지역으로 이주하여 거주민이 되었을 가능성을 제기하기도 했다.[67] 이 과정에서 회흘 상인은 상경과 발해 중심 지역뿐만 아니라 멀리 솔빈부 유역까지 진출했다고 한다.[68]

이상에서 살폈듯이 발해와 투르크계의 관계는 발해 영내에서 발견한 유물을 근거로 설명하고 있다. 그러나 이외에도 돈황(敦煌)에 살았던 발해인 고공(高公)이 발해와 돈황 간의 불교문화 전달자로 알려져, 발해와 중앙아시아의 교류를 증명하고 있다.[69] 그리고 발해와 회흘과의 공식적인 관계는 840년 회흘이 멸망하면서 단절되지만, 회흘부족과의 관계는 계속되었던 것으로 보인다. 발해와 거란이 발해 말기에 요동을 사이에 두고 공방을 벌이던 시기에, 거란 동북방에서 회흘이 여진과 황두실위와 연합하여 거란을 공격했던 것은 발해와 관련 속에서 설명할 수 있을 것이다.[70]

66 魏國忠·朱國忱·郝慶云(2006), 앞의 책, 501쪽.

67 魏國忠·朱國忱·郝慶云(2006), 앞의 책, 501~502쪽.

68 朱國忱·魏國忠[佐伯有清·濱田耕策 역(1996), 앞의 책, 210쪽].

69 노태돈(1989), 「高句麗·渤海人과 內陸아시아 住民과의 交涉에 관한 一考察」, 『대동문화연구』 23 ; 土肥義和(1989), 「敦煌發見 漢文文書에 나타난 韓國 關係 記事에 관하여」, 『대동문화연구』 23.

70 『舊五代史』 卷32, 「唐書」 8, 「莊宗紀」 6, "(同光二年(924) 九月) 庚戌, 有司自契丹至者, 言女眞·迴鶻·黃頭室韋合勢侵契丹."

Ⅳ. 발해와 흑수·실위 관계

고구려시기의 말갈 7부 중 여전히 세력을 유지하고, 발해의 세력 확대에 끝까지 저항했던 집단은 흑수말갈이다. 말갈의 첫 기록은 『북제서(北齊書)』 권7, 무성제(武成帝) 하청(河淸) 2년조(563)에 처음 나오며, 계통에 대해서는 논란이 많으나 중국에서는 일반적으로 『위서』 등에서 보이는 물길과 같은 종족으로 보고 있다.[71] 그러나 『위서』에서 보이는 물길을 『수서』와 『신·구당서』에 보이는 말갈 7부와 그대로 연결할 수는 없다. 왜냐하면 물길의 활동 기록에는 7부가 보이지 않으며, 『북사』에 가서야 물길 7부가 보이는데 '일왈말갈(一曰靺鞨)'이었다고 한 것은[72] 말갈로 전환한 이후의 상황을 소급한 것으로 보이기 때문이다. 또한 『위서』에서는 물길이 '옛 숙신국'[73]이라고 했는데, 『북사』 등에서는 불열(拂涅) 이동이 숙신씨(肅愼氏)[74]

---

71 일원적으로 보는 입장으로는 馮繼欽(1986), 「靺鞨族共同體類型及其特征初探」, 『北方文物』 제2기 ; 呂光天·古淸堯(1985), 「魏晋南北朝時期貝爾湖地區和黑龍江流域各族與中原的關係」, 『北方論叢』 제5기 ; (1991), 『貝爾湖地區和黑龍江流域各族與中原的關係史』, 黑龍江敎育出版社 ; 干志耿, 孫秀仁(1987), 『黑龍江古代民族史綱』, 黑龍江人民出版社 ; 魏國忠(1994), 「제4장 關于勿吉族的幾介問題」, 『東北民族史研究(二)』, 中州古籍出版社 ; 張博泉(1998), 『東北古代民族·考古與彊域』, 吉林大學出版社 등이 있으며 이외 다원론, 융합론 등이 있다.

72 『北史』 卷94, 「列傳」 82, 勿吉, "勿吉國在高句麗北, 一曰靺鞨. …… 其部類凡有七種 其一號粟末部, 與高麗接, 勝兵數千, 多驍武, 每寇高麗, 其二伯咄部, 在粟末北, 勝兵七千, 其三安車骨部, 在伯咄東北, 其四拂涅部, 在伯咄東, 其伍號室部, 在拂涅東, 其六黑水部, 在安車骨西北, 其七白山部, 在粟末東南. 勝兵並不過三千."

73 『魏書』 卷100, 「列傳」 88, 勿吉, "勿吉國, 在高句麗北, 舊肅愼國也."

74 『北史』 卷94, 「列傳」 82, 勿吉, "自拂涅以東, 矢皆石鏃, 卽古肅愼氏也."

라고 되어 있다. 따라서 말갈 7부의 실체는 물길의 자연 발전에 따라 출현한 것이 아니라, 물길을 포함하여 여러 집단들을 아울러, 일곱 개의 지역단위로 구분하여 인식하면서 출현한 확대된 명칭으로 생각된다.[75] 지리적·문화적 특성이나 정치적 동향 등을 고려했을 때 흑수말갈이야말로 가장 숙신계열에 가까운 존재로 볼 수 있다. 그리고 말갈 7부 중 흑수부만이 고구려 말기에 대체로 독립을 유지한 것으로 인정되고 있다. 그렇지만 고구려 말 동북아 국제 전쟁의 와중에 흑수부만이 영향을 받지 않았다고 보기는 힘들다. 일부의 경우 고구려와 연대하여 당 세력에 대항했을 가능성이 높으며, 고구려의 멸망 후 남쪽으로 세력을 확장하여 당에 직접적으로 대항하기도 하였다.[76] 따라서 발해 건국세력과 흑수말갈은 건국 전부터 반당이라는 공통 의지를 가지고 있었다고 할 수 있다.

실위(室韋)는 송화강과 눈강(嫩江)이 합류하는 지점과 그 이북에 살고 있는 수렵 민족으로 거란과 동류로 알려져 있다. 다른 민족에 비해 두드러진 모습은 보이지 않으나 『위서』「실위전」에 5개부에서 당대에 이르기까지 10여 개부, 20여 개부로 끊임없이 성장하는 모습을 보여 준다.[77] 그런데 실위 각 부는 서로 굴복하지 않아서 비록 용맹스럽고 날쌔어 잘 싸웠지만 강국이 될 수 없었다고 한다.[78] 따라서 주변국

75 권은주(2009), 「靺鞨7部의 實體와 渤海와의 關係」, 『高句麗渤海研究』 35, 46~55쪽 참조.

76 『新唐書』 卷110, 「列傳」 35, 諸夷蕃將 李多祚, "其先靺鞨酋長, 號黃頭都督 …… 多祚, 驍勇善射, 以軍功累遷右鷹揚大將軍. 討黑水靺鞨, 誘其渠長, 置酒高會, 因醉斬之, 擊破其眾."

77 실위의 성장과 위치에 대해서는 張久和, 『몽골인 그들은 어디서 왔나?』[북방사 연구팀 옮김(2009), 소나무]의 「Ⅲ. 실위 부락의 구성과 변천」 및 「Ⅳ. 실위의 지리적 분포」 참조.

78 『新唐書』 卷219, 「列傳」 144, 北狄 室韋, "小或千戶, 大數千戶, 濱散川谷, 逐

의 역학관계에 따라 실위의 정치적 위상도 변동을 겪으며 일부는 돌궐에[79] 일부는 당에 예속했다. 남실위는 고구려, 말갈과 지리적으로 연해 있어 일부에서는 동화되고 있었을 것으로 보인다. 실위의 언어는 말갈과 같다거나, 황두(黃頭) 실위가 이후 황두 여진으로 불린 사실,[80] 실위 계통으로 알려진 달후(達姤)가 말갈별부로 불린 사실[81]은 두 지역 간의 종족적·문화적 친연성을 보여준다. 고구려와 직접적인 관계 기록은 거의 없지만, "그 나라에는 철이없어, 고구려에서 얻었다(取給於高麗)".[82]라는 기록에서 교역이 이루어지고 있었음을 알 수 있다. 따라서 실위의 경우도 기타 유목민족들처럼 발해 건국 전부터 친숙한 대상이었던 것이다.

1. 흑수말갈과의 관계

우선 흑수말갈과의 관계 연구는 발해의 흑수말갈 복속에 관한 것이 주를 이룬다. 이 문제는 첫째, 언제 흑수말갈이 발해에 복속했는가하는 시기 문제와 둘째, 복속의 실태가 과연 어떠했는가가 문제가 될 수 있다. 아래의 사료는 발해가 성장하면서 말갈을 역속(役屬)시키

水草而處, 不稅斂. 每弋獵卽相嘯聚, 事畢去, 不相臣制, 故雖猛悍喜戰, 而卒不能爲彊國."

79 『北史』, 「室韋傳」, "突厥以三吐屯總領之."

80 孫進己 저, 임동석 역(1992), 『東北民族源流』, 동문선, 201쪽.

81 『三國史記』 卷12, 「新羅本紀」 12, "(景明王 5年) 二月 靺鞨別部達姑衆 來寇北邊 時太祖將堅權 鎭朔州 率騎擊大破之 匹馬不還 王喜."

82 『隋書』 卷84, 「列傳」 49, 北狄 室韋.

고, 흑수 역시 복속시킨 것을 보여준다.

> E-1. 拂涅, 亦稱大拂涅, 開元·天寶間八來, 獻鯨睛·貂鼠·白免皮, 鐵利, 開元中六來, 越喜, 七來, 貞元中一來, 虞婁, 貞觀間再來, 貞元一來. 後渤海盛, 靺鞨皆役屬之, 不復與王會矣.(『新唐書』卷219,「列傳」144, 北狄 黑水靺鞨)
>
> E-2. 其拂涅 鐵利等諸部落 自國初至天寶末 亦當朝貢 或遂渤海使而來 唯郡利 莫曳皆三兩部未至 及渤海浸强 黑水亦爲其所屬.(『唐會要』卷96,「靺鞨」)

먼저 복속시기에 관한 견해를 살펴보면 크게 문왕대 이후설과 선왕대 이후설로 나뉘는데, 중국의 통설은 선왕대 이후설이다. 문왕대 이후설의 근거는 발해의 상경천도[83] 이후 9세기 초까지 흑수말갈의 당조공 기사가 보이지 않는다는 점이다.[84] 그러나 중국에서는 문왕 사후 발해의 내분 시기에 일시적으로 흑수말갈이 당 조공을 재개했던 점[85]을 들어 선왕대에 가서야 해북제부를 통일하면서[86] 흑수말갈을 역속시켰다고 본다. 이러한 인식을 잘 보여주는 것이 『발해사고』와 『발해국사』이다.

---

83 『新唐書』卷219,「列傳」144, 北狄 渤海, "天寶末, 欽茂徙上京, 直舊國三百里忽汗河之東."

84 흑수말갈의 당 조공은 722년 처음 보이며, 752년 이후 약 반세기 동안 단절되었다(『冊府元龜』卷971,「外臣部」,「朝貢」4).

85 802년에는 虞婁와 越喜의, 815년에는 黑水의 당 조공 기사가 보인다(『冊府元龜』卷971,「外臣部」,「朝貢」4).

86 『新唐書』卷219,「列傳」144, 北狄 渤海, "從父仁秀立, 改年建興, 其四世祖野勃, 祚榮弟也. 仁秀頗能討伐海北諸部, 開大境宇, 有功, 詔檢校司空·襄王."

『발해사고』에서는 발해와 흑수말갈의 관계를 당과의 긴장과 친선에 따라 변하는 것으로 보았다. 발해가 당과 대치하며 마도산(馬都山)에서 전투를 벌일 때 흑수가 기병을 보내어 당을 원조하면서,[87] 발해와 긴장관계를 조성했다. 그러나 문왕 대흠무 즉위 후 당과 관계가 친밀해지자 자연히 흑수와도 긴장이 완화된 것으로 보았으며, 이에 따라 741년에는 발해와 흑수의 사신이 당에 함께 조공하기도 했다고 한다.[88] 이는 발해와 흑수말갈관계에 대해 이들을 주체로 해서 본 것이 아니라, 주체인 당의 행방에 따라 변하는 부수적인 것으로 본 한계를 가진다. 이러한 인식 하에 752년 이후 흑수말갈이 당 조공을 단절한 것에 대해 적극적으로 해석하지 않고, 발해의 흑수말갈 복속을 선왕 대인수대에 가서야 가능하게 된 것으로 보았다.[89]

이러한 인식은 『발해국사』에서도 동일하게 나타난다.[90] 말갈제부 중 고구려 편에 섰던 세력은 고구려 멸망과 함께 약해졌지만, 당편에 섰던 세력은 새롭게 발전했다고 한다. 그중 흑수말갈은 고구려멸망 과정에서, 전쟁 중에 당의 주요 우방 가운데 하나였기 때문에 고구려 멸망 후 남하하여 세력을 확대시켜 16부의 강력한 부족연맹을 이루었고, 당시 동북지구에서 가장 강대한 정치군사 세력의 하나가 되었다고 보았다. 그리고 발해 건국 후에는 돌궐에 토둔 파견을 요청하는 등 상호 밀접한 관계를 가졌다는 것이다. 그런데 흑수말갈이 당편에 섰기

87 『昌黎先生集』 26, 「碑志烏氏墓碑銘」, "開元中 尙書(烏承玼)管平盧先鋒軍 屬破奚契丹 從戰捺祿 走可突干 渤海扰海上 至馬都山 吏民逃徙失業 …… 黑水室韋以騎伍千來屬麾下 邊威益張"(孫玉良 편저, 『渤海史料全編』, 98쪽).

88 『冊府元龜』 卷971, 「外臣部」, 「朝貢」 4, "(開元29年) 二月, 渤海靺鞨遣其臣朱阿利, 越喜靺鞨遣其部落與舍利, 黑水靺鞨遣其臣阿布利稽."

89 朱國忱·魏國忠[佐伯有清·濱田耕策 역(1996), 앞의 책, 211쪽].

90 魏國忠·朱國忱·郝慶云(2006), 앞의 책.

때문에 발전했다는 근거가 무엇인지 알 수 없다. 흑수말갈이 고구려 멸망 시 당의 우방이었다는 증거는 없으며, 이들이 16부로 발전한 것은 흑수말갈의 성장을 억제하던 고구려가 멸망하면서 힘의 공백이 생겼고, 고구려 유민과 기타 말갈세력의 인적자원을 받아들여 새롭게 재편한 결과로 이해하는 것이 사실에 가깝다고 생각된다. 또한 7세기 말 당의 이다조(李多祚, 말갈계 장수)가 흑수를 토벌했다는 것은 흑수말갈이 결코 당에 우호적이지 않았음을 말해준다.[91]

다음으로 『발해국사』에서는 흑수와 발해관계가 나빠진 것은 무왕의 확장정책 때문으로 보았다. 이에 따라 흑수는 당에 주동적으로 접근하여 발리주자사(勃利州刺史), 흑수군(黑水軍), 흑수주도독부(黑水州都督府)의 설치와 장사(長史) 파견을 요청하여[92] 발해의 흑수말갈 공격을 유발했다고 본다. 이 책에서는 발해의 흑수말갈 공격이 대문예의 도망으로[93] 전쟁 목적을 달성할 수는 없었다고 한다. 그 뒤 흑수말갈은

91 웨이궈중[魏國忠]은 이 사건이 692년경 일어났다고 보았다. 고구려 멸망 후 흑수말갈은 남쪽으로 세력 확장을 시도했고, 당은 이를 억제하고 이들 지역의 통치를 강화하는 가운데 당과 흑수말갈 사이에 전쟁이 발생했다고 한다. 魏國忠(1985), 「唐與黑水靺鞨之戰」, 『社會科學戰線』 제3기.

92 『新唐書』 卷219, 「列傳」 144, 北狄 黑水靺鞨, "開元十年, 其酋倪屬利稽來朝, 玄宗卽拜勃利州刺史. 於是安東都護薛泰請置黑水府, 以部長爲都督·刺史, 朝廷爲置長史監之, 賜府都督姓李氏, 名曰獻誠, 以雲麾將軍領黑水經略使, 隷幽州都督."

93 『新唐書』 卷219, 「列傳」 144, 北狄 渤海, "門藝嘗質京師, 知利害, 謂武藝曰, 黑水請吏而我擊之, 是背唐也. 唐, 大國, 兵萬倍我, 與之產怨, 我且亡. 昔高麗盛時, 士三十萬, 抗唐爲敵, 可謂雄彊, 唐兵一臨, 掃地盡矣. 今我衆比高麗三之一, 王將違之, 不可. 武藝不從. 兵至境, 又以書固諫. 武藝怒, 遣從兄壹夏代將, 召門藝, 將殺之. 門藝懼, 儳路自歸, 詔拜左驍衛將軍. 武藝使使暴門藝罪惡, 請誅之. 有詔處之安西, 好報曰, 門藝窮來歸我, 誼不可殺, 已投之惡地. 幷留使者不遣, 別詔鴻臚少卿李道邃·源復諭旨. 武藝知之, 上書斥言, 陛下不當以妄示天下, 意必殺門藝. 帝怒道邃·復漏言國事, 皆左除, 而陽斥門藝以報. 後十年, 武藝遣大將張文休率海賊攻登州, 帝馳遣門藝發幽州兵擊之, 使太僕

733년 마도산 전투에 기병을 파견하여 당·발 전쟁에 참여하면서, 양자관계는 더욱 악화되었다. 그러나 발해와 당이 화해하면서 양자 관계도 완화되었다고 본다. 이후 흑수말갈이 복속한 것은 9세기 선왕 대인수 때이며, 더 나아가 불열, 월희, 우루 등이 완전히 발해의 판도가 되는 것도 같은 시기라고 보았다. 그러나 북흑수말갈은 끝까지 발해에 저항하였고, 직할 구역에 편입하지 않았다고 한다. 발해에 복속했던 세력도 9세기 후반부터 일부 독자적인 활동을 보이며[94] 10세기 초에는 발해의 속박에서 벗어나 거란과 관계를 맺고, 동광 2년 924년에는 후당에 직접 조공하는 등 발해의 지배에서 벗어난다고 보았다.[95]

두 번째로 복속의 실태 문제다. 흑수말갈에 대한 지배는 간접통치였다고 보는 것이 일반적이다. 방향은 흑수말갈 통제에 대해 대무예시기의 흑수공격을 둘러싸고 벌어진 국제적 고립을 교훈삼아 대흠무시기에는 말갈 통제방식이 변했다고 보았다.[96] 대흠무는 온건하게 역량을 축적하여 국력을 강화하면서, 상경천도와 목단강변성의 수축 등으로 공제를 강화했다.[97] 741년 이후 철리, 불열의 당 조공 기록이 없는 것

卿金思蘭使新羅, 督兵攻其南. 會大寒, 雪袤丈, 士凍死過半, 無功而還. 武藝望其弟不已, 募客入東都狙刺於道, 門藝格之, 得不死. 河南捕刺客, 悉殺之."

94 『三國史記』卷11, 「新羅本紀」11, "(憲康王) 十二年 春, 北鎮奏, 狄國人入鎮, 以片木掛樹而歸, 遂取以獻, 其木書十伍字云, 寶露國與黑水國人, 共向新羅國和通."

95 『新五代史』卷74, 「四夷附錄」3, 黑水靺鞨, "同光二年, 黑水兀兒遣使者來, 其後常來朝貢, 自登州泛海出青州. 明年, 黑水胡獨鹿亦遣使來. 兀兒·胡獨鹿若其兩部酋長, 各以使來."

96 방향(1996), 「발해와 흑수말갈의 관계에 대하여」, 『발해사연구』7, 연변대학출판.

97 목단강변장은 牧丹江市와 海林市 북쪽에 있으며 목단강을 사이에 두고 동쪽에는 南城子古城이 있다. 변장의 동쪽 끝단은 목단강 좌안 江西村 서쪽의 북산 주봉에서 시작하여, 張廣才嶺 여맥의 자연 지세를 이용하여 西北砬子까지 길게 쌓여져 있다[牧丹江市文物站(1986), 「牧丹江邊墻調查簡報」, 『北方文

은 흑수말갈 세력범위에 있던 이들에 대해 병합이 시작되었음을 보여준다고 한다. 대흠무 사후 폐왕에서 간왕까지는 정권이 혼란한 시기로 흑수말갈 정벌을 조직할 가능성이 적었기 때문에, 대인선 시기에 가서야 이들을 복속했으며, 818년부터 926년까지 복속했다고 한다. 그러나 아주 강한 독립성을 지니고 끝까지 발해에 동화하지 않았으며, 발해세력이 약해진 후에는 독립하여 여진족으로 발전했다고 본다. 그리고 발해가 흑수말갈을 복속시킬 수 있었던 중요한 원인으로는 흑수말갈에 대한 당의 통제력 약화를 들고 있다. 당이 안사의 난 후 번진할거(藩鎭割據)의 상태가 되자, 발해의 대외확장에 객관적 조건이 마련되었기 때문에 흑수말갈을 복속시킬 수 있었다고 본 것이다.[98] 그러나

物』 제3기]. 목단강변장의 기능은 북쪽 또는 동북쪽의 대상을 방어하기 위한 시설이다. 목단강변장의 축조시기에 대해서는 몇 가지 이설이 있지만, 대체로 발해 문왕시기로 본다. 이렇게 보는 이유는 고왕 대조영시기에는 나라의 기틀을 닦던 시기로, 상경 지역까지 세력이 미치지 못했고, 또한 무왕 대무예시기에는 국력신장으로 당과의 전쟁, 흑수 공격, 주변 부족 통합 등으로 목단강변장을 쌓을 겨를과 역량이 부족했기 때문이다[方學鳳(2000b), 『中國境內渤海遺跡研究』, 백산자료원, 380~382쪽]. 그런데 방학봉은 그 구체적인 시기를 상경천도 전후로 보았고, 류호동 등은 상경천도 이후 방어시설로 만들었다고 보았다[류호동·조연령 저, 박룡연 역(1993), 「남성자고성, 목단강변성과 발해의 흑수도」, 『발해사 연구』 1, 연변대학출판, 284쪽]. 이렇게 보는 데는 발해의 상경천도의 직접 원인이 당에서 일어난 '안산의 난'으로 보는 것과 관련이 깊다. 그러나 넓은 평지에 위치한 상경의 지리적 조건이 방어적인 성격과는 거리가 멀기 때문에, 주변 방어시스템이 이미 갖추어져 있어야만 국제적 위기에서 천도하였다는 설명이 가능할 것이다. 그리고 상식적으로 수도지역의 방위시설을 먼저 갖추고 난 다음 수도를 건설하든지 동시에 건설하는 것이 당연하기 때문에, 필자는 목단강변장이 상경천도 전에 축조되었을 가능성이 높다고 생각한다[권은주(2002), 「渤海의 靺鞨服屬과 支配」, 경북대학교 석사학위논문, 33쪽].

98 문왕시기 당은 平盧節度使를 설치하여 해, 거란, 발해, 흑수 4부 經略使를 겸하게 하였고, 742년에는 安祿山이 營州都督 평로절도사와 4부 경략사를 겸했었다. 그런데 765년 淄淸평로절도사가 押新羅渤海兩藩使를 겸하면서 흑수가 빠진 것은 흑수말갈지구에 대한 당의 관할이 쇠약해졌음을 말한다[방향

흑수말갈이 강한 독립성을 유지했고, 발해가 이들에 대해 간접통치를 행할 수밖에 없었던 것은, 정치·경제·문화 방면에서 낙후하여 발해의 율령체제를 적용하지 못했기 때문이라고 한다.

이상과 같이 발해의 흑수말갈 복속실태 문제도 복속시기와 마찬가지로 발해의 성장과 발해와 흑수말갈의 상호 작용보다는 당의 영향에 무게 중심을 두고 있다. 그러나 발해의 흑수말갈 복속과 통치가 가능했던 것이 당의 흑수말갈에 대한 영향력 약화가 주요한 원인이었다고 주장하기 위해서는, 과연 흑수말갈에 대한 당의 통제력이 어느 정도였는지를 객관적으로 파악할 필요가 있다. 당은 7세기 말 '이진충의 난' 이후 다시는 영주방어선을 회복하지 못했고[99] 요동지역에서도 세력을 회복하지 못했다는 점에서 흑수말갈의 당 접근이나 당의 흑수말갈 회유가 당의 동북지역에 대한 실제적인 영향력 확대에서 나온 것이라고 보기는 힘들다. 흑수말갈과 당의 유착은 당의 경우 거란, 돌궐과 연결된 발해를 견제하기 위해서, 흑수말갈은 북으로 팽창하는 발해의 압력에 대항하기 위해서 양자가 상호 이익을 목적으로 움직인 것이다.

(1996), 앞의 글, 288쪽].

99 李松濤(2003), 「論契丹李盡忠,孫萬榮之亂」, 『盛唐時代與東北亞政局』, 上海辭書出版社, 94쪽.

2. 실위와의 관계

다음으로 실위와의 관계이다. 발해와 실위의 관계연구는 발해와 북방 유목민족관계 연구 중 가장 빈약하다. 양자 간의 관계를 다룬 단독 연구는 전혀 없으며, 전체 대외관계와 관련하여 다룬다고 하여도 몇 줄에 그치고 만다. 그리고 발해와 실위의 관계변화도 다른 민족과의 관계와 마찬가지로 당과의 관계변화에 따라 설명하고 있다.

F-1. 開元中 尙書(烏承玭)管平盧先鋒軍 屬破奚契丹 從戰捺祿 走可突干 渤海扰海上 至馬都山 吏民逃徙失業...黑水室韋以騎伍千來屬麾下 邊威益張. (『昌黎先生集』卷26, 「碑志烏氏墓碑銘」)

F-2. (景明王5年(921))二月 靺鞨別部達姑衆 來寇北邊 時太祖將堅權 鎭朔州 率騎擊大破之 匹馬不還 王喜.(『三國史記』卷12, 「新羅本紀」 12)

발해와 실위관계를 알려주는 기록은 매우 빈약한데, 위의 자료가 약간의 실마리를 제공하고 있다. 우선 『발해사고』에서는 발해가 실위계인 달고, 달말루 제부와 인접하여 빈번한 왕래를 했을 것으로 보았다. 사료가 빈약해 실위제부와의 관계를 명확히 할 수 없지만, 〈F-1〉처럼 마도산 전투에서 실위가 흑수부와 함께 기병을 보내 당을 원조한 것에서 발해와의 긴장을 언급하고 있다. 그러나 발해와 실위의 긴장 역시 이후 발해가 당과 화해하자 완화되었으며, 발해와 실위 관계는 민간 교류를 통해 밀접해졌다고 본다. 실위는 언어에서도 말갈과 같다고 하여 긴밀함을 보이며, 〈F-2〉와 같이 실위의 일파인 달고가 발해 후기에 발해에 종속하였던 것에서 실위 일부는 발해에 종속했다

고 보았다.[100]

『발해국사』에서는 실위가 고구려 멸망 전쟁시 중립을 지켜 고구려 멸망에 큰 영향을 받지 않았고, 7세기 중엽 당과 왕래가 많아진 후 사회발전이 빨라졌다. 실위와 발해는 처음에 모두 후동돌궐 정권에 종속하였기 때문에 관계가 좋았다고 한다. 그리고 경룡 원년 707년에 대조영이 당의 초위를 받았던 것과 동시에 실위가 당에 조헌을 했고, 돌궐에 대한 토벌을 돕도록 청한 것은[101] 양측 간의 모종의 묵계에 의한 것으로 보았다. 그러나 발해와 실위의 관계는 무왕대에 이르러 변화하는데, 무왕이 크게 국토를 개척하면서 동북 제이(諸夷)를 신속시키고, 실위도 여기에 포함되면서 관계가 변했다고 본다. 한편 대무예가 당에 대항하면서 반대로 실위는 당과 사이가 좋아지기 시작하였고, 개원(開元)·천보(天寶) 연간에만 모두 10차례 당에 조헌을 했다고 한다.[102] 그리고 〈F-1〉과 같이 마도산 전투에서 발해군과 오승자(烏承玼)의 평로선봉군이 대치하는 상황에, 실위가 흑수말갈과 함께 기병 5천을 보내 당을 도와 위세를 떨침으로서, 발해의 철군을 압박하여 당·발 분쟁을 평화적으로 해결하는데 공헌하였다고 한다. 이후 발해와 실위의 긴장관계는 발해와 당의관계가 정상화되자 완화되었다고 보았다. 그 뒤 남실위 제족은 금과 철의 수요를 발해의 공급에 의존했고, 발해와 빈번하게 교류하여 언어와 습속에 약간의 공통점을 갖게 되었다고 본다. 그런데 대인수 때에 이르러 다시 북쪽 제부족을 경략하면서 남실위 제족도 대상이 되었고, 이때 달고부가 발해의 속부로

100 魏國忠·朱國忱[佐伯有淸·濱田耕策 역(1996), 앞의 책, 209쪽].

101 『新唐書』 卷219, 「列傳」 144, 北狄 室韋, "景龍 (707~710)初, 復朝獻, 請助討突厥."

102 『新唐書』 卷219, 「列傳」 144, 北狄 室韋, "開元·天寶間, 凡十朝獻."

전략했다고 한다.[103]

이상에서 살펴보았듯이 실위는 발해의 영역확장에 따라 그 압력에 대항하기 위해 오랫동안 대치하기도 하고, 일부는 발해에 복속하고, 일부에서는 빈번한 교류를 통해 언어와 습속 등에서 동화했다. 그런데 중국 학계에서는 실위와 발해 관계 변화가 양자의 직접적인 상호작용보다 공동의 종주국인 돌궐과 당과의 관계변화에 따라 긴장과 완화를 반복했다고 보고 있다. 즉 앞서 살펴본 다른 민족과의 관계처럼 동일한 시각에서 발해와 실위관계를 인식하고 있음을 알 수 있다.

V. 맺음말

이상으로 중국 학계의 발해와 유목민족 관계에 관한 연구 동향을 살펴보았다. 본문의 내용을 정리하자면 다음과 같다.

발해와 거란 관계 연구는 주로 세 가지 주제에 집중하고 있는데, 첫째는 '이진충의 난'과 발해 건국과의 관계에 대한 것이다. 이 문제는 발해의 건국이 고구려 유민 등 발해 건국주도 세력의 반당활동을 어느 정도 인정하는 입장과 발해 건국이 거란의 반란과 돌궐의 세력 확장에 따른 부수적 결과물이라고 보는 입장으로 나뉜다. 후자인 쑨진

103 魏國忠·朱國忱·郝慶云(2006), 앞의 책, 499~500쪽.

지는 발해 건국 주도세력의 반당 의지 자체를 부정하고 있다. 그리고 거란과 대조영 집단이 종속관계였다고 보는 경우 걸걸중상이 사리라는 직책을 가지고 있었던 것을 주요 근거로 들고 있다. 둘째, 발해 건국 후 발해와 거란관계에 대한 것으로, 논의에 핵심단어는 '세수'이다. 이에 대해서는 발해역사 기간 동안 거란과의 관계가 기본적으로 적대적이었다고 보는 견해와 초기에는 우호적이었다가 뒤에 적대관계로 바뀌었다고 보는 견해로 나뉜다. 그러나 대체적으로는 문왕 즉위 이후 발해와 당이 가까워지자 양자 사이가 멀어졌고, 말기에 가서 본격적으로 악화되었다고 본다. 거란과 발해사이가 멀어진 계기를 발해와 당과의 관계에서 찾는 점은 같다. 마리칭은 '세수'는 건국 전 말갈인이 '이진충의 난'에 참여하여 반당투쟁을 벌이다가, 측천무후의 반란 진압 후 동주하면서 거란에 대한 지지를 견지하지 못하고, 713년에는 당의 책봉을 받으면서 거란을 배신했던 사건을 가리킨다고 보았다. 야율아보기가 발해를 멸망시킬 명분으로 국초의 사건을 끌어다가 '세수'라고 한 것이라고 하였다. 셋째는 발해 멸망 원인과, 그 과정에서 거란과의 관계에 대한 것이다. 이 문제에서 쟁점은 전쟁기간과 침공루트, 그리고 멸망의 근본원인에 대한 해명일 것이다. 그러나 첫 번째 문제는 『요사』에 자세히 기록이 나와있어 중국 학계에서도 별다른 이견이 없다. 거란의 침공루트에 관해서는 발해의 거란도와 대체로 일치한다고 보는데, 자오핑춘은 거란군이 3로(路)로 나눠서 공격했을 가능성을 제시했다. 발해 멸망에 관해서는 여러 가지 원인을 제시하고 있지만, 그중 당의 원조를 받지 못한 점을 중요 원인으로 거론하고 있다.

돌궐과의 관계 연구를 살펴보면, 정치적 예속관계 여부가 주를 이룬다. 예속 여부에 대한 견해는 세 가지로 나눌 수 있는데, 첫째는 처음부터 돌궐에 예속되었다가 당의 책봉을 계기로 예속관계에서 벗어났다고 보는 것이고, 둘째는 당의 책봉을 계기로 돌궐과 당 모두에 예속된 형태, 즉 양속관계로 보는 것이다. 이 경우 713년 발해가 당의 책봉을 받은 후부터 734년까지 돌궐과 당 모두에 예속한 것이라고 할 수 있다. 세 번째는 소수견해로 돌궐에 처음부터 예속하지 않았다고 본다. 쑨진지는 발해와 돌궐이 단지 사신을 파견하여 교류했을 뿐 더 많은 관계는 없었다고 보았다. 또한 돌궐과 관계를 맺은 것은 실제적 힘의 우열에 의한 것으로, 그 이면에는 당과 적대적 관계가 아니라 기회가 있다면 얼마든지 회귀하려는 의도를 가지고 있었다고 한다. 이 외 예속의 실태에 관해서는 대체로 돌궐의 속부, 속국에 대한 관례에 따라 발해에 토둔을 주둔시켜 현지를 감시·통제하고 세금을 거둔 직접지배가 이뤄졌다고 보고 있으며, 예속을 부정하는 입장에서는 토둔 설치가 없었다고 본다.

회흘과의 관계는 경제·문화 교류에 집중하고 있다. 회흘이 등장한 후 동북아 전체가 대체로 군사대립보다는 경제교류에 주력하는 시기로 전환한 것처럼, 발해 역시 북방민족과의 관계 및 정책이 정치·군사 연대에서 경제교류를 중심으로 전환하였기 때문이다. 그리고 8세기 중후반은 문왕의 치세로 넓어진 영토의 효율적인 정비와 상경을 중심으로 한 국가체제를 완비해 가던 시기였기 때문에, 달라진 국제환경에 맞추어 발해의 대외정책도 변화했을 것으로 보인다. 대체로 회흘과의 관계를 설명하는 것은 발해지역에서 발견한 투르크계 문물을 근거로 한다. 그러나 발해 지역에서 발견한 투르크계 문물의 주체와 시기에 대해서는 약간의 논란이 있으며, 문물교류의 주역으로 소그드계가 주목받고 있다. 투르크계 문물 중 시기의 상한을 알 수 있는 것으로는 경교와 관련있는 것으로 회흘과 관련한 유물로 볼 수 있다. 그것은 발해인과 후동돌궐인이 경교를 믿지 않았기 때문이라고 한다.

흑수말갈과의 관계연구는 발해의 흑수말갈 복속에 관한 것이 주를 이룬다. 복속시기에 관해서는 크게 문왕대 이후설과 선왕대 이후설로 나뉘는데, 중국의 통설은 선왕대 이후설이다. 그 근거는 발해의 상경 천도 이후 9세기 초까지 흑수말갈의 당 조공 기사가 보이지 않지만, 내분시기에 흑수말갈이 당 조공을 재개한 것이다. 그 뒤 흑수말갈을 완전히 역속시킨 것은 선왕대에 해북제부를 통일하면서라고 본다. 복속의 실태에 관해서는 흑수말갈에 대한 지배는 간접통치였다고 보는 것이 일반적이다. 그런데 중국 학계에서는 발해의 흑수말갈 복속과 통치가 가능했던 것이, 당의 흑수말갈에 대한 영향력 약화가 주요한 원인이었다고 보고 있다.

마지막으로 실위와의 관계이다. 발해와 실위의 관계를 알려주는 기록은 매우 빈약하여, 실위제부와의 관계를 명확히 할 수 없으며, 중국 학계의 연구도 거의 전무하다고 할 수 있다. 그렇지만 마도산 전투에서 실위가 흑수와 함께 기병을 보내 당을 도운 것에서 발해와의 긴장을 엿볼 수 있으며, 실위 일파인 달고가 발해 후기에 발해에 종속하여 있었던 것에서, 실위에 대한 발해의 영향력 확대를 짐작할 수 있다. 그런데 중국 학계에서는 어떠한 고증도 없이 마도산 전투에서 보이는 긴장관계가 이후 발해와 당이 화해하자 완화되었으며, 발해와 실위의 관계는 민간 교류를 통해 밀접해졌다는 단순한 설명으로 양자의 관계를 논하고 있다.

이상의 검토를 통해 현재 중국 학계의 발해와 유목민족 관계연구에서 몇 가지 문제점을 지적할 수 있다. 첫째, 발해와 유목민족 관계에 대한 연구 자체가 부족하다는 점이다. 발해의 건국과 발전 및 멸망이 발해의 내적 성장과 외부 환경, 특히 유목민족과 끊임없는 상호작용 속에서 전개되었던 만큼, 앞으로 더욱 많은 연구 축적이 필요하다고 생각된다. 둘째, 연구주제의 편중성이다. 이것은 발해와 유목민족 관계에 대한 연구 자체가 부족하기 때문에, 파생되는 문제라고 할 수 있다. 그러나 앞으로 발해와 유목민족 관계를 다각도로 검토하여 그 실체를 복원하기 위해서는 다양한 주제에 대한 연구가 필요하다. 셋째, 인식의 문제다. 근본적으로 중국 학계에서 발해와 유목민족 관계에 대한 연구가 부족한 것은 발해의 외교관계에서 발해를 주체가 아닌 객체로 보고 있기 때문이다. 당을 중심으로 한 동아시아에서 주변부의 관계란 지방과 지방과의 관계일 뿐이고, 이들 관계의 변화 계기는 중심인 당과의 관계 변화에 수반한다는 인식이 강하다. 때문에 발해와 유목민족 관계에 대한 관심이 부족할 수밖에 없다. 그러나 어떠한 대외관계 또는 지방과 지방과의 관계라 할지라도, 상호관계란 자신의 실리와 직접적인 외교대상과의 관계를 우선 고려할 수밖에 없다는 점에서, 당과의 관계는 2차적으로 해석해야 한다. 따라서 앞으로 유목민족과 발해 관계를 연구할 때는 유목민족과 발해를 주체로 인식하여 그들의 입장을 우선 고려하여 살펴야 할 것이다.

이러한 문제는 비단 중국 학계만의 문제는 아니다. 발해와 유목민족 관계에 대한 연구와 관심 부족은 한·중·일 학계에서 공통으로 나타나는 현상이다. 앞으로 발해의 흥망과 관련하여 복잡하게 전개되었던 발해의 대외관계를 유기적으로 이해·복원하기 위해서라도, 당·신라·일본 못지않게 중요한 비중을 차지했던 북방 유목민족과의 대외관계사에 대한 각국의 연구가 활발해지기를 바란다.

단행본

김육불 저, 동북아역사재단 역(2007), 『김육불의 東北通史』 하, 동북아역사재단.
방학봉(1994), 『중국 동북민족관계사』, 대륙연구소출판부.
방학봉(2000a), 『발해의 주요교통로 연구』, 연변인민출판사.
방학봉(2000b), 『中國境內渤海遺跡研究』, 백산자료원.
孫進己 저, 임동석 역(1992), 『東北民族源流』, 동문선.
幹志耿·孫秀仁(1987), 『黑龍江古代民族史綱』, 黑龍江人民出版社.
魏國忠·朱國忱, 『渤海史稿』[(日)佐伯有清·濱田耕策 역(1996), 『渤海史』, 東方書店].
魏國忠·朱國忱·郝慶云(2006), 『渤海國史』, 中國社會科學出版社.
張博泉(1998), 『東北古代民族·考古與疆域』, 吉林大學出版社.

논문

방학봉(1993), 「발해의 멸망원인에 대하여」, 『발해사연구』 1, 서울대학교출판부.
方香, 「試談渤海和黑水靺鞨的關係」[「발해와 흑수말갈의 관계에 대하여」, 『발해사연구』 7, 연변대학출판, 1996].
薑守鵬(1983), 「唐代黑水靺鞨」, 『社會科學戰線』 제4기.
紀宗安(1989), 「活躍在絲綢之路上的栗特人」, 『暨南學報(人文科學與社會科學版)』 제3기.
都興智(2008), 「略論契丹李盡忠之亂」, 『東北史地』 제2기.
梁玉多(2006), 「簡析渤海國對其周邊民族實行的羈縻政策」, 『北方文物』 제1기.
盧偉(2001), 「試論渤海文化迅速消亡的原因」, 『牡丹江師範學院學報(哲學社會科學版)』 제1기.
盧偉(2003), 「論大武藝統治時期渤海的對外擴張及政策」, 『牡丹江師範學院學報(哲學社會科學版)』 제1기.
盧偉(2004), 「試論契丹迅速滅亡渤海國的原因」, 『佳木斯大學社會科學學報』 제5기.
李文才(2002), 「論"營州事變"的成因及其影響」, 『河北學刊』 제4기.
馬繼華, 「簡談渤海國的滅亡」[『高句麗渤海研究集成』 4, 哈尒濱出版社, 1997).
馬德謙(1990), 「渤海契丹道吉林市以東區段假說」, 『博物館研究』 제3기.
馬利清(1998), 「契丹與渤海關系探源」, 『內蒙古社會科學(漢文版)』 제5기.
馬一虹(2001), 「8世紀中期以後黑水靺鞨與渤海關系考」, 『文史哲』 제6기.

馬一虹(2007), 「渤海與後東突厥汗國的關系-兼及渤海建國初期的周邊環境」, 『民族研究』 제1기.

牧丹江市文物站(1986), 「牧丹江邊墻調査簡報」, 『北方文物』 제3기.

樊保良(1985), 「回鶻與絲綢之路」, 『蘭州大學學報(社會科學版)』 제4기.

薛宗正(1992), 「回紇的初興及其同突厥, 唐朝的關系」, 『西北民族研究』 제1기.

孫進己(1994), 「渤海國和鄰族鄰國的關係」, 『東北民族史研究(一)』, 中州古籍出版社: [『高句麗渤海研究集成』 4, 哈尒濱出版社, 1997]

宋德胤(1992), 「略論渤海與鄰族的關系」, 『黑龍江民族叢刊』 제1기.

宋玉祥(1995), 「渤海與契丹"世讎"之淺見」, 『北方文物』 제4기.

阿不來提·卡瑪洛夫(2005), 「8-9世紀中亞遊牧回鶻人的物質文化」, 『新疆師範大學學報(哲學社會科學版)』 제2기.

王成國(1986), 「略論唐代渤海與東北各族的關係」, 『東北地方史研究』 제3기: (1997), 『高句麗渤海研究集成』 4, 哈尒濱出版社.

王小甫(2001), 「"黑貂之路"質疑—古代東北亞與世界文化聯系之我見」, 『曆史研究』 제3기.

魏國忠(1985), 「唐與黑水靺鞨之戰」, 『社會科學戰線』 제3기.

魏存成(2007), 「渤海政權的對外交通及其遺跡發現」, 『中國邊疆史地研究』 제3기.

張高(1989), 「渤海國與東北亞政治」, 『綏化學院學報』 제4기.

張高(1995), 「渤海國與東北亞史研究」, 『牧丹江師範學院學報』 제2기.

張碧波(2006), 「渤海國與中亞粟特文明考述」, 『黑龍江民族叢刊』 제5기.

程溯洛(1990), 「回紇遊牧封建汗國的興衰(744-840)」, 『西北民族研究』 제2기.

趙評春(1986), 「遼太祖攻滅渤海時程考」, 『學習與探索』 제6기.

崔明德(1986), 「突厥, 回紇與唐朝關系之比較」, 『青海民族學院學報』 제1기.

발해와 신라의 관계

윤재운 | 대구대학교

Ⅰ. 머리말

발해사는 실학자 유득공이 한국사로 적극 편입한 이후, 일제강점기를 거쳐 1960년대 초 북한의 박시형은 고구려 계승을 강조하고,[1] 이우성과 이용범은 한국사와 접점을 모색하였다.[2] 그 후 발해사가 연구인력이나 내용에서 새로운 단계에 접어든 것은 1980년대부터라고 할 수 있다.

발해의 대외관계에서 신라와의 관계는 한국사에서 남북국시대 설정에 중요한 근거이기 때문에 매우 중요한 의미를 가지고 있지만, 국외 학계에서는 당의 이이제이(以夷制夷) 정책으로, 대립국면을 지속한 것으로 파악하고 있다.[3] 그리하여 국내 연구는 발해사가 한국사의 일부임을 입증하는 것에 초점이 맞추어지고, 그 결과 양국 간의 관계를 대립보다는 교류 측면에서 조망하려고 노력했다.[4]

한편 발해와 신라의 외교관계에 대한 기록은 매우 적다. 양국의 사절 교환은, 첫째, 『동문선(東文選)』 권33 「표전(表箋)」에 수록된 최치원의 「사불허북국거상표(謝不許北國居上表)」에는 발해 건국 초 시조인 대조영이 신라에 구원을 청하고, 이에 대해 신라왕이 대아찬(大阿餐)을 하사한 것을 전한다. 둘째, 『삼국사기』 「신라본기」에는 원성왕 6년(790)

---

1 박시형(1962), 「발해사연구를 위하여」, 『력사과학』, 1.

2 李龍範(1964), 「渤海史硏究의 回顧와 國史」, 『韓國思想』 7월호 ; 이우성(1975), 「南北國時代와 崔致遠」, 『創作과 批評』 10-4.

3 浜田耕策(1978), 「唐朝における渤海新羅の爭長事件」, 『古代東アジア史論集』下, 吉川弘文館 ; 임상선 편역(1990), 『발해사의 이해』, 신서원 ; 古畑徹(1986), 「唐渤紛爭の展開と國際情勢」, 『集刊東洋學』 55 [임상선(1990), 위의 책 再收].

4 임상선(2007), 「발해」, 『한국고대사연구의 새동향』, 서경문화사, 155쪽.

과 헌덕왕 4년(812)에 신라가 발해에 사절을 파견한 예를 전하고 있다. 셋째, 『거란국지(契丹國志)』 권1 태조에 발해 말 대인선이 거란을 두려워하여 신라와 은밀히 동맹을 맺었다고 한다. 이외에 양국의 직접적인 접촉으로는 732년 발해가 등주를 공격한 것을 시작으로 735년경에 수습한 당발분쟁(唐渤紛爭)에 신라가 참전한 것이나, 선왕(宣王)의 신라 침공 등을 들 수 있고, 간접적으로는 9세기 말 신라와 발해의 쟁장(爭長) 사건으로 유명한 당 조정에서 양국 사절이 접촉한 것을 들 수 있다.

발해는 건국 초기 당과의 충돌기를 지나, 점차 교류를 다양하게 전개하였다. 그리하여 당과 긴밀한 책봉 관계를 유지하여 간다. 책봉과 조공은 동아시아 고대사 특히 대외관계를 이해하는 데 매우 중요한 키워드임은 분명하지만, 중국 학계에서는 발해를 '당대 지방정권'으로 보아, 이 책봉과 조공의 의미를 당나라의 속국처럼 여기는 근거로 삼으려 한다.

아래에서는 이 점에 유의하면서 동북공정의 결과물이자 최근 중국 학계의 발해 관련 연구의 집대성인 『발해국사(渤海國史)』의 내용을 중심으로, 발해와 신라관계에 대한 여러 연구성과의 내용과 의미를 검토하고자 한다. 이를 위해 우선 중국 학계의 연구성과에 나타난 발해와 신라의 관계를 살펴보고, 이어서 발해사를 인식하는 기준인 '남북국시대론'에 대해 검토한다. 마지막으로 중국 학계에서는 거의 언급이 없으나 발해와 신라관계에서 중요한 의미가 있는 신라도(新羅道)를 통한 교섭에 대해 살펴보고자 한다.

II. 중국 학계의 발해의 대신라 관계 인식

이 장에서는 중국에서 나온 대표적인 발해 개설서 가운데 발해와 신라의 관계 부분에 대한 서술 내용을 검토하겠다.

중국에서 발해사 연구가 사실상 본격화되는 시점은 문화대혁명이 끝나고, 정치적 안정이 이루어지는 1970년대 말부터다. 이때부터 발해 유적에 대한 고고 발굴도 활발해져 1980~1981년까지는 정효공주묘를 발굴하여 발해사에 큰 진전이 있었다. 그러나 이때부터 발해사 연구는 '통일적다민족국가'라는 중국의 소수민족 정책에서 벗어나지 못하는 한계도 갖게 되었다.[5]

1980년대부터 발해사에 대한 저서가 다수 간행되었다. 이 중에서 왕청리[王承禮]의 『발해간사(渤海簡史)』는 문화대혁명 전후 중국의 발해사 연구 성과를 바탕으로 작성한 것이며, 중국에서 나온 최초의 발해 개론서라고 할 수 있다.[6] 발해건국, 강역과 지리, 사회경제, 정치제도, 당왕조와의 관계, 일본과의 관계, 멸망 그리고 발해문화를 전체 9장으로 나누어 서술한 이 책은 그 후 발해개론서에 많은 영향을 주었고, 국내에도 번역 소개되었다.

주제별로는 발해의 정치, 사회, 문화에 대한 기술 이외에 발해의 건국 과정, 당과 일본의 관계 등 대외교류에 많은 지면을 할애하고 있

5 한규철(1999), 「발해사 연구의 현황과 과제」, 『高句麗硏究』 6, 고구려연구회.

6 王承禮(1984), 『渤海簡史』, 黑龍江人民出版社[송기호 역(1987), 『발해의 역사』, 한림대학교출판부].

다. 발해의 문화는 신중국 건국 이후 고고학 발굴 성과를 바탕으로 정리하고, 특히 정혜공주묘지와 정효공주묘지의 내용을 통하여 유학, 문학 분야를 살피고 있다. 다만 발해 멸망 이후의 유민활동 혹은 부흥운동과 신라와의 관계에 대해서는 다른 주제에 비하여 서술 분량도 적고, 내용도 간단히 기술하고 있을 뿐이다.

다음으로 주궈천[朱國忱]·웨이궈중[魏國忠]의 『발해사고(渤海史稿)』는 그들의 기왕의 발표 논문을 토대로 정리한 것이다.[7] 이 책의 특징은 발해는 698년 처음 건국 했을 때는 진국(震國)이었고 대조영은 진국왕을 지칭했으며, 713년부터 발해라는 국명을 사용하였다고 한 점이다. 또한 발해의 주민을 고구려 주민이나 말갈인이 아닌 속말말갈을 주체로 하여 발해인이 새로 형성되었다고 하고, 발해 멸망 이후 동란국과 발해인의 반요투쟁, 부흥운동에 대한 서술이 자세한 것도 다른 발해 저작과 다른 특징이다. 아울러 발해 최고의 극성기는 대이진과 대건황을 거친 시기라 하고, 정치적으로는 발해왕국은 속말말갈 귀족이 건립한 당조(唐朝)에 종속한 지방민족 자치(自治) 정권이라고 하여, 당조의 절대적 영향을 강조하고 있다.

주변 국가로는 신라 관계를 자세히 기술하고 있는 것도 또 다른 특색이다. 그러나 단원명이 '신라와의 대치'라는 것에서도 알 수 있듯이 양국관계는 대립을 중심으로 하지만, 평화와 교류시기도 있었다고 상당한 지면을 할애하여 서술을 하고 있다.

여기서 그 서술 내용을 좀 더 자세히 보면 다음과 같다. 진국이 수립할 즈음, 대조영은 당과 대립하며 신라인의 북진을 지연시키기 위해, 신라에 접근하여 그 번병(藩屛)으로 칭하고, 신라왕의 5품 관질인 대

7 朱國忱·魏國忠(1984), 『渤海史稿』, 黑龍江省文物出版編輯室.

아찬을 받았다고 전제하고, 발해와 신라는 엄연히 적국(敵國)관계가 되었다. 이후 신라는 한편으로는 일본의 군사진공에 대비하고, 다른 한편으로는 발해와 긴장과 대치를 계속하지 않으면 안 되는 상황에 놓였는데, 『삼국사기』 「신라본기」 원성왕 6년(790) 3월조에 "일길찬(一吉飡) 백어(伯魚)를 북국에 사신을 보냈다"라 하는 것과 그 후 812년 9월에 "급찬(級飡) 숭정(崇正)을 북국에 사신 보냈다"라는 것은, 당시 형세에서 판단하면 발해와 신라 양국의 화해와 교린이라는 사명을 띠고 있었던 것은 분명하다고 보았다. 또 이것은 의심 없이 양국의 경제, 문화 교류에 유리한 조건을 만들고, 남해부를 중심으로 하는 '신라도'가 번영하는 상태를 낳은 것이라며 발해와 신라의 교류를 언급하였다. 그러나 발해와 신라와의 우호관계는 발해 대인수가 즉위한 후, 발해의 확장에 따라 양국의 균형은 무너져버렸다고 보았다. 곧 대인수의 신라 평정책은 분명히 대규모 군사 행동이었으며, 이러한 국면은 9세기 후반에도 크게 변하지 않고 악화되어, 10세기 초 거란의 위협을 받자 발해는 지난날의 숙적인 신라와 화해하고자 하였다. 『거란국지』에 "은밀히 신라의 제국과 도움을 맺고"라고 한 것은 그 일이다. 그러나 이것은 실제적인 것이 아니고 완전히 몽상에 불과했다. 도리어 신라는 발해가 쇠약해진 것을 기회로 패강 이북의 땅을 빼앗고자 했다. 이상과 같이 발해 전 시대에 걸쳐 신라와는 거의 대립 상태로 있었다. 양국은 지리적으로 접하고 서로 남국·북국이라 불렀지만, 어느 쪽도 상대를 동족국가로 보지는 않았다[8]고 한다.

셋째, 리뎬푸[李殿福]·쑨위량[孫玉良]의 『발해국(渤海國)』을 들 수 있

8 朱國忱·魏國忠(1984), 위의 책;佐伯有清·濱田耕策 譯(1996), 『渤海國』, 東方書店, 211~214쪽.

다. 이 책이 『발해간사』나 다른 발해 저서와 다른 점은 발해국이 중국 당왕조사의 일부라는 것을 별도의 장을 통하여 설명하고 있다는 점일 것이다. 발해의 관할 영역은 당 행정 구역 가운데 한 개 주(州)이고 왕위 계승에서 당의 책봉을 받고 정치 주권상 당조에 칭신(稱臣)하고 군사 방어상으로는 당의 번진(藩鎭) 역할을 했고 의무면에서는 당에 공물을 바치고 숙위(宿衛)했다. 총괄하자면 정치·경제·문화·군사 등 각 방면으로 양자는 긴밀히 연결되어 수레의 궤가 같고 글이 서로 같은 통일체가 되었다고 했다.[9] 아울러 발해와 신라관계는 크게 세 단계로 나누어 서술하고 있다. 즉 첫째, 건국 초기 단계로 발해가 신라의 번속(藩屬)을 자칭한 단계 둘째, 남정신라(南征新羅)의 강성 단계 셋째, 비밀리에 신라와 연계를 맺던 쇠락 단계가 그것이다. 먼저 신라 번속 자칭이란 진국의 고왕 대조영이 신라왕으로부터 신라 품계인 제5품 대아찬을 수여받은 것에서 찾는다. 둘째, 남정신라의 강성 단계란 732년 발해의 당 등주 공격에 대한 반응이다. 셋째, 거란의 위협을 받은 발해가 신라와 관계를 개선할 것을 요구하고 암암리에 신라 및 여러 나라와 연맹을 맺은 것을 말한다.

넷째, 왕청리의 『동북의 발해국과 동북아(東北的渤海國與東北亞)』를 들 수 있다. 이 책은 왕청리의 유작이다. 발해의 성격이나 당 왕조와 관계 등에서는 저자가 앞서 발간한 『발해간사』의 주장과 비슷하다. 그와 다른 특징은 첫째, 3장의 제목이 발해와 당 왕조의 관계를 책봉체제로 설정하고, 발해를 당과 일본 교류에서 교량역할을 한것으로 규정한 것에서도 알 수 있듯이 일본 학계의 견해를 많이 반영하고 있다. 둘째, 발해 문화에서 고구려의 영향을 설명하기를 8세기 초기까지는

9 李殿福·孫玉良(1987), 『渤海國』, 文物出版社.

고구려 경향이 강하고, 그 이후는 당문화의 영향이 크다는 것을 인정하고 있다는 점일 것이다.[10]

마지막으로 웨이궈중의 『발해국사』를 들 수 있다. 이 책은 2002년도 동북공정 과제로 채택되어, 2006년에 출판한 책으로 중국 학계의 최근 연구동향을 집대성한 것이라 할 수 있다.[11] 이 책의 특징은 현재까지 중국에서 나온 발해 개설서 가운데 가장 자세하게 서술이 되어 있다는 점이다. 발해와 신라의 관계만 놓고 본다면, 9장 「발해와 이웃나라와의 관계」 중 2절 '신라와의 대치'에서 비교적 자세히 서술하고 있다. 발해와 신라의 관계를 크게 다섯 시기로 나누어 서술하고 있다. 즉 '대치의 시작', '장기간의 상호 악행', '형세의 완화와 교섭 재개', '계속되는 대항'과 '쟁장 사건', '은밀히 신라 제국과 교섭하다' 등이 그것이다.

'대치의 시작'에서는 발해 건국 초기인 고왕 말엽 718년 2월에 이르러서 신라 성덕왕이 갑자기 "나라의 서쪽 주군을 순무하고", 아울러 같은 해 겨울 "한산주도독 관내에 제성을 쌓았다"는 것을 볼 때, 상호간의 대치 국면이 이미 출현하기 시작했음을 알 수 있다고 하였다.

'장기간의 상호 악행'에서는 다른 민족 간의 모순으로, 발해는 말갈인이 주체인 나라이고, 신라는 삼한의 국가로 이해관계가 충돌할 수밖에 없다는 것과, 발해의 남진으로 신라의 위기의식과 당과의 결속을 원인으로 들고 있다.

'형세의 완화와 교섭 재개'에서는 신라 원성왕 때 일길찬 백어를 북국에 사절로 파견했다는 사실과 헌덕왕때 급찬 숭정을 북국에 사신으로 보냈다는 것을 근거로 일시 교섭이 재개되었다고 하고 있다.

---

10 王承禮(2000), 『東北的渤海國與東北亞』, 吉林文史出版社.

11 魏國忠·朱國忱·郝慶云(2006), 『渤海國史』, 中國社會科學出版社.

'계속되는 대항과 쟁장사건'에서는 선왕의 남정(南征)과 석차쟁장사건으로 다시 대립관계로 갔다고 하였다. '은밀히 신라 제국과 결원하다'에서는 거란의 군사적 침투로 위기를 느낀 발해의 구원요청에 신라가 응했다고 하고 있다.

결국 발해와 신라는 전후 200년이 넘는 기간 중에 처음에 관계가 좋았을 때와 8~9세기 즈음에 평화로운 교섭과 대화가 가능했던 시기를 빼고 나면, 처음부터 끝까지 대치나 대항 상태에 있었다. 이것은 발해와 일본 사이의 선린우호 관계와 비교할 때 매우 대비를 이룬다고 하였다.

이상과 같이 살펴본대로 중국 학계의 발해 개설서에서는 발해를 당왕조에 예속된 하나의 지방정권으로 천편일률적으로 규정하고 있다. 아울러 발해와 신라의 관계도 서술이 없거나 대립 일변도 관계인 것처럼 서술한 점, 양국의 주민을 같은 민족으로 보지 않는 점, 그리고 발해는 당의 지방정권으로 보면서도, 신라는 다른 나라인 외국으로 본다는 점 등이 특징이라 할 수 있다.

발해는 당나라 중심의 국제질서에 편입하였지만, 발해인들이 당나라 빈공과(賓貢科)에 급제하고, 또한 내부적으로 황제국의 면모까지도 유지하고 있었다는 점은 발해가 독립국이 아니고 단순히 당나라의 일개 지방정권에 불과하다는 중국 측의 주장이 설득력이 약하다는 것을 의미한다. 문왕이 자신을 대왕(大王), 성인(聖人) 등으로 부르면서 황상(皇上)이라 하고, 일본에 보낸 국서에서 스스로 천손(天孫)임을 자처하기도 하고, 주변의 말갈족을 번국으로 상정하는 등, 대외적으로 당나라의 번국에 속했으면서도, 내부적으로는 황제국의 질서도 일부 갖추고 있었던 이중적 체제를 유지하고 있었다.[12]

12 송기호(1993), 「발해 문왕대의 개혁과 사회변동」, 『韓國古代史硏究』 6, 한국고

또한 중국 학계의 주장처럼 발해가 당의 지방정권이면 신라도 발해와 함께 평로치청절도사와 해운압신라발해양번등사의 관할이었으므로 당의 지방정권에 해당되지만, 중국 학계는 신라가 외국이라고 모순된 설명을 하고 있다. 발해가 '사시(私諡)' '사개년(私改年)' 등의 기록으로 미루어도 발해의 중국에 대한 관계는 형식적이었던 것이 분명하다. 당은 발해와는 달리 흑수말갈에는 관리를 파견하였다. 만약에 중국의 논리대로라면 흑수는 여기에 해당할 수 있다. 그러나 당은 발해에는 사신이 아닌 관리를 파견하지 않았고, 특히 무왕이 동생인 문예의 말을 듣지 않고 당에 대항하여 본토를 침략한 것, 대문예 처리를 둘러싸고 당 조정을 적극 비난까지 하였다. 이것은 발해왕이 당의 지방정권의 관리라면 도저히 할 수 없는 행동이다.

여기서 한 걸음 나아가 732년에는 당의 행위를 응징하기 위하여 당의 본토를 침입하고, 여기에 당이 신라를 끌어들이는 국제전쟁을 유발하기도 하였다. 만약 중국 측의 설명대로 발해가 지방정권이라면 732년의 발해와 당의 전쟁은 중앙정권과 지방정부의 싸움이 된다. 그리고 이 국내 지방정권을 토벌하기 위해 당은 외세인 신라를 끌어들인 것이 된다.[13]

대사연구회.

13 임상선(2004), 「중국의 시기별 발해사 연구동향」, 『중국의 발해사 연구 동향 분석』, 고구려연구재단, 54쪽.

Ⅲ. 중국 학계의 남북국시대론 인식

한국 학계에서는 신라와 발해가 양립했던 시기를 '남북국시대'로 부르는 경우가 대다수이다. 한국사에서 신라와 발해를 처음으로 '남북국시대'라 했던 이는 조선시대 실학자 유득공(柳得恭)이다. 그리고 근대 개설서에서 그의 '남북국시대' 규정을 정식으로 기록하기 시작한 것은 독립운동기의 권덕규(權悳圭), 장도빈(張道斌) 등의 연구부터였다.[14] 그러나 독립운동기 일본 학자들을 비롯한 많은 연구자들은 발해사를 만주사의 일부로 인식하였다. 도리야마 기이치[鳥山喜一] 등의 발해사에 대한 인식도 기본적으로는 말갈의 발해사, 즉 만주사의 일부로 보는 시각에 있었다고 할 수 있다.[15]

1945년 8·15이후에는 한국 사학계가 주체성론과 더불어 고대사에서는 특히 광개토왕비와 임나일본부 문제 등 고대 한일 관계 등에 매달려 있던 분위기였다. 그렇다고 발해사에 대한 심층연구가 없었던 것은 아니다. 1962년에 나온 박시형의 『발해사를 위하여』가 그것이다. 1962년부터 있었던 중국과의 역사적 발해 유적 공동 발굴과 함께 나온 이 논문은 그 이후의 발해사 연구에 큰 영향을 미친 것으로 이 논문에서도 남북국에 대해서는 높은 의미를 부여하고 있다.

그러나 북한의 통일신라론에 대한 비판 분위기와 함께 남북국시대론도 잠시 주춤하였다. 이는 남북국시대론을 긍정적으로 평가하면서

14 한규철(1992), 「고려에서 독립운동기까지의 발해사인식」, 『역사비평』 가을호.

15 鳥山喜一(1968), 『渤海史上の諸問題』, 風間書房.

도, 마치 유득공이 신라의 삼국통일론의 입장에 있었던 것처럼 이해하여 남북국병립의 논리를 사실에 부합되지 않는 모순이라고 평가하기도 했기 때문이다.[16]

이후 2000년 6·15선언 직후 남북한의 화해 분위기와 함께 남쪽에서 펴낸 북한의 『발해국과 말갈족』에서는 발해국 창건의 의미를 발해가 고구려를 계승했다는 의미와 함께 '남북 두 왕조의 병존'이라고 하면서, 남북국시대의 의미를 강조하고 있다. 물론 남북 두 왕조의 병존은 통일신라 시기로 서술해서는 안 되고 발해와 후기신라, 두 왕조를 동격에 놓고 서술해야 한다고 주장한다.[17]

한국에서도 1980년대 초반까지만 하여도, 남북국시대는 생소했다. 남북국시대에 대한 본격적인 인식은 이우성의 연구부터였다.[18] 이러한 분위기와 함께 1980년대 연구성과를 딛고 나온 것은 한규철이 발해의 대외관계사를 남북국사에 맞추어 '남북국의 형성과 전개'로 정리한 것이 그 결실이었다고 할 수 있다.[19] 이후 발해사에 대한 연구가 심화되고 남북국시대에 대한 인식은 한국사에서 일반화되었다고 할 수 있다.[20] 이에 대해 신라와 발해가 삼국과 같은 민족공동체의식 또는 동족의식이 없었다는 주장[21]도 있기는 한다.

한국을 제외한 다른 나라에서는 남북국시대에 대해 매우 부정적이다.

---

16 장국종(1998), 『발해사—성립과 주민』 1, 사회과학출판사.

17 장국종(2001), 『발해국과 말갈족』, 중심, 53쪽.

18 이우성(1974), 「〈三國史記〉의 구성과 고려왕조의 정통의식」, 『震檀學報』 38 ; 이우성(1975), 앞의 글.

19 韓圭哲(1994), 『발해의 대외관계사 : 남북국의 형성과 전개』, 신서원.

20 국사편찬위원회(1996), 『고등학교 국사』.

21 文安植(2000), 「'南北國時代'論의 虛像에 대하여—신라와 발해의 천하질서에 기인한 상호인식을 중심으로」, 『韓國古代史硏究』 19, 서경문화사.

신라와 발해가 고구려, 백제, 신라와 같이 통일국가를 이루기 위한 노력도 없었고, 신라인이 발해인을 '흑모복지(黑毛覆之)'의 이민족과 같은 사람들로 보고 있었다고 하는가 하면[22] 다른 한편으로는 유득공의 남북국시대를 '허망사념(虛妄邪念)'한 것으로 치부해 버리는 주장까지 나오고 있다.[23]

한편 문화대혁명이 끝난 후 중국 학계에서는 발해사 연구가 본격화되었다. 과거 발해 영역의 대부분이 현재 중국영역 내에 있다는 이점을 활용하여 중국 학계의 연구는 고고학 발굴 성과를 중심으로 이루어지는 특징을 보이지만, 통일적다민족국가론에 따라 발해를 당대(唐代) 지방민족정권이라고 선험적으로 규정하였다. 그에 따라 고구려와의 연관성을 일체 부정하고 말갈 중심의 국가라는 점을 강조했다. 여기서 주목되는 사실은 고구려가 한국사라는 점을 인정했다는 점이다. 즉 중국은 해동삼국(海東三國)이라는 전통적인 동이관(東夷觀)에 따라 고구려를 한국사로 인식했기 때문에, 고구려를 계승한 국가로 발해를 강조한 북한 견해에 대한 대응논리로 말갈을 강조했던 것이다.[24]

이처럼 통일적 다민족국가론에 의해 발해를 말갈족의 역사로 파악하는 중국 학계의 공식 입장에서는 조선후기와 남북한의 남북국시대론에 대해서 비판적일 수밖에 없었다. 그렇지만 실제 발해사에 나타나는 고구려와의 관련성이나 이를 규명하는 데 주력한 남북한의 연구성과를 중국 학계도 부정할 수만은 없었다.

22 李成市(1988), 「渤海史研究における國家と民族―'南北國時代'論の検討を中心に」, 『朝鮮史研究會論文集』 25 ; 李成市(1991), 「八世紀新羅·渤海關係の一視角―新唐書新羅傳長人記事の再検討」, 『國學院雜誌』 92-4. 李成市(1991)글에 대한 비판은 김은국(1991), 『新羅道를 통해 본 渤海와 新羅 관계』 『白山學報』 52 참조.

23 孫玉良(1986), 「柳得恭與『渤海考』」 『學習與探索』 6 ; 王建群(1995), 「'南北國時代論'糾謬」, 『社會科學戰線』 2.

24 김종복(2009), 『발해정치외교사』, 일지사, 319~320쪽.

발해사를 고구려사와 분리해서 파악할 수 없다는 점은 중국 학계의 딜레마가 아닐 수 없었다. 최근 고구려도 통일적 다민족국가론에 포섭하는 이른바 동북공정이 등장한 배경에는 이런 측면도 작용했을 것이다.

특히 2002년부터 중국 정부차원에서 추진하고 있는 동북공정의 주요 결과물 가운데 하나인 『발해국사』에 보이는 남북국시대론에 대한 서술[25]은 그 대표적인 사례로 볼 수 있다.

즉 11장 「발해국의 역사귀속과 역사지위」 가운데 3절 '남북국론은 단순한 인위적 두찬이다'에서 다음과 같이 주장했다.

> 첫째, 발해와 신라는 결코 원래 하나의 통일체 내의 민족과 정권이 아니다. (중략) 신라는 한족(韓族)을 주체로 하여 주로 조선반도 남쪽에 위치한 국가다. 발해국은 신라국에서 갈라져 나온 국가가 아니고 건립도 신라국과는 아무런 관련이 없다. ……
>
> 둘째, 원래 통일된 국가 안의 두 개 민족과 정권이 아니기 때문에, 당연히 원통일체에 대한 계승과 발전 그리고 공통으로 행해진 원래의 통일체에 대한 관련제도에 대해서도 언급할 수 없다.
>
> 셋째, 양자는 두 개의 완전히 다른 민족정권이다. 발해의 주체민족은 말갈이고, 신라국의 주체민족은 한족이므로, 양당서의 「四夷傳」에서 하나는 '北狄傳'에 수록하고, 다른 하나는 '東夷傳'에 수록하여 두 개의 다른 민족이 대치하였음에 의문이 없다.
>
> 넷째, 신라와 발해는 두 개의 다른 민족국가로, 전자의 민족성분은 상대적으로 단순하여, 한족은 통치민족이면서 주체민족이며 인구도 당연히 가장 많다. 후자의 민족성분은 비록 상대적으로 복잡하나, 말갈은

25 魏國忠·朱國忱·郝慶云(2006), 앞의 책.

> 통치민족이며 주체민족이면서도 인구는 적어도 전체 인구의 반 이상을 차지하고 있다고 할 수 있다. 그래서 쌍방 간의 주민과 민족의 주체부분은 완전히 다르다.
>
> 마지막으로 쌍방 간의 적대는 다른 민족과 국가의 모순투쟁으로, 당연히 쌍방 간의 전쟁도 통일의 의미를 지닐 수 없다. 즉 이 대치가 비록 세력균형의 산물이나, 오히려 완전히 통일로 귀착되는 어떠한 요건도 존재하지 않는다. ……
>
> 종합하면 발해와 신라는 두 개의 완전히 다른 국가로, 유씨가[필자주: 柳得恭] 억지로 두 개를 한 곳에 두어 조선고대사상의 남북조로 합칭하였는데, 실제는 사람들의 동의를 얻기 어렵다. 유씨의 주된 성과는, 문학 방면에 있고 결코 전업 역사학자가 아님을 감안하면, 저술 가운데 나타난 오류는 이해할 수 있다. ……

결국 『발해국사』의 논지는 신라와 발해는 각기 다른 민족이기 때문에 통일의 필요성을 느끼지 못했다는 것과, 남북국시대론을 제창한 유득공은 전문 역사학자가 아니기 때문에 그의 성과도 인정할 수 없다는 것으로 요약된다.

그러나 발해와 신라 양국 관계를 남북국시대로 볼 수 있는 이유는 다음과 같이 설명할 수 있지 않을까 생각한다. 무엇보다도 가장 큰 이유는 발해가 고구려를 계승했다는 점이다. 문화적으로 발해인들이 고구려 문화를 계승하고 있었다는 것이 가장 크다. 즉 고구려, 백제, 신라의 삼국이 서로 상쟁하며 통일하려 했던 역사 시기를 삼국시대로 부를 수 있다면, 고구려를 계승한 발해와 백제 및 신라의 후신인 통일신라와의 관계를 남북국시대로 부르는 것은 문제가 없다는 것이다. 비록 고구려계와 다른 흑수인(黑水人)들이 발해인으로 흡수되었지만,

이는 발해국의 중심세력이었던 속말인(粟末人)과 백산인(白山人)들의 비중에 비해서는 미미했다. 문화측면에서도, 비록 고구려 문화와 거리가 있는 흑수인의 문화를 흡수하였다고 하더라도, 이는 발해 문화 속에서 소수의 말갈 문화였기에, 남북국시대 설정에는 아무런 문제가 없다.

신라가 발해를 북국이라고 했다고 해서, 발해가 신라를 남국으로 불렀다고는 볼 수 있을까 하는 문제도 생각해볼 수 있다. 그렇지만 '삼국(三國)'이나 '남북국(南北國)'이란 용어는 당대에 사용한 용어를 존중하면서 후대에 설정한 왕조 중심적 시대구분 방법이다. 신라인들이 백제인들을 동족이라고 적극적으로 생각했기에 김부식에 이르러 삼국시대로 설정하였다고 함이 더 옳을듯하다. 같은 입장에서 고구려를 계승한 발해와 신라가 양립했던 시기를 남북국시대로 봄이 옳다는 것이다. 신라가 발해를 북국이라고 하였던 것이, 근대 민족의식을 반영한 동족의식에서 나온 것이 아니라, 단순한 북쪽의 나라라는 입장에서 나온 표현이었다고 할지라도, 신라와 발해의 역사계승 관계나 문화 관계를 고려한다면, 남북국시대의 설정은 가능하다는 것이다. 굳이 남북조(南北朝)가 아닌 남북국이라 한 것은 신라가 발해를 북국으로 부른 것을 차용한 것으로 이해할 수 있다.

한국사에서 남북국시대 설정이 오늘날 통일을 지향하고 있는 남북한의 관계를 지나치게 의식하여 '만들어진' 허상(虛像) 정도로 치부해 버릴 수 없는 이유가 바로 여기에 있다고 할 수 있다. 남북분단시대의 역사 상황은 남북국시대의 역사상을 더 잘 이해할 수 있는 요인을 제공해 준 것에 불과할 뿐이다. 신라가 발해를 이민족이라고 여긴 것은 양국 간의 대결 관계에서 나온 의식이지, 사실에 바탕을 둔 표현이었다고 주장하는 것은 무리가 있다.[26]

---

26 한규철(2003), 「발해국의 대외관계」, 『강좌 한국고대사』 4—고대국가의 대외관

Ⅳ. 신라도를 통해 본 양국관계

남북국의 교섭을 중심으로 이 시기를 연구한 바에 따르면, 건국 직후인 700년경 발해가 신라에 사신을 파견하며 시작한 양국 간의 우호관계는 발해국이 기틀을 어느 정도 확립하면서 깨지기 시작했고, 결국 당과 신라, 일본과 발해가 서로 연호하며 대립했다. 문왕 말기인 원성왕 6년(790)과 헌덕왕 4년(812) 두 차례 신라에서 발해에 사신을 파견하여 두 나라는 짧은 교섭을 했다. 그러나 선왕의 즉위(818)와 함께 발해와 신라는 다시 대립하기 시작했고, 이러한 과정에서 거란 세력이 강해지는 가운데, 남북국은 마지막 교섭 시기를 맞았고, 발해가 911년경 신라에 이어 후삼국의 고려 등에도 도움을 청했지만, 남북대립의 분위기는 신라 및 고려 등이 발해와 한 약속에도 불구, 오히려 거란을 돕는 결과를 가져왔다.

결국 남북국이 교섭했던 시기는 발해의 건국과 멸망, 그리고 신라의 귀족상쟁기에 해당하는 시기로, 양국은 서로가 정치·외교 면에서 매우 불안정한 때였다. 이러한 시각에서, 양국 교섭의 한계를 지적하면, 신라는 그들 특정 집단의 이해관계에 따라 발해와 교섭을 시도했고, 발해는 고구려 멸망에 대한 신라와의 대립 감정으로 안정이 아닌 위기에서 주로 신라와 교섭을 시도했다. 또한 두 나라는 각기 당과 일본과의 관계를 우선 생각하고 남북교섭은 그들의 필요에 따라 차선책으로 이용하고 있었다. 이러한 한계는 결국 신라와 발해가 문화적 동질성의

계, (재)가락국사적개발연구원, 293~294쪽.

심화라는 결과를 낳아, 대립현상이 고착되는 결과를 낳게 했다.[27]

현존하는 문헌자료상 남북국의 공식교섭에서는 대립한 측면이 많이 보이는 것은 사실이다. 그렇다고 해서 발해가 존속했던 200년이 넘는 기간 중에 처음 관계가 좋았을 때와, 8~9세기 즈음에 평화로운 교섭과 대화가 가능했던 시기를 빼고 나면, 발해와 신라 양국은 처음부터 끝까지 대치나 대항상태에 있었고, 이것은 발해와 일본 사이의 선린우호 관계와 비교하면 매우 대비를 이룬다고 보는 것은[28] 문제가 있다고 생각된다. 왜냐하면 전쟁 역시도 '적극 교섭'의 일환으로 상정할 수 있기 때문이다. 삼국의 항쟁을 삼국 통일 과정의 일환으로 받아들인다면, 남북국의 대립 관계 역시 남북국시대로 볼 수 있는 중요한 단서가 된다.[29]

발해와 신라의 교섭과 대립관계는 남북국시대로서 그 의미도 크다. 그렇지만 발해와 신라 관계에 관한 기록은 거의 없다. 기록이 없다고 해서 남북교섭이 전혀 없었던 것은 아니라고 할 수 있는데, 특히 피지배 주민들의 경우에는 더욱 그러하다고 하겠다. 남북국이 교섭했다는 기록이 『삼국사기』에 분명히 남아 있고, 발해에서 신라로 통하는 신라도가 있었기 때문이다. 신라도에 대해서는 다음과 같은 기록들이 있다.

27 韓圭哲(1994), 앞의 책.

28 魏國忠·朱國忱·郝慶云(2006), 앞의 책.

29 한규철(2003), 앞의 책, 357쪽.

A-1. 용원부의 동남쪽은 바다인데 일본으로 가는 길이다. 남해부는 신라로 가는 길이다. 압록부는 조공하는 길이다. 장령부는 영주로 가는 길이다. 부여부는 거란으로 가는 길이다. (『新唐書』 卷219, 「北狄列傳」 渤海)

A-2. 발해국의 남해, 압록, 부여, 책성의 4부는 모두 고구려의 옛 땅이다. 신라 천정군으로부터 책성부까지 39개의 역이 있다.(『三國史記』 卷35, 「地理志」, 賈耽 古今郡國志)

위의 사료 〈A-1〉은 발해의 대외교통로를 설명하는 중에 남해부가 신라도였음을 언급한 내용이고, 사료 〈A-2〉는 책성부에서 신라 국경인 천정군까지 39개의 역이 있었다고 하여 신라도에 대해 보다 구체적으로 설명하고 있다. 사료 〈A-2〉에서는 발해 전성기인 문왕대에 신라와 교섭이 신라도를 통해 이루어지고 있음을 알 수가 있다.

이러한 신라도 설치 시기에 대해, 여호규는 4세기 무렵 고구려가 이용한 교통로에서 그 연원을 찾고 있는데, 국내성에서 두만강 하류에 이르는 동해로(東海路)가 그것이라고 보았다.[30] 이외에 8세기 특히 문왕대 전기인 721~757년으로 파악한 견해가 있다.[31] 그 근거로는 757년에 쌓은 탄항관문에 주목했는데, 이 관문은 이미 721년에 쌓은 장성에 기초한 것이다. 나아가 탄항관문 축조를 계기로 그 이전과 달리 신라와 발해는 교섭을 활발하게 전개했을 것으로 보았다.

한편 신라도에 관한 기록이 실려 있는 책의 서술시점을 근거로 신라도가 9세기 중엽까지 신라와 발해 양국 간의 상설교통로로 존재하고

30 余昊奎(1995), 「3세기 후반 4세기 전반 고구려의 교통로와 지방통치조직—남도와 북도를 중심으로」, 『韓國史研究』 91, 27쪽.

31 宋基豪(1993), 「渤海 文王代의 개혁과 사회변동」, 『韓國古代史研究』 6, 74~75쪽.

있었다고 보기도 한다.[32] 즉 『삼국사기』가 인용하고 있는 가탐의 『고금군국지』는 당시 중국을 왕래하던 외국 사신들의 견문을 참고하여 간행한 지리서로 상당히 신빙성이 있어 보인다. 이 책은 『구당서』 「가탐열전」에 따르면, 당 덕종 정원 17년(801)에 간행한 것[33]으로 9세기 초반까지만 해도 양국은 신라도를 매개로 빈번하게 왕래했음을 짐작하게 한다. 또한 『신당서(新唐書)』의 발해 관련 서술은 장건장(張建章)의 『발해국기』를 참고한 것이다. 장건장은 유주절도사 막하에 있던 문종 태화 4년(833) 발해에 사신으로 부임했다가, 태화 9년(835)에 귀국한 뒤에 『발해국기』를 저술했다. 따라서 760년 전후에 개통한 신라도는 9세기 중엽까지 양국 간의 상설교통로로 존재하고 있었다고 할 수 있다.

스즈키 야쓰다마[鈴木靖民]는 남경남해부는 북한 함경남도 북청군의 청해토성으로 비정하며, 동해를 따라 남하하는 신라도를 수비했을 것인데, 이 길이 신라와 교통을 목적으로 했는지는 문제가 있다고 했다.[34]

최근에 방학봉은 신라도의 구체적인 노정과 의미에 대해서 언급하였다.[35] 즉 신라도를 동서 육상교통로와 동서 해상항로로 나누어 살펴보았다. 동부 육상교통로는 사료 〈A-2〉에 있는 가탐(賈耽)의 『고금군국지(古今郡國志)』에 그 노정이 나오고 있다. 이 가운데 정천군은 오늘의 함경남도 덕원(德源, 지금의 원산지방)이고 책성부는 발해시기 동경용원부(오늘의 지린성[吉林省] 훈춘현[琿春縣] 바롄청[八連城])다. 당나라 제도에는 30리마다 1개 역을 두었으므로 정천군에서 책성까지 거리는

32 趙二玉(2001), 『統一新羅의 北方進出 硏究』, 서경문화사, 181~182쪽.

33 『舊唐書』 卷138, 「列傳」 88, 賈耽.

34 鈴木靖民(1998), 「渤海の國家構造」, 『しにか』 9月號, 16쪽.

35 방학봉(2000), 『渤海遺志로부터 본 新羅道』, 『中國境內 渤海遺蹟硏究』, 박산자료원.

1170리이다. 이는 대체로 오늘의 훈춘 바렌청부터 덕원까지 거리에 해당한다.

신라도는 동경용원부에서 떠날 때는, 두만강을 건너 경원에 이르고 경원에서 다시 서쪽을 향해 나가 종성에 이르고 종성에서 남행하여 회령, 청진, 경성, 어랑, 화대 등의 지역을 지나 북청에 이르렀다. 북청에서 다시 출발하여 신포, 홍원, 함흥을 거쳐 정천군에 이르며 정천군부터 동해안을 따라 남행하여 경주에 이르는 길이었다.

중경[화룡현(和龍縣) 서고성(西古城)]에서 떠날 때는 동흥촌옛성, 영성옛성, 동성용을 거쳐 두만강을 건넌 후 종성과 상삼봉 일대로부터 남행하여 회령, 청진, 경성, 어랑, 북청, 함흥, 덕원을 거쳐 경주에 이르렀다.

구국(舊國)에서 남해(南海)로 통하는 길을 보면 구국에서 떠나 할바령을 넘고 양병태, 명월구, 노두구, 연길, 영성, 동서용을 지나 두만강을 건너 종성과 상삼봉 지대에 이르렀다.

상경용천부부터 남경남해부로 가는 길은 상경용천부에서 마련하를 따라 남하하여 할바령을 넘어 홍운, 춘양, 천교령, 왕청, 백초구, 의란, 연집, 연길, 영성을 지나 동성용에 이르렀다.

서경(西京, 오늘의 지린성 임강진)을 이용하여 남경남해부로 다니는 길도 있었다. 임강에서 떠나 협심강, 신방자를 지나 장백진에 이르렀다.

동해안 육로외에 또 발해의 국내성부터 한반도의 서부지역인 평안도 지방을 경유하여 경주에 이르는 길이 있었다.[36] 이 길은 신라도중

36 히노 카이자부로[日野開三郎]는 발해의 최대 무역상대국은 중국이고, 중국 다음의 무역상대국은 신라라고 하면서, 신라와의 무역로는 함경도 南京南海府부터 신라 東北境에 이르는 노선이 있지만, 별도로 西京鴨綠府관하의 桓州(오늘날의 집안)부터 滿浦를 경유하여 신라의 西北境에 이르는 노선이 있었는데,

서부 육상 교통로에 해당한다. 『삼국사기』「지리(地理)」 4에 "평양에서 국내성까지 17역(驛)이 있다. 국내성은 북조(北朝) 경내에 있다"고 기재되어 있다. 국내성은 고구려가 평양으로 천도하기 전 수도이며 오늘의 지린성 지안현[集安縣] 현성이다. 이 경로를 통해 양국의 수도로 다니자면 동해안 경로보다 멀기 때문에 내왕이 빈번하지 못했다.

해상항로 가운데 동해 바다를 통하는 길은 남해부의 토호포(吐號浦)를 떠나 한반도 동해안을 따라 남하하여 경주에 이르는 길이다. 이외 또 서해 바다를 통해 경주로 가는 길이 있었다. 그 노선에 대해 『신당서』[37]에는 비교적 구체적으로 기재했다.[38]

결국 이렇게 보았을 때, 신라도는 발해 때 설치한 교통로 역할에 그치는 것이 아니라, 이미 그 이전 고구려시대부터 동해안의 주요 교통로로서 중요한 위치를 점하고 있음을 알 수 있다.

최근에는 신라도를 이용한 발해와 신라 양국 영역민(領域民)의 교섭을 상정하는 견해가 있어 주목된다.[39] 즉 발해에 의해 옮겨갔던 흑수(黑水)·철리(鐵利)·달고(達姑) 등 북부 말갈제족으로 대표되는 발해 영

민간 상인 중에는 후자를 이용하는 경우가 많았을 것으로 추측하였다. 日野開三郎(1968·1972), 「國際交流史上より見た滿鮮の絹織物」, 『朝鮮學報』 48·63 [『日野開三郎東洋史學論集』 9—北東アジア國際交流史の硏究(上), 三一書房, 1984, 376쪽].

37 登州東北海行過大謝島·龜歆島·末島·烏湖島三百里 北渡烏湖海至馬石山東之都里鎭二百里 東傍海壖 過青泥浦·桃花浦·杏花浦·石人汪·駱駝灣·烏骨江八百里 乃南傍海壖 過烏牧島·貝江口·椒島 得新羅西北之長口鎭 又過秦王石橋·麻田島·古寺島·得物島千里 至鴨綠江唐恩浦口 乃東南陸行七百里 至新羅王城(『新唐書』 卷43下, 「地理志」).

38 方學鳳(2000), 「渤海遺址로부터 본 新羅道」, 『中國境內 渤海遺蹟硏究』, 백산자료원, 399~409쪽.

39 赤羽目匡由 저, 이유진 역(2008), 「新羅東北境에서의 新羅와 渤海의 交涉에 대하여」, 『高句麗渤海硏究』 31.

역민과, 예족(濊族)이라는 신라 영역민 사이의 민간 차원의 교섭이 신라 동북경(東北境)에서 이루어졌다는 것이다. 신라·발해 양국 경계인 니하(泥河)부근은 신라령(新羅領)이면서 발해가 지배하는 북부달갈제족의 침입을 허락하고, 한편에서 발해가 그들의 자립활동을 허용하는 완충지대였다는 것이다.

요컨대 발해에서 신라로 가는 교통로인 신라도는 크게 동쪽 노선과 서쪽 노선으로 나누어지고, 그 길을 통해서 사절단의 왕래와 민간인들의 교섭이 이루어졌다. 발해와 신라 두 나라의 공식적인 교섭에 관한 기록이 거의 없는 현상황에서는 신라도를 통해서 민간차원의 사적인 교섭이 활발히 이루어졌다고 할 수 있을 것이다.

5. 맺음말

중국 학계의 발해 개설서에서는 발해를 당 왕조에 예속한 지방정권으로 천편일률적으로 규정하고 있다. 아울러 발해와 신라관계도 서술이 없거나 대립일변도의 관계인 것처럼 서술한 점, 양국주민을 같은 민족으로 보지 않는 점, 그리고 발해는 당의 지방정권으로 보면서도, 신라는 다른 나라 외국으로 본다는 점 등이 특징이라 할 수 있다.

발해는 당나라 중심의 국제질서에 편입하여 있었지만, 발해인들이 당나라 빈공과에 급제하고, 또한 내부적으로 황제국의 면모까지도 유지하고 있었다는 점은 발해가 독립국이 아니고 단순히 당나라의 일개 지방정권에 불과하다는 중국 측 주장이 설득력이 약하다는 것을 의미한다. 또한 중국 학계의 주장처럼 발해가 당의 지방정권이면 신라도 발해와 함께 평로치청절도사와 해운압신라발해양번등사의 관할이었으므로 당의 지방정권에 해당하지만, 중국 학계는 신라는 외국이라고 모순된 설명을 하고 있다. 발해가 '사시' '사개년' 등의 기록으로 미루어도 발해와 중국의 관계는 형식적이었던 것이 분명하다.

남북국시대론에 대해서 중국 학계의 최신 성과를 반영하고 있는, 『발해국사』의 논지는 신라와 발해는 각기 다른 민족이기 때문에 통일의 필요성을 느끼지 못했다는 것과, 남북국시대론을 제창한 유득공은 전문 역사학자가 아니기 때문에 그의 성과도 인정할 수 없다는 것으로 요약된다.

그러나 발해와 신라 양국관계를 남북국시대로 볼 수 있는 이유는 다음과 같이 설명할 수 있지 않을까 한다. 무엇보다도 가장 큰 이유는 발해가 고구려를 계승했다는 점이다. 문화적으로 발해인들이 고구려 문화를 계승하고 있었다는 것이 가장 크다.

신라가 발해를 북국이라고 했다고 해서, 발해가 신라를 남국으로 불렀다고 볼 수 있을까하는 문제도 생각해 볼 수 있다. 그렇지만 삼국이나 남북국이란 용어는 당대에 사용한 용어를 존중하면서 후대에 설정한 왕조중심적 시대구분 방법이다. 신라가 발해를 북국이라고 하였던 것이, 근대 민족의식을 반영한 동족의식에서 나온 것이 아니라 단순한 북쪽의 나라라는 입장에서 나온 표현이었다고 할지라도, 신라와 발해의 역사 계승관계나 문화관계를 고려한다면, 남북국시대라는 설정은 가능하다는 것이다. 굳이 남북조가 아닌 남북국이라 한 것은 신라가 발해를 북국으로 부른 것을 차용한 것으로 이해할 수 있다.

한편 발해에서 신라로 가는 교통로인 신라도는 크게 동쪽 노선과 서쪽 노선으로 나누어지고, 그 길을 이용해 사절단이 왕래하고 민간인들의 교섭이 이루어졌다. 발해와 신라 두 나라의 공식적인 교섭에 관한 기록이 거의 없는 현 상황에서는 신라도를 통해 민간차원의 사적인 교섭이 활발히 이루어졌다고 할 수 있을 것이다.

단행본

윤재운(2006), 『한국 고대 무역사연구』, 경인문화사.

장국종(1998), 『발해사—성립과 주민』 1, 사회과학출판사.

장국종(2001), 『발해국과 말갈족』, 중심.

한규철(1994), 『발해의 대외관계사:남북국의 형성과 전개』, 신서원.

王承禮(1984), 『渤海簡史』, 黑龍江人民出版社[송기호 역(1987), 『발해의 역사』, 한림대출판부].

王承禮(2000), 『東北的渤海國與東北亞』, 吉林文史出版社.

朱國忱·魏國忠(1984), 『渤海史稿』, 黑龍江省文物出版編輯室.

李殿福·孫玉良(1987), 『渤海國』, 文物出版社.

魏國忠·朱國忱·郝慶云(2006), 『渤海國史』, 中國社會科學出版社.

鳥山喜一(1968), 『渤海史上の諸問題』, 風間書房.

논문

文安植(2000), 「'南北國時代'論의 虛像에 대하여—신라와 발해의 천하질서에 기인한 상호인식을 중심으로」, 『韓國古代史硏究』 19.

박시형(1962), 「발해사연구를 위하여」, 『력사과학』 1.

方學鳳(2000), 「渤海遺址로부터 본 新羅道」, 『中國境內 渤海遺蹟硏究』, 백산자료원

宋基豪(1993), 「渤海 文王代의 개혁과 사회변동」, 『韓國古代史硏究』 6.

余昊奎(1995), 「3세기 후반 4세기 전반 고구려의 교통로와 지방통치조직—남도와 북도를 중심으로」, 『韓國史硏究』 91.

李龍範(1964), 「渤海史硏究의 回顧와 國史」, 『韓國思想』 7월호.

李佑成(1975), 「南北國時代와 崔致遠」, 『創作과 批評』 10-4.

임상선(2004), 「중국의 시기별 발해사 연구동향」, 『중국의 발해사 연구 동향 분석』, 고구려연구재단.

赤羽目匡由 저, 이유진 역(2008), 「新羅東北境에서의 新羅와 渤海의 交涉에 대하여」, 『高句麗渤海硏究』 31.

趙二玉(2001), 『統一新羅의 北方進出 硏究』, 서경문화사.

한규철(1992), 「고려에서 독립운동기까지의 발해사인식」, 『역사비평』 가을호.

한규철(1999), 「발해사 연구의 현황과 과제」, 『高句麗硏究』 6, 고구려연구회.

한규철(2003), 「발해국의 대외관계」, 『강좌 한국고대사』 4—고대국가의 대외관계, (재)가락국사적개발연구원.

孫玉良(1986), 「柳得恭與『渤海考』」, 『學習與探索』 6.

王建群(1995), 「'南北國時代論'糾謬」, 『社會科學戰線』 2.

古畑徹(1986), 「唐渤紛争の展開と國際情勢」, 『集刊東洋學』 55.

浜田耕策(1978), 「唐朝における渤海新羅の爭長事件」, 『古代東アジア史論集』 下, 吉川弘文館.

鈴木靖民(1998), 「渤海の國家構造」, 『しにか』 9月號.

李成市(1988), 「渤海史研究における國家と民族—'南北國時代'論の檢討を中心に」, 『朝鮮史研究會論文集』 25.

李成市(1991), 「八世紀新羅·渤海關係の一視角—新唐書新羅傳長人記事の再檢討」, 『國學院雜誌』 92-4.

日野開三郎(1968·1972), 「國際交流史上より見た滿鮮の絹織物」, 『朝鮮學報』 48·63[『日野開三郎東洋史學論集』 9—北東アジア國際交流史の研究(上), 三一書房, 1984].

발해와 일본의 관계

박진숙 | 국가기록원

Ⅰ. 머리말

발해는 698~926년까지 지금의 만주와 한반도 북부지역, 러시아 연해주 일대에 이르는 광대한 영토를 지배한 해동성국이었다. 하지만 현재 발해사는 발해의 영토와 일정한 연고권을 갖고 있는 국가들의 자국중심적 입장에서 검토되는 독특한 양상을 띠고 있다. 이와 같이 발해 역사를 다원적으로 해석하는 가장 커다란 이유는 발해 스스로가 남긴 문헌이 전혀 없는 상황하에서 국가의 이해관계를 앞세운 현재적 관점이 깊이 개입되어 있기 때문이다.

단적인 예로 다른 나라에 비해 지리적인 이점을 가지고 있는 중국은 일찍부터 고고학 발굴성과를 토대로 발해가 당대 지방정권 중 하나에 불과하다고 강조하면서 발해사를 자국사의 일부로 간주해왔다. 이러한 중국의 입장은 2002년 2월부터 2006년까지 5년을 기한으로 한 중국의 대형 프로젝트인 동북공정(東北邊疆歷史與現狀系列研究工程의 약칭)에 그대로 관철되어 왔다.[1]

그 가운데 『발해국사(渤海國史)』는[2] 동북공정에 기저한 최근 중국의 발해사 인식을 총체적으로 파악할 수 있는 대표저서로 평가받고 있다. 하지만 본 저서가 사료에 근거하여 명백한 외교논리를 가지고 접근한 것이 아니라 단편적인 사실을 언급하는 선에서 그 당위성을 강조하는

1 김은국(2006), 「중국의 동북공정 상에 보이는 발해사 서술」, 『아시아문화연구』 12, 경원대학교 아시아문화연구소.

2 魏國忠·朱國忱·郝慶云(2006), 『渤海國史』, 中國社會科學出版社.

한계를 보이고 있다. 따라서 발해사에 대한 중국 학계의 견해를 비판적으로 검토하기 위한 일환으로 이 저서에 대한 분석은 불가피하다고 생각된다. 더욱이 전근대 시스템인 책봉관계를 중심으로 발해의 국가위상을 단순한 조공국으로 인식하면서 일본과의 관계를 평등한 외교관계로 이해하고 있다는 점에서 동아시아에서 발해가 차지하는 대내외적인 위상정립을 구체적으로 검토할 필요가 있다.

이에 이 글에서는 본 저서의 「발해와 일본의 관계」에 국한하여 그 당시 발해와 일본, 신라, 당의 국내외 정세를 근거로 하여 상호 유기적인 관계 속에서 전개된 발해와 일본 양국의 실질적인 외교관계에 대한 이해를 돕고자 한다. 먼저 중화주의 책봉체제를 구도로 한 발해에 대한 일본의 외교우위론 비판을 집중 분석하고, 경제외교로 전환한 발해의 대일외교 성향과 발해에 대한 일본의 칭호문제를 중심으로 일본의 대발해인식을 다루어보고자 한다. 이를 바탕으로 약 200여 년 동안 이뤄진 발해와 일본의 외교관계 본질과 그 양상을 구체적으로 살펴봄으로써 동아시아에서 발해의 국제적 위상을 보다 분명히 이해할 수 있을 것으로 생각된다.

Ⅱ. 건국 초기 발해의 대외정책과 일본

229년 동안 사방 5천 리까지 영역을 확대하는 과정에서, 발해는 당을 비롯한 동북아시아 주변국가와 우호관계, 때로는 대립관계를 거듭하며 성장했다. 예컨대 건국 초기 적대관계에 놓여 있던 당과 주요 교통로인 영주도(營州道)와 조공도(朝貢道)를 중심으로 약 160여 차례 긴밀한 외교관계를 유지한 사실은 이를 잘 말해준다. 그 뿐만 아니라 남쪽의 신라와도 신라도(新羅道)를 설치하여 양국이 빈번하게 교류했음을 짐작할 수 있으며, 일본 또한 발해가 멸망할 때까지 일본도(日本道)를 중심으로 서른 네 차례의 사신을 파견하여 당에 버금가는 중요한 외교대상국이었음을 알 수 있다.

이와 같이 발해가 주변국가에 적극 관심을 기울인 것은 외교가 지니는 특성과 관련이 있다. 고대에서 외교는 국제질서 속에서 국가 존립을 위한 세력균형과 실리를 추구하고 있다. 그 뿐만 아니라 내정에도 그것을 적극 이용하여 대내모순을 해결하는 다목적 기능을 지닌다. 그러므로 국가는 주변세력과 끊임없는 역학관계 변화 속에서 정치적 목적을 달성하기 위해 능동적이고 탄력적인 외교를 나름대로 전개할 필요가 있었던 것이다. 따라서 외교의 주된 목적이 무엇이냐에 따라 그 형태 또한 군사·교역·문화 등과 같이 다양하게 나타난다. 이러한 점에서 전근대의 정치시스템인 책봉체제를 중국이 일방적으로 강요한 것이 아니라, 주변 국가들이 존속을 위한 전략으로 이용하였다는 사실은 제국가(諸國家)의 주체적인 외교활동을 해명하는 데에 도움을 준다. 그러므로 국가의 대외관계사를 올바로 이해하기 위해서는 외교의 목적이 무엇이고, 그것이 어떠한 과정을 거쳐 성립했는가를 명확히 파악해야 할 것이다. 이것은 외교의 성격을 결정짓는 중요한 기준이기 때문이다.

이러한 관점에서 발해의 대외정책 또한 발해가 추구하고자 하는 특정 시기의 정치·외교현안문제와 깊이 결부되어 전개되었을 가능성을 배제하기 어려우며, 그것을 바탕으로 대내안정은 물론 대외 위상확립을 도모한 것으로 판단된다. 단적으로 발해가 당과 긴밀한 조공책봉관계 속에서 왕권강화는 물론 동아시아 내에서 해동성국(海東盛國)이라는 국가위상을 확립한 사실은 이를 뒷받침해준다. 그 뿐만 아니라 신라와 외교관계 또한 당과의 관계 속에서 몇 차례 변화하였다는 사실은 주목할 만하다. 이러한 까닭에 발해의 경우 당과의 관계가 가장 중요한 것으로 인식되어 온 것은 당연한 결과인지도 모른다.

그러나 발해외교에서 일본과의 외교 역시 그 횟수에서 확인할 수 있듯이, 발해가 대내외적으로 성장하는 데에 적지않은 영향을 미쳤다는 사실을 간과할 수는 없을 것이다. 왜냐하면 발해의 대당, 대신라 나아가 대말갈문제 또한 일본과 외교관계 속에서 적극적인 해결책을 도모했던 것으로 여겨지기 때문이다. 더욱이 양국의 외교가 주변정세와 긴밀한 연관을 맺으면서 이루어진 쌍방외교였다는 점에서 그 당시 동아시아 국제관계를 명확하게 이해하는 데에 중요한 실마리를 제공해주고 있다. 그러므로 발해가 왜 일본을 필요로 하였고, 어떠한 과정을 거치면서 약 200년 동안 공식적인 외교관계를 일관했을 것인가에 대한 분석은 발해의 대일본외교 성격뿐만 아니라 한 단계 더 나아가 발해의 대당, 대신라외교, 대말갈 지배를 상호 유기적으로 파악하는 데에도 매우 유효하리라 판단된다.

그런데 한 가지 흥미로운 사실은 본 저서가 발해는 일본과 오랜기간 동안 교류하면서 시종일관 대등한 외교를 고수했고, 단 한번도 일본의 압력으로 신하로 굴복한 적이 없었다고 단언하고 있다는 점이다.[3] 그에 대한 저자의 논리로 첫째, 발해가 파견한 사신들이 대부분 발해국의 존엄성을 지켰으며 때문에 일본에서는 발해 사신을 거절하거나 송환하는 일이 빈번했던 점, 둘째, 일본에 파견한 사신의 지위가 당에 파견한 사신의 지위보다 현격히 떨어지는 하위직 관리였다는 점 등을 중심으로 발해가 한번도 일본과의 관계를 중요하게 인식하지 않았다고 주장하고 있다. 나아가 발해는 일본을 향해 사대와 번속은 물론 일본에게서 책봉이나 관직을 받지 않았으며, 일본조정에 납질 또는 입시(入侍)도 하지 않았고, 그들의 관리감독도 받지 않고 당에게는 행했던 각종 정치·경제 의무도 이행하지 않았다고 부연하고 있다.

하지만 발해와 일본의 대등한 외교관계를 강조하는 저자의 이러한 주장은 당을 중심으로 한 책봉체제가 발해와 일본의 외교관계를 비교할 수 없을 정도로 강한 구속력을 지녔음을 반증하는 외교논리를 은연중에 뒷받침하는 주관적 해석에 지나지 않는다. 그 뿐만 아니라 이는 일본 역시 발해에 대한 당의 구속력을 대신하거나 영향력을 미칠 수 없음을 의미하는 동시에 동아시아 국제질서의 정점에 당이 엄연히 존재함을 강조하는 논리이기도 하다. 그런데 본 저서에서 주장한 바대로 이러한 논리를 그대로 수용하기에는 몇 가지 문제점이 있다.

먼저 발해와 당의 관계가 시종 책봉논리에 매몰된 복종-지배의 관계로만 해석할 수 있는가에 대한 부분이다. 주지하는 바와 같이 반당적인 입장을 견지해오던 대조영 즉위 초기 대외정책은 당과의 외교관

3 魏國忠·朱國忱·郝慶云(2006), 앞의 책, 463쪽.

계를 이해하는 데에 중요한 실마리를 제공하고 있다. 예컨대 705년 당 중종(中宗)이 시어사(侍御史) 장행급(張行岌)을 발해에 먼저 사신으로 파견한 것은[4] 양국관계가 새롭게 진전할 기미를 보이는 것이었다. 이와 같은 당의 대발해정책은 705년 측천무후 사망이 가져온 대외노선의 변화와도 일정한 관련이 있었을 것이다.

당이 당시 직면한 커다란 대외문제는 계속되는 돌궐 및 거란과의 정치·외교 마찰이었다. 따라서 당이 돌궐을 견제하기 위해서는 이들과 연관을 맺고 있는 발해와의 관계를 일차적으로 개선하는 것이 필요했다. 당이 703년 이후 신라와 긴밀한 외교관계를 도모한 상태에서 돌연히 발해를 주목한 결정적 이유는 돌궐문제를 해결하는 데에는 신라보다 발해의 외교 비중이 더욱 컸기 때문일 것이다. 당에서 볼 때, 발해는 그들의 영향권 안에 반드시 편입되어야 할 주요한 세력이었던 것이다.

이때 양국이 어떠한 외교적 사안을 논의하였는지 알 수 없지만, 새로운 외교관계를 구축하는 데는 성공적이었다고 할 수 있다. 대조영이 그의 둘째 아들 대문예를 숙위로 파견한 것은 이를 잘 말해주고 있다.[5] 왕자를 파견한 것은 발해 역시 당과의 외교에 커다란 관심을 보였다는 것을 의미한다. 발해로서도 당과 계속 대립하는 것보다는 당을 중심으로 하는 국제질서 속에서 점차 성장하는 것이 바람직하다고 판단했을 것이다. 하지만 양국은 아직 책봉관계까지는 나아가지 못했다. 당은 대문예의 숙위를 계기로 발해를 책봉할 의사를 가지고 있었지만, 돌궐과 거란이 당을 침범하면서 실패했기 때문이다.[6] 돌궐은 적대관계

4 『舊唐書』卷199下,「渤海靺鞨傳」.

5 金毓黻,『渤海國志長編』卷3,「世紀」1.

6 『舊唐書』卷199下,「渤海靺鞨傳」.

에 있는 당이 발해에 접근하여 외교관계를 맺으려고 한 정치적 의도를 받아들일 수 없었던 것이다.

그러나 발해의 대당외교에 대한 관심은 705년 이후에 계속되었다. 711년 11월 발해가 당에 사신을 파견하여 조공한 사실은[7] 이를 잘 알려준다. 이때 발해가 당과 관계를 맺을 수 있었던 것은 그 무렵 당을 둘러싼 외교정세와 관련이 있다. 710년 12월 해(奚)가 당에 사신을 파견한 이래, 돌궐이 711년 8월과 9월 두 차례 사신을 파견하고,[8] 그 해 11월에는 돌궐이 당과 혼인관계를 맺었기 때문이다.[9] 이제 발해는 돌궐의 견제를 받지 않고 당과 친밀한 외교관계를 유지해갈 수 있게 된 것이다. 당이 713년에 낭장(郎將) 최흔(崔忻)을 발해에 파견하여 대조영을 발해군왕(渤海郡王) 홀한주도독(忽汗州都督)에 책봉하여[10] 본격적인 조공책봉관계를 성립시킨 것은 이러한 맥락에서 이해할 수 있다.

그런데 705년 이후부터 점차 변하기 시작한 발해와 당의 외교관계는 신라에 적지않은 영향을 미쳤던 것 같다. 신라가 대당외교를 더욱 활발하게 전개하고 있기 때문이다. 신라는 699년에 이어 703년 정월과 7월, 705년 3월과 9월 당에 사신을 파견한 바 있었지만, 706년에는 4월, 8월, 10월 3차례에 걸쳐 대당외교를 추진했다. 706년 4월에 파견한 신라의 견당사는 705년에 당이 태도를 바꾸어 발해와 교섭하고, 발해 역시 숙위왕자를 파견하여 당과 외교를 도모했다는 사실을

7 權悳永은 발해가 처음으로 견당사를 파견한 시기를 714년으로 보고 있지만 [권덕영(1997), 『古代韓中外交史—遣唐使硏究』, 一潮閣, 112~118쪽의 '표 1~9 渤海의 遣唐使 一覽'], 『冊府元龜』 外臣部 朝貢에 의하면 711년 11월에 발해가 당에 조공한 사실이 확인되므로 이를 정정할 필요가 있다.

8 『冊府元龜』 卷970, 外臣部 朝貢 3.

9 『冊府元龜』 卷979, 外臣部 和親 2.

10 『舊唐書』 卷199下, 「渤海靺鞨傳」.

신라에 곧바로 전달했을 것이다. 이러한 사실을 전해들은 신라는 705년에 이루어진 발해와 당의 외교관계가 자신에게 일정한 영향을 미칠 것이라고 예측했을 것이다. 그러므로 신라가 그해 8월과 10월 연이어 당에 사신을 파견한 것은 발해를 견제하기 위해 대당관계를 강화할 필요성이 그만큼 커졌기 때문이라고 이해할 수 있다.

더욱이 신라가 712년 3월에 성덕왕의 이름 융기(隆基)를 바꾸라는 당의 요구를 그대로 받아들인 사실은[11] 당이 태종 무열왕의 묘호가 당 태종과 같다고 하여 고치라는 요구를 신문왕이 거절한 것과[12] 크게 대비된다. 이러한 변화는 신라가 발해와 대립한 상태에서 당과의 외교관계가 무엇보다 중요한 현안이라고 판단했기 때문일 것이다. 당은 711년에 돌궐을 비롯한 주변세력과 우호적인 관계를 유지해갔을 뿐만 아니라, 발해와도 또 한 차례 교섭하고 있었다. 아마도 이 때 파견된 당의 사신 노원민(盧元敏)은 신라에게 이러한 외교정세의 변화를 상세히 알려주었을 것이다. 따라서 성덕왕이 이름을 바꾼 것은 발해를 견제하기 위해 대당외교를 한층 강화하려는 목적이었음을 쉽게 납득할 수 있을 것이다.

한편, 당이 신라를 그들의 영향권 안에 두고자 한 이유는 그들의 대발해정책과도 밀접한 연관이 있는 듯하다. 당이 발해와 신라의 외교관계를 원활하게 전개하기 위해서는 양국을 적절하게 조정할 필요가 있었기 때문이다. 예컨대 713년 2월 당이 대조영을 발해군왕으로 책봉한지 8개월 후에 성덕왕을 '驃騎大將軍特進行左威衛將軍使持節大都

11 『三國史記』 卷8, 「新羅本紀」 8, 聖德王 11年 3月.

12 『三國史記』 卷8, 「新羅本紀」 8, 神文王 12年.

督鷄林州諸軍事鷄林州刺史上柱國樂浪郡公新羅王'에 책봉한 것은[13] 이러한 사실을 뒷받침해준다. 당은 발해를 인정하는 동시에 신라를 책봉함으로써 그들과의 관계를 계속 유지하고자 한 것이다. 당은 아직 발해보다 신라를 더 중요하게 인식하고 있었던 것이다.[14]

그런데 발해와 당의 관계는 무왕대에 점차 변했다. 719년 대조영이 사망하자 왕위를 계승한 무왕은 스스로 '인안(仁安)'이라는 연호를 사용하여 자주적인 독립국임을 내외에 표방했다. 발해는 당을 중심으로 하는 국제질서를 인정하면서도 자주적인 성장을 과시하려는 의도를 강하게 지니고 있었던 것이다. 특히 무왕이 영토를 크게 개척하자 동북의 모든 오랑캐들이 두려워하여 그를 섬겼다는 사실은[15] 당과 흑수말갈을 긴장시키는 직접적인 요인이었다.

A-1. 開元十年 其酋倪屬利稽來朝 玄宗卽拜勃利州刺史 於是安東都護薛泰請置黑水府 以部長爲都督刺史. (『新唐書』 卷219, 「黑水靺鞨傳」)

---

13 『三國史記』 卷8, 「新羅本紀」 8, 聖德王 12年 10月.

14 한편 후루하타 토루[古畑徹]는 唐渤紛爭이 일어나기 전까지 당이 신라보다 발해를 중시했다는 근거로 대조영의 죽음을 애도하는 조문사로 職事官이 정4품상인 左監門率이고, 攝官이 종3품 鴻臚卿인 嗚思謙였던 것에 반해, 신라의 경우 가장 친밀했던 성덕왕의 조문사조차 직사관이 정5품상인 左贊善大夫, 攝官이 종4품상인 鴻臚少卿으로 발해에 미치지 못한 사실을 지적하고 있다[古畑徹(1986), 「日渤交涉開始期の東アジア情勢—渤海對日本通交開始要因の再檢討」, 『朝鮮史研究會論文集』 23, 98~99쪽]. 그러나 이것은 동일한 시기를 비교한 것이 아니라는 점에서 설득력이 떨어지며, 당이 취한 책봉을 보면 대조영의 郡王보다 성덕왕의 國王이 더 높다는 점에서 신라를 현실적으로 우위에 두고 있었음을 짐작할 수 있다. 다만 당이 713년에 비로소 발해를 공식적으로 인정하였다는 점에서 그 비중이 점차 커져간 사실만큼은 인정할 수 있을 것이다.

15 『新唐書』 卷219, 「北狄·渤海傳」.

A-2. 開元十三年 安東都護薛泰請於黑水靺鞨內置黑水軍 續更以最大部落爲黑水府 仍以其首領爲都督 諸部刺史隸屬焉 中國置長史 就其部落監領之. (『舊唐書』 卷199下, 「靺鞨傳」)

A-3. 開元十四年 黑水靺鞨遣使來朝 詔以其地爲黑水州 仍置長史 遣使鎭押 武藝謂其屬曰 黑水途經我境 始與唐家相通 舊請突厥吐屯 皆先告俄同去 今不許會卽請漢官 必是與唐家通謀 腹背攻我也. (『舊唐書』 券199下, 「渤海靺鞨傳」)

위 사료는 발해를 둘러싼 당과 흑수말갈의 정치·외교적 결합과정을 알려주는 대표적인 내용이다. 발해와 흑수말갈의 정치·외교 갈등은 〈A-3〉의 『구당서』 내용에 주목하여 대체로 726년에 일어난 것으로 이해했다. 그러나 여기에는 다소 문제가 있는 것 같다. 이러한 사실이 『신당서』 「흑수말갈전」에는 이것보다 4년 빠른 722년의 사실로 기록하고 있을 뿐만 아니라, 〈A-2〉의 『구당서』 「말갈전」에는 725년에 추진한 것으로 되어 있기 때문이다.

그런데 이들의 차이는 사료 〈A-1~3〉의 내용이 각각 흑수말갈, 당, 발해의 입장을 중심으로 서술하고 있다는 사실에 주목할 필요가 있다. 이것은 적어도 그들이 외교문제를 심각하게 여기고 있는 시점을 각각 다르게 기록하였을 가능성을 암시해하고 있기 때문이다. 특히 문제의 발단이 흑수말갈과 직접 관련이 있는만큼 그들이 직면한 외교적 상황을 가장 상세히 기록했을 것이라는 점에서, 〈A-1〉의 사실을 그대로 받아들여도 무방할 것 같다.[16] 나아가 『신당서』를 『구당서』보다 늦게

16 이러한 견해는 사카요리 마사시[酒寄雅志]에 의해 처음 지적되었고[酒寄雅志(1979), 「渤海國家の史的發展と國際關係」, 『朝鮮史硏究會論文集』 16, 9쪽], 李成市와 金鍾福도 이를 그대로 따르고 있다. 그러나 이에 대한 구체적인 설명

편찬하면서 누락한 기록을 보완했을 것이라는 사실을 염두에 둘 때 더욱 그러하다. 다만, 〈A-1〉의 후반부에는 〈A-2·3〉의 사실을 간략히 언급한 것에 불과하므로 〈A-2·3〉의 경우는 725년에 당이 흑수말갈 문제에 본격적으로 개입했으며, 726년에 발해가 이에 적극 반발한 것으로 이해할 수 있다.

722년에 흑수말갈의 추장 예속이계(倪屬利稽)는 당에 내조하여 발리주자사(勃利州刺史)로 임명되었다. 이와 같이 흑수말갈이 독자적으로 당과 외교를 도모한 것은 무왕의 군사적 위협을 당을 통해 견제하고자 했기 때문이다. 그 결과 흑수말갈의 동정을 살펴온 당은 725년에 설태(薛泰)의 요청대로 흑수군(黑水軍)과 흑수부(黑水府)를 설치하고, 그 지역을 흑수주(黑水州)로 삼아 장사(長史)를 파견하는 등 기미정책에 적극적이었다.

이처럼 당이 흑수말갈 문제에 깊이 개입한 것은 그들의 대발해정책과 관련이 있었다. 713년 이후 발해가 책봉을 통하여 당의 영향권 안에 놓여 있었다 하더라도, 무왕의 세력팽창은 당에게 부담스러울 수밖에 없었다. 그러므로 당은 그들의 대발해정책을 원활하게 추진하기 위해서 발해 북쪽에 위치한 흑수말갈을 발해를 견제하는 세력으로 인식하였던 것이다. 당이 흑수말갈을 처음으로 책봉한 것은 바로 이러한 의미를 내포하고 있는 것이라고 할 수 있다. 더군다나 720년에 거란과 해를 함께 토벌하자는 제의를[17] 무왕에게서 거절당한 당으로서는 발해를 견제할 필요성이 더욱 커졌던 터였다. 결국 발해를 둘러싸고 양국의 이해관계는 서로 일치했던 것이다. 〈A-3〉과 같이 무왕이 당과 흑수

은 이루어지지 않았다.

17 『冊府元龜』 卷986, 外臣部 征討 5.

말갈의 통교가 그들을 공격하려는 음모라고 간주했던 것도 바로 이러한 역학관계에서 비롯된 것이었다.

그런데 이러한 불리한 발해의 외교상황은 그들로 하여금 새로운 외교정책을 모색하는 계기가 되었다. 727년 발해와 일본이 외교를 개시한 배경에 발해와 신라의 외교문제뿐만 아니라 발해의 대당문제가 개입되어 있었다는 사실은 이미 학계에서 논의된 바 있다.

B-1. 渤海郡王首領高齊德等八人 來着出羽國 遣使存問 兼賜時服(『續日本紀』卷10, 聖武天皇 神龜 4年 9月 庚寅).

B-2. 天皇御中宮 高齊德等上其王書幷方物 其詞曰 武藝啓 山河異域國土不同 延聽風猷 但增傾仰 伏惟大王 天朝受命 日本開基奕葉重光 本枝百世 武藝忝當列國 濫揔諸蕃 復高麗之舊居 有扶餘之遺俗 但以天崖路阻 海漢悠悠 音耗未通 吉凶絶問 親仁結援 庶叶前經 通使聘隣 始乎今日 謹遣寧遠將軍郎將高仁義游將軍果毅都尉德周 別將舍航等卄四人 齎狀 幷附貂皮三百張奉送 土宜雖賤 用表獻芹之誠 皮幣非珍 還慚掩口之誚 主理有限 披膽未期 時嗣音徽 永敦隣好. (『續日本紀』卷10, 聖武天皇 神龜 5年 正月 甲寅)

B-3. 仍賜其王璽書曰 天皇敬問渤海郡王 省啓具知 恢復舊壤 聿修曩好 朕以嘉之 宜佩義懷仁監撫有境 滄波雖隔 不斷往來. (『續日本紀』卷10, 聖武天皇 神龜 5年 4月 壬午

위 사료는 727년에 이루어진 발해의 대일본외교에 대한 내용이다. 이때 발해는 영원장군(寧遠將軍) 고인의(高仁義)를 비롯하여 23명의 사신을 일본에 파견했는데, 하이(蝦夷)의 경계에 도착하여 16명이 살해되고, 수령(首領) 고제덕(高齊德) 등 8명만 생존하여 일본과의 외교에 많은 어려움을 겪었다. 발해가 이러한 난관에 부딪힌 것은 일본의 항해가 처음이어서, 능숙하지 못했기 때문은 아닐까 생각한다. 이와 같은 열악한 조건에도, 발해가 일본과 외교를 맺으려고 한 이유는 당시 발해가 직면한 외교정세와 직접 관련이 있었던 것 같다. 그것은 발해에 대한 당과 신라의 외교·군사적 압력 때문이었다.

앞에서 살펴보았듯이 당이 722년부터 발해 북쪽에 자리잡고 있던 흑수말갈을 후원하여 대발해정책을 강화함으로 말미암아 발해는 당을 경계해야 하는 처지에 놓였다. 그 뿐만 아니라 일찍부터 발해를 견제해 오던 신라가 721년에 하슬라도(何瑟羅道) 지역의 장정 2천 명을 징발하여 발해와의 국경 부근에 장성을 쌓음으로써[18] 양국은 군사적으로 대립하고 있었다. 더욱이 703년 이후 대당외교를 추진한 신라는 720년대 당과 긴밀한 외교관계를 유지한 상태였다.[19] 사은(謝恩) 겸(兼) 하정사(賀正使)를 통하여 과하마를 비롯한 많은 물품은 물론 나마(奈麻) 김천승(金天承)의 딸 포정(抱貞)과 대사(大舍) 김충훈(金忠訓)의 딸 정원(貞菀) 두 미녀를 당이 바치기까지 한 것은 이를 잘 말해준다. 당 또한 신라 사신에게 장군 혹은 낭장의 관작을 주는 한편, 비단 등 여러 가지 물건을 신라에 전달하였다. 그러므로 발해는 그들이 처한 정치·외교적인 고립을 벗어날 필요가 있었던 것이다.

그렇다면 발해는 일본과 외교를 통하여 무엇을 도모하고자 한 것일까? 이와 관련하여 일찍이 도리야마 기이치[鳥山喜一]는 726년 흑수말

18 『三國史記』 卷8, 「新羅本紀」 8 聖德王 20年 7月.

19 722년 1회, 723년 1회, 724년 2회, 725년 1회, 726년 2회, 727년 1회 당에 사신을 파견한 바 있다. 이에 대한 자세한 내용은 권덕영(1997), 앞의 책, 49~51쪽을 참고.

갈이 기미주가 된 것과 대문예의 망명사건에 따른 당의 압력을 견제하기 위한 목적이 컸다고 이해했다.[20] 그러나 발해가 흑수말갈을 비롯한 대당문제에 많은 비중을 두었다고 보는 데는 몇 가지 문제점이 있다. 왜냐하면 발해는 흑수말갈 문제가 발생한 722년 이후에도 당과 외교를 벌였을 뿐만 아니라, 727년 대일본외교를 진행하던 9월에도 사신을 파견했고 732년 발해의 등주공격이 있기까지 대당관계를 계속 유지했기 때문이다.[21] 더욱이 대문예의 망명시기가 730년이라는 점에서[22] 이것과 직접 결부시킬 수 없다. 그 뿐만 아니라 결정적으로 대당문제를 둘러싸고 발해가 일본에게서 얻을 수 있는 이점이 미약하다는 것은 732년 발해가 당의 등주를 공격할 때, 거란(契丹)과 해(奚)를 배후세력으로 삼았다는 점에서도 재차 확인할 수 있다.

그런데 727년에 발해가 그들의 정치·외교입장을 일본 측에 분명히 전달한 것은 주목된다. 〈B-2〉에서와 같이 발해가 고구려를 계승한 나라이고, 부여의 옛 풍속을 이은 국가임을 표방하여 부용국(庸國)이나 조공의 뜻을 가진 것이 아님을 쉽게 헤아릴 수 있다.[23] 결국 발해는

20 鳥山喜一(1915),『渤海史考』, 東京奉公会 163~164쪽.

21 727년에는 2회, 728년에는 1회, 729년에는 3회, 730년과 731년에는 각각 3회 사신을 파견하고 있다. 이에 대한 자세한 내용은 권덕영(1997), 앞의 책, 99~101쪽이 참고된다.

22 후루하타 토루[古畑徹]는 「唐丞相曲江張先生文集」 卷9에 나오는 4首의 '勅渤海王大武藝書' 가운데 최초의 것이 731~732년 7월 사이에 나왔으며, 흑수말갈이 마지막으로 입당한 시기가 731년이라는 점에서 대문예의 망명시기를 730년경으로 추정한 바 있다[古畑徹(1984), 「大門藝の亡命年時について—唐渤紛爭に至る渤海の情勢」, 『集刊東洋學』 51]. 권덕영 역시 『舊唐書』와 『新唐書』에 대문예의 망명을 開元 14年에 이루어진 것으로 기록하고 있지만, 개원 14년 기사가 수년간의 사실을 일괄 서술한 것이기 때문에 문예의 망명시기를 726년으로 단정짓기 어렵다고 지적하였다[권덕영(1997), 앞의 책, 99쪽].

23 일찍이 누마타 요리스케[沼田賴輔]는 이와 같은 발해의 고구려 계승의식을 고구려를 의식한 채 일본을 종주국으로 받들고, 일본에 복속한 조공의 예를 전

당의 조공국으로 일본에 접근했던 것이 아니라 고구려를 상기시켜 그들의 대외적 위상을 전달할 정치적 의도가 컸던 것이며,[24] 그들의 대신라 정책을 인호(隣好)에 근거한 일본과의 군사제휴를 통하여 효율적으로 전개해 나가고자 했던 것이다.

일본 역시 이와 같은 발해의 정치·외교적인 의도에 긍정적인 반응을 보였다. 728년 일본이 발해사신 고제덕에게 정6위상의 관위를 주고,[25] 무왕에게 채색 비단[綵帛] 10필과 비단[綵] 10필[疋], 명주 20필[疋], 실 100구[絇], 면 200둔[屯]을 전달하고 있는 것에서[26] 대략 짐작할 수 있다. 더욱이 일본이 발해사신의 귀국길에 인전조신충마려(引田朝臣蟲麻呂)를 동행시킨 사실은[27] 발해가 정치·외교적으로 주요한 대상국임을 인식했기 때문일 것이다. 〈B-3〉에 나타나듯이 일본이 발해에게 어떠한 어려움이 있다 하더라도 계속 왕래하자는 뜻을 전달한 것은 이를 잘 말해준다. 따라서 727년 무왕대에 처음 이루어진 발해의 대일본외교는 이후 발해와 일본이 다시 결합할 수 있는 가능성을 열어 놓았다는

달한 것으로 이해한 바 있으며(『日滿の古代國交』, 明治書院, 1933, 53쪽), 新妻利久 또한 양국을 君臣–上下關係로 간주했다[新妻利久(1969), 『渤海國史及び日本との國交史の硏究』, 東京電機大學出版局, 173~174쪽]. 이에 반해 이시이 마사토시[石井正敏]는 문제의 소지가 된 '親仁結援 庶叶前經'을 새롭게 해석하여 고구려의 선례가 아닌 古典에 명시되어 있는 것처럼 우호관계를 기원하는 것으로 재검토했다[石井正敏(1975), 「第一回渤海國書について」, 『日本歷史』 327, 19~21쪽]. 그 뿐만 아니라 '大王', '隣好'의 표현를 통하여 발해와 일본이 대등한 차원에서 교섭하였음을 강조했다.

24 이시이 마사토시[石井正敏] 또한 발해건국의 유래 및 상황을 구체적으로 제시하고, 동시에 예전의 大國 高句麗를 표면에 드러내어 자국의 입장을 주장한 것으로 이해한 바 있다[石井正敏(1975), 위의 글, 22쪽]. 그러나 필자는 발해가 고구려를 계승한 국가임을 천명하는 것으로 받아들이고자 한다.

25 『續日本紀』 卷10, 聖武天皇 神龜 5年 春正月 甲寅.

26 『續日本紀』 卷10, 聖武天皇 神龜 5年 4月 壬午.

27 『續日本紀』 卷10, 聖武天皇 神龜 5年 2月 壬午.

점에서 그 의의를 지적할 수 있다.

이와 같이 발해의 대외정책은 당의 종속국으로 수행했던 것이 아니라 국익을 염두에 둔 치밀한 정세파악 속에서 전개한 외교행위였음을 배제해서는 안될 것이다. 이와 관련하여 문왕대의 대일본외교는 시사하는 바가 매우 크다.

표 1 발해사신의 방일 · 귀국 일람표

회수	출발년월일			도착지	사신	인원 수	귀국연월일	출발지
	서력	발해왕력	일본연호					
1	727.9.21	武王 9	神龜 4	出羽國	高齊德	24	728.6.5	
2	739.7.13	文王 3	天平 11	出羽國	胥要德		740.2.2	
3	752.9.24	17	天平勝寶 4	越後國	慕施蒙	75	753.6.8	
4	758.9.18	22	天平寶字 2	越前國	揚承慶	23	759.2.16	
5	759.10.18	23	3	對馬	高南申		760.2.20	
6	762.10.1	26	6	越前國	王新福	23	763.2.20	
7	771.6.27	35	寶龜 2	出羽國	壹万福	325	772.2.29	
8	773.6.12	37	4	能登國	烏須弗	40	774.6.24	
9	776.12.12	40	7	越前國	史都蒙	187	777.5.23	
10	778.9.21	42	9	越前國	張仙壽		779.2.2	
11	779.9.14	43	10	出羽國	高洋弼	359	779.12.22	出羽
12	786.9.18	50	延曆 5	出羽國	李元泰	65	787.2.19	越後國
13	795.11.3	康王 1	14	出羽國	呂定琳	68	796.5.17	
14	798.12.27	4	17	隱岐國	大昌泰		799.4.15	
15	809.10.1	定王 1	大同 4		高南容		810.4.8	
16	810.9.29	2	弘仁 1		高南容		811.4.27	
17	814.9.30	僖王 2	5	出雲國	王孝廉		816.5.18	
18	817.	5	9		慕感德		817.	
19	819.11.20	宣王 2	10		李承英		820.1.21	
20	821.11.13	5	12		王文矩		822.1.21	
21	823.11.22	7	14	加賀國	高貞泰	101	824.6.	
22	825.12.3	9	天長 2	隱岐國	高承祖	103	826.5.15	
23	827.12.29	11	4	但馬國	王文矩	100	829.	

회수	출발년월일			도착지	사신	인원수	귀국연월일	출발지
	서력	발해왕력	일본연호					
24	841.12.22	大彝震 12	承和 8	長門國	賀福延	105	842.4.12	
25	848.12.30	19	嘉祥 1	能登國	王文矩	100	849.5.12	
26	859.1.22	大虔晃 2	貞觀 1	能登國	烏孝慎	104	859.7.6	加賀國
27	861.1.20	4	3	隱岐國	李居正	105	861.5.	出雲國
28	871.12.11	大玄錫 2	13	加賀國	楊成規	105	872.5.25	
29	876.12.26	7	18	出雲國	楊中遠	105	877.6.25	出雲國
30	882.11.14	13	元慶 6	加賀國	裵挺	105	883.5.12	
31	892.1.8	23	寬平 4	出羽國	王龜謨	105	892.8.	出雲國
32	894. 12. 29	25	6	伯耆國	裵挺	105	895. 5. 16	
33	908. 1. 8	大諲譔 8	延喜 8	伯耆國	裵璆		908. 5.	
34	919. 11. 18	19	19	若狹國	裵璆	105	920. 5. 18	

표 2 일본사신의 출국 · 귀국 일람표

회수	출발년월일		출항지	사신명	명칭	귀국연월일	귀착지
	서력	일본연호					
1	728.6.5	神龜 5		引田蟲麻呂	送渤海客使	730.8.29	越前國
2	740.4.20	天平 12		大伴犬養	遣渤海使	740.10.5	
3	758.2.	天平寶字 2		小野田守	遣渤海使	758.9.18	
*	759.1.30	3		高元度	迎入唐大使	761.8.12	對馬
4	760.2.20	4		陽侯玲璆	送高南申使	760.11.11	
5	762.3.28	6		高麗大山	遣高麗使	762.10.1	越前國
6	763.2.20	7		多治比小耳	送高麗人使	763.10.6	隱岐國
7	772.2.29	寶龜 3	能登國	武生鳥守	送壹万福使	773.10.13	
8	777.5.23	8		高麗殿繼	遣高麗使	778.9.21	越前國
9	779.2.2	10		大網廣道	送高麗客使		
10	796.5.17	延曆 15		御長廣岳	送渤海客使	796.10.2	
11	798.5.19	17		內藏賀茂麻呂	遣渤海使	798	隱岐國
12	799.4.19	18		滋野船白		799.9.20	
13	811.4.27	弘仁 2		林東人	送渤海客使	811.10.2	

〈표 1·2〉에서 알 수 있듯이, 양국의 외교가 가장 빈번했던 시기는 발해 문왕대(737~793)로, 발해가 11회, 일본이 9회로 전체의 41%와 70%를 차지하고 있다. 그 가운데 758년 오노 타모리[小野田守]의 발해 방문은 양국의 외교관계가 긴밀해지는 계기였다.

C-1. 小野朝臣田守等至自渤海 渤海大使輔國大將軍兼將軍行木底州刺史兼兵署少正開國公揚承慶已下卄三人 隨田守來朝 便於越前國安置. (『續日本紀』 卷卄一 天平寶字 2年 9月 丁亥)

C-2. 令大宰府造行軍式 以將伐新羅也. (『續日本紀』 卷卄二 天平寶字 3年 6月 壬子)

C-3. 遣大宰帥三品 船親王於香椎廟 奏応伐新羅之狀. (『續日本紀』 天平寶字 卷卄二 3年 8月 乙亥)

C-4. 造船五百隻 北陸道諸國八十九隻 山陰道諸國一百四十五隻 山陽道諸國一百六十一隻 南海道諸國一百伍隻 並逐閑月營造 三年之內成功 爲征新羅也. (『續日本紀』 卷卄二 天平寶字 3年 9月 壬午)

〈사료 C〉는 758년 오노 타모리가 귀국한 직후 일본이 취한 정치·군사조치로, 이른바 '신라침공계획(新羅侵攻計劃)'과 관련한 내용이다. 신라침공계획은 759년부터 763년까지 추진한 일본의 대신라군사정책(對新羅軍事政策)으로, 일본이 주도적인 역할을 담당했다는 견해가 지배적이었다.[28] 그에 반해 최근 일본의 신라침공계획을 둘러싼 발해의 개입

28 이 부분에 대한 연구는 주로 일본 학계를 중심으로 많이 이루어졌다. 이들 대부분은 藤原仲麻呂가 불안정한 정권을 강화하기 위해서 발해와의 외교를 주도적으로 이끌었으며, 그것이 곧 일본의 신라침공계획으로 나타났다고 이해하

여부를 재검토하여 발해가 신라침공계획에 깊이 관여했을 가능성이 새롭게 제시되기도 했다.[29] 잘 알려져 있듯이 오노 타모리는 753년 대신라외교를 담당한 적이 있는 외교실무자로, 실권자 후지와라노 나카마로[藤原仲麻呂]를 배후세력으로 하고 있었다. 일본이 고위 관리를 파견하여 18년만에 발해와 교섭을 먼저 제안해온 것을 보면, 일본의 대발해외교가 당시의 정치·외교적 현안문제와 무관하지 않았음을 알 수

고 있다. 이와 관련한 대표적인 논문으로 和田軍一(1924), 「淳仁朝における新羅征討計劃について」, 『史學雜誌』 35-10·11 ; 鳥山喜一(1968), 「渤海王國と日本の交涉」, 『渤海史上の諸問題』, 風間書房 ; 岸俊男(1969), 『藤原仲麻呂』, 吉川弘文館 ; 石井正敏(1974), 「初期日渤交涉における一問題-新羅征討計劃中止との關聯をめぐって」, 『史學論集—對外關係と政治文化』 1, 吉川弘文館 ; 酒寄雅志(1977), 「八世紀における日本外交と東アジア情勢—渤海との關係を中心として」, 『國史學』 103 ; 酒寄雅志(1979), 「渤海國家の史的發展と國際關係」, 『朝鮮史硏究會論文集』 16 ; 鈴木靖民(1985), 「日本律令制の成立·展開と對外關係」, 『古代對外關係史の硏究』, 吉川弘文館 ; 李成市(1994), 「渤海の對日本外交への理路」, 『東北アジア史の再發見』, 有信堂 ; 李成市(1998), 『古代東アジアの民族と國家』, 岩波書店, ; 李成市(1997), 「渤海の對日外交と交易」, 『東アジアの王權と交易』, 青木書店 ; 김창석 옮김(1999), 『동아시아의 왕권과 교역』, 청년사 ; 河內春人(1995), 「東アジアにおける安史の亂の影響と新羅征討計劃」, 『日本歷史』 561 등이 있다. 그러나 이상의 연구들은 발해 측의 사료가 남아 있지 않은 상태에서 일본 사서 『續日本紀』에 나타난 상당수의 양국 외교기사를 주목한 바, 일본의 입장에서 일본의 대발해외교를 이해했기 때문에 발해의 대일본외교를 객관적으로 다루었다고 보기는 다소 어려움이 있다. 한편 국내에서도 문왕대의 대일본외교에 대한 관심을 보이고 있다. 대표적인 것으로 金恩淑(1991), 「8世紀의 新羅와 日本의 關係」, 『國史館論叢』 29 ; 宋基豪(1993), 「발해 文王代의 개혁과 사회변동」, 『韓國古代史硏究』 6, 知識産業社 ; 宋基豪(1995), 『渤海政治史硏究』, 一潮閣 ; 韓圭哲(1994), 「渤海와 日本의 新羅挾攻計劃과 霧散」, 『中國問題硏究』 5 ; 韓圭哲(1994), 『渤海의 對外關係史—南北國의 形成과 展開』, 신서원 ; 具蘭喜(1997), 「8세기 중엽 日本의 新羅侵攻計劃에 대한 檢討」, 韓國教員大學校 大學院 碩士學位論文 ; 具蘭喜(1998), 「日本의 新羅侵攻計劃 추진의도」, 『青藍史學』 2 ; 具蘭喜(1999), 「8세기 중엽 발해·신라·일본의 관계—일본의 신라침공계획을 중심으로」, 『韓日關係史硏究』 10 등이 있다.

29 朴眞淑(1997), 「渤海 文王代의 對日本外交」, 『歷史學報』 153 ; 朴眞淑(2001), 「渤海의 對日本外交 硏究」, 忠南大學校大學院 博士學位論文.

있다. 예컨대 753년에 신라가 오노 타모리를 받아들이지 않은 점,[30] 같은 해 당 내부의 서열 문제로 생긴 갈등은[31] 신라와 일본의 관계악화를 잘 보여주고 있다. 이러한 양국의 관계악화는 일본으로 하여금 신라와 적대관계에 있는 발해와 협력할 필요성을 느끼게 하고, 양국은 이미 신라문제를 둘러싸고 두 차례의 교섭을 맺은 바 있었다. 따라서 오노 타모리가 발해에 파견된 궁극적인 목적은 신라문제를 극복하기 위해 발해의 정치·외교적 의향을 살피는 데에 있었던 것으로 짐작된다.

발해와 일본 사이에 논의된 내용은 《C-2~4》에 보이듯이, 바로 신라침공에 관한 것이었던 듯하다. 당시 오노 타모리와 함께 일본에 간 발해사신 양승경(揚承慶)의 방문 목적이 사망한 쇼무천황[聖武天皇]을 애도하기 위해서였다기 보다는,[32] 오노 타모리와 마찬가지로 신라침공에 대한 발해의 외교적 입장을 일본에 전달하는 데에 있었을 것이다. 그 당시 발해가 일본과의 외교에 적극적인 자세를 취한 이유는 755년 안록산의 난으로 당의 정세가 크게 악화되고 그의 영향으로 당과 긴밀한 관계에 있던 신라가 정치·외교적으로 타격을 받을 것을 예측했던 것과 관련이 있었을 것이다. 발해는 신라에 대한 경계심이 고조된 상태에서 대신라문제에 직면한 일본의 정치·외교제의를 시의적절한 것으로 판단하고, 일본과의 외교 속에서 신라침공을 적극 검토했던 것이다.[33]

그런데 여기에서 주목할 만한 것은 신라침공계획이 대재부가 중심이 되어 추진했다는 점이다. 《C-2》에 나와 있듯이, 759년 6월 8일 대재부는 행군식(行軍式)을 거행하여 '벌신라(伐新羅)'를 공식 발의하고, 대

30 『三國史記』「新羅本紀」 9 景德王 12年 8月.

31 『續日本紀』 卷十九 天平勝宝 6年 春正月 丙寅.

32 鳥山喜一(1997), 앞의 글, 242~243쪽.

33 朴眞淑(1997), 앞의 글, 51~52쪽.

재부 관인이 그에 대한 상황을 향추묘(香椎廟)에 보고하고 있다. 지금까지 신라침공계획을 둘러싼 대재부와 발해와의 관계는 주목되지 않았지만, 발해는 신라침공계획에서 차지하는 대재부의 군사·외교적 기능에 큰 관심을 기울였던 것으로 생각된다.

D-1. 迎藤原淸河使判官內藏忌寸全成 自渤海却廻 海中遭風 漂着對馬 渤海使輔國大將軍兼將軍玄菟州刺史兼押衙官開國公高南申相隨來朝. (『續日本紀』 卷廿二 天平寶字 3年 10月 辛亥)

D-2. 帝臨軒 渤海國使高南申等貢方物 奏曰 國王大欽茂言 爲獻日本朝遣唐大使特進兼秘書監藤原朝臣淸河上表幷恒貢物 差輔國大將軍高南申等 充使入朝 詔曰 遣唐大使藤原河淸久不來歸所鬱念也 而高麗王差南申令齎河淸表文入朝 王之款誠 實有嘉焉. (『續日本紀』 卷廿二 天平寶字 4年 正月 丁卯)

D-3. 徵高麗使於大宰. (『續日本紀』 卷廿二 天平寶字 3年 10月 丙辰)

D-4. 高麗使高南申 我判官內藏忌寸全成等到着難波江口. (『續日本紀』 卷廿二 天平寶字 3年 12月 辛亥)

D-5. 高南申入京. (『續日本紀』 卷廿二 天平寶字 3年 12月 丙辰)

사료 D는 759년 발해사신 고남신(高南申)이 일본의 판관(判官) 구라노 마타나리[內藏全成]과 함께 내일한 것에 관한 내용이다. 〈D-2〉에 따르면 이때 고남신이 일본에 파견된 목적은 후지와라노 가와키요[藤原河淸]의 표문 전달에 있었던 것으로 보인다. 하지만 고남신이 표문을 전달한 시기가 3개월 이후라는 점, 그리고 당시의 긴박한 국제정세를 고려하면 고남신의 일본 방문은 6개월 전부터 논의하여 온 신라침공계획과 관련이 깊다고 생각된다. 이와 관련해서 고남신 일행이 도착한 장소가 대재부 근처인 대마(對馬)라는 것 또한 주목할 필요가 있다. 〈D-1〉은 발해사신이 표류하여 대마에 도착한 것으로 기록하고 있지만, 앞서 이루어진 일곱 차례의 양국외교가 모두 북륙도(北陸道)를 외교거점으로 삼고 있었던 점을 참고하면(〈표 1·2〉 참조), 이것은 당시 대마가 발해의 통상 항로가 아니었기 때문에 비롯된 오해는 아닐까 한다. 설사 발해의 대마 항해가 표류였다고 할지라도 표류라고 판단한 것은 일본 측의 입장이었을 뿐, 그것만으로 발해가 대마를 향해한 외교상의 목적을 부정할 수 없을 것이다.

일반적으로 항로의 결정은 당사국의 외교적 의도에 따라 정한다는 점을 감안하면, 759년 고남신의 대마진입(對馬進入)에 발해의 분명한 의도가 반영되었다고 보는 것이 매우 자연스럽다. 당시 발해가 대일본외교를 계획적으로 전개해온 것은 양승경이 신라침공계획에 대한 논의를 마치고 귀국한 직후에 고남신의 일본 방문이 결정된 사실을 통해서도 어느 정도 짐작할 수 있다. 따라서 고남신이 일본을 방문한 목적은 대재부를 중심으로 한 신라침공계획의 추이를 관찰하는 데 있었던 것으로 여겨진다. 그 뿐만 아니라 고남신이 곧바로 입경하지 않고 2개월 동안 대재부에 체류했던 이유도 신라침공계획과 무관하지 않았던 것으로 생각된다. 그러므로 759년 발해사신의 대마표착은 신라침공계획을 둘러싸고 대재부와 교섭을 염두한 첫 번째 항해였다고 말할 수 있을 것이다.

이와 같이 발해의 신라침공계획은 일본의 대신라정책에 지속적인 관심을 기울이면서 추진되었다고 할 수 있다. 발해는 동아시아의 국제질서에 새로운 영향력을 미칠 수 있는 기회를 만회하기 위해 일본과의 교섭이 계속 필요했기 때문이었다. 양승경이 발해에 도착하자마자 고남신이 곧바로 일본으로 향한 것은 이러한 맥락에서 이해할 수 있을 것이다.[34] 대일본외교의 목적을 마친 고남신은 얼마 후 발해로 되돌아 가고,[35] 일본 역시 외종5위하 야코노 레이규[陽候玲璆]를 파견하여 일본에서 진행하고 있는 신라침공계획의 전반적인 상황을 전달했던 것으로 판단된다.

그런데 발해는 760년 고남신이 귀국한 이후, 대일본외교에 그다지 적극적이지 않았다. 이는 곧 발해의 대신라정책에 변화가 일어나고 있음을 의미한다. 758부터 760년까지 이어진 발해의 대일본외교가 중단되고 있기 때문이다. 이것은 말할 것도 없이 일본의 신라침공계획에 차질을 가져오는 것이었다. 이에 따라 신라침공을 둘러싸고 발해의 향배를 주시해온 일본은 761년에 고마 다이산[高麗大山]을 발해에 다시 파견했다.[36] 이것은 오노 타모리의 경우와 마찬가지로 일본이 먼저 발해에 사신을 파견하고 있다는 점에서 주목할 만하다.

고마 다이산은 등원중마려의 신임을 각별히 얻고 있는 정치적인 인물로[37] 그가 전사(專使)의 책임을 맡았다는 사실은 당시 일본이 대발해외교에 매우 적극적이었음을 알려준다. 고마 다이산을 발해에 파견한

34 揚承慶 일행이 일본에서 발해로 출발한 것이 759년 2월로 이들이 발해에 도착한 것은 대략 759년 6, 7월경이 될 것이다. 그런데 이때 동행한 判官 內藏全成이 759년 10월 高南申과 함께 다시 일본에 들어간 것으로 미루어 양승경의 귀국은 고남신이 출발하기 바로 직전이었음을 알 수 있다. 따라서 발해가 양승경의 귀국 후 곧바로 대일본외교를 추진하는 적극성을 띠었음을 부정할 수 없을 것이다.

35 『續日本紀』 卷22, 淳仁天皇 天平寶字 4年 2月 辛亥.

36 『續日本紀』 卷20, 淳仁天皇 天平寶字 5年 冬10月 癸酉.

37 石井正敏(1974), 앞의 글, 94~96쪽. 고마 다이산[高麗大山]은 渡來系貴族으로 造東大寺司判官, 遣唐判官, 造東大寺司次官, 武藏介로 정치적인 활동을 활발히 한 인물이다. 오노 타모리[小野田守]가 후지와라노 나카마로[藤原仲麻呂]와 밀접한 연관을 가지면서 신라정벌에 관여한 것과 마찬가지로 新羅侵攻計劃과 관련있는 외교활동을 전개하였을 것으로 짐작된다.

이유가 왕의 기거(起居)를 묻거나[38] 고원도(高元度)의 안전한 귀국을 알리고 안사의 난에 대한 정보를 전달할 초빙사를 요구하는 것에 있다기보다는[39] 761년 10월이 759년에 신라침공을 계획한 지 2년의 시간이 경과한 시점이라는 점에서 신라침공계획과 관련한 추진상황을 문왕에게 직접 보고하고, 나아가 발해 역시 함께 참여할 것을 요청한 것으로 여겨진다.[40]

그러나 발해가 추진한 목표, 즉 일본을 움직여 신라를 공격하려는 계획은 발해를 둘러싼 정세변화로 더 이상 진행되지 않았다. 당 대종(代宗)은 762년에 비로소 발해를 국가로 인정하고, 문왕을 정1품에 해당하는 검교태위(檢校太尉)로 대우해주었기 때문이다.[41] 이것은 당이 신라와 마찬가지로 발해를 독립국가로 인정한 것을 의미하며, 발해가 당으로부터 신라와 동등한 대우를 받게 된 것을 말한다. 이와 같이 동아시아 국제관계가 새롭게 전개되자, 발해는 신라침공계획을 더 이상 확대하지 않았다.[42] 왜냐하면 발해는 당에게서 얻을 수 있는 소기의 목

38 鳥山喜一(1968), 앞의 글, 251쪽. 한편, 고원도의 무사귀국에 따른 감사의 전달하고, 궁극적인 목적이 안사의 난에 대한 정보를 전달해 줄 발해사신의 초빙에 있었다고 보는 견해도 있다[具蘭熹(1999), 앞의 글, 133쪽]. 그러나 고마다이산[高麗大山]이 專使라는 점을 염두에 둘 때, 이와 같은 단순한 목적을 위해 파견되었을 것 같지는 않다.

39 具蘭熹(1999), 앞의 글, 133쪽. 그러나 이시이 마사토시[石井正敏]도 지적하고 있듯이 仲石伴이 같은 날 견당사로 임명되고 있는 점에서[石井正敏(1974), 앞의 글, 95쪽], 이의 견해는 받아들이기 곤란하다.

40 石井正敏(1974), 앞의 글, 100쪽.

41 『新唐書』卷219, 「渤海傳」.

42 한편 762년 12월에 일본의 신라정벌론이 계속 나오고 있는 것으로 미루어 발해의 개입이 본래 미약한 것으로 간주할 수도 있다. 그러나 이것은 역으로 발해가 신라침공계획을 저버린 결과로 이해할 수 있을 것 같다. 더욱이 759년 6월 행군식에서 발표했듯이 3년 이내에 신라를 정벌한다는 당초의 계획을 실행하지 않은 것은 발해와의 교섭에 차질이 생겼기 때문은 아니었을까 한다.

적을, 신라를 공격하지 않고서도 달성할 수 있었기 때문이다.[43]

그러므로 발해는 일본을 끌어들여 추진하려고 한 신라침공계획을 나름대로 변경할 필요가 있었다.[44] 762년에 발해가 문관 왕신복(王福福)을 일본에 파견한 것은[45] 발해를 둘러싼 국제정세 변화를 일본에게 설명하고,[46] 동시에 양국관계를 개선할 의사를 밝히려고 한 듯하다. 무왕대 이래로 무관이 대사로 활동했던 것과 달리 문관을 파견하기 시작한 것은 이러한 사정을 반영하고 있는 것으로 이해된다. 당시 발해는 동아시아 국제관계 속에서 새로운 세력으로 부상했다. 이러한 변화는 곧바로 신라에게 영향을 미쳤을 것이고, 당 또한 발해와 신라의 대

그 뿐만 아니라 760년 9월 신라사신 김정권이 일본을 방문한 것도 일본이 신라침공을 단행한 것이 아니라, 발해가 강행한 것을 반증해 주는 근거로 주목할 만하다. 이러한 점에서 760년 이후 일본의 신라침공 의사가 본격화되었다는 河內春人의 견해는 일면 타당하다고 할 수 있다[河內春人(1995), 앞의 글, 28~29쪽].

43 한편 762년 당시 당의 세력이 여전히 위축되어 있었다는 사실에서 발해의 신라침공이 더욱 유리한 조건이었음에도, 이를 실행에 옮기지 않은 것은 발해가 당을 중심으로 하는 국제질서에 편입하려는 정치·외교적 의도를 중시했기 때문일 것이다. 동시에 발해가 762년에 당의 제안을 비로소 받아들인 이유를 단정할 수 없지만 대신라 문제를 둘러싼 발해 내부의 정세변화와도 어느 정도 관련이 있었던 것은 아닐까 한다.

44 일본의 신라침공계획이 무산된 이유는 크게 네 가지로, 762·763년에 잇따른 기근·역병·물가등귀 등의 사회불안, 후지와라노 나카마로[藤原仲麻呂]를 둘러싼 정치적 변화, 신라침공계획에 대한 후지와라노 나카마로의 소극적인 태도[岸俊男(1969), 앞의 책, 292쪽;山尾幸久(1983), 「遣唐使」, 『東アジア世界における日本古代史講座』 6, 222쪽], 그리고 762년 당에 의한 발해 측의 정책변화[石井正敏(1975), 앞의 글, 98~103쪽;韓圭哲(1994), 앞의 글, 208쪽;李成市(1994), 앞의 글, 36~37쪽] 등을 들 수 있다. 필자 역시 일본 측의 정세변화가 신라 침공계획이 무산되는 하나의 요인이라고 보고 있지만, 당을 중심으로 한 국제질서의 변화가 발해의 대신라정책에 직접 영향을 미친 것으로 판단된다.

45 『續日本紀』 卷24, 淳仁天皇 天平寶字 6年 10月 丙午朔.

46 발해가 더 이상 일본의 신라침공계획에 참여하지 않겠다는 입장을 협의하기 위해서 파견된 것으로 보인다[石井正敏(1974), 앞의 글, 100쪽].

립관계 해소를 위해 노력했던 것으로 보인다. 예컨대 764년 당의 사신 한조채(韓朝彩)가 발해를 통하여 신라에 들어간 사실은 이것을 잘 말해준다.[47] 발해의 대일본외교는 이제 새로운 변화를 맞이하게 된 것이다.

Ⅲ. 발해와 일본의 경제교역과 대재부

759년 고남신의 방문으로 처음 이루어진 발해의 대재부 방문은 향후 일본과의 외교관계에 적지않은 영향을 미쳤다.

E-1. 又渤海使取此道內朝者 承前禁斷 自今以後 宜依旧例 從筑紫道來朝. (『續日本紀』卷卅二 寶龜 4年 6月 戊辰)

E-2. 遣使問渤海使都蒙等曰 去宝龜四年 烏須弗歸本蕃日 太政官處分 渤海入朝使 自今以後 宜依古例向大宰府 不得取北路來 而今違此約束 其事如何 對曰 烏須弗來歸之日 實承此旨 由是都蒙等發自弊邑南海府吐号浦 西指對馬嶋竹室之津 而海中遭風著此禁境 失約之罪 更無所避. (『續日本紀』卷卅四 寶龜 8年 正月 癸酉)

사료 E는 발해의 입국경로에 관한 것으로, 발해와 일본 사이에 항

47 『續日本紀』卷22, 淳仁天皇 天平寶字 8年 7月 甲寅.

로문제가 발생했음을 알려주고 있다. 먼저 〈E-1〉은 773년에 발해사신 오수불(烏須弗)이 귀국할 때, 일본이 발해에게 앞으로 축자도(筑紫道)로 입국할 것을 요구한 내용이다. 이때 내려진 태정관처분(太政官處分)은 〈E-2〉에서 자세히 확인할 수 있는데, 〈E-1〉의 축자도가 〈E-2〉의 대재부를 의미하는 것이었음을 쉽게 알 수 있다. 그렇다면 북로를 금지하고 대재부로 입항할 것을 요구하는 일본의 새로운 외교방침은 언제, 어디에 의거한 것일까? 이 문제는 〈E-1〉의 '取此道內朝者 承前禁斷 自今以後宜依旧例'와 〈E-2〉의 '自今以後 宜依古例向大宰府 不得取北路來'의 내용을 중심으로 살필 수 있다. 이 두가지 사료는 773년 오수불에 대한 태정관처분을 다시 기술한 것으로, 구례(舊例)혹은 고례(古例)가 773년 이전에 규정된 예(例)임은 말할 것도 없다. 그런데 773년의 태정관처분 역시 구례에 따른 것이므로, 이때의 구례가 구체적으로 어느 시기의 것을 지시하는지는 문제로 남아 있다.

이와 관련해서 일찍이 니츠마 도시히사[新妻利久]는 구례 혹은 고례가 양로직원령(養老職員令)의 규정에 따른 것으로 보고, 북로를 모든 번객에게 금지했던 것과 달리, 축자(筑紫)를 공식 항로로 활용했다는 점에 주목하여 대재부 입항의 원칙을 주장했다.[48] 스즈키 야스타미[鈴木靖民]도 율령국가체제에서 번객의 입조는 대재부만이 장악한다는 관점에서, 773년의 구례·고례를 율령제와 관련짓고 있다.[49] 그러나 이 견해는 번객의 내일항로(來日航路)를 영(令)으로 규정하고 있었음에도, 발해와의 외교를 727년에 개시한 후 약 70년간 단 한 번도 적용하지 않

48 新妻利久(1969), 『渤海國史及び日本との國交史の研究』, 東京電氣大學出版局, 242·392쪽.

49 鈴木靖民(1985), 「天平初期の日羅關係」, 『國學院雜誌』 69-6 : 鈴木靖民(1985), 『古代對外關係史の研究』, 吉川弘文館, 168쪽.

았다는 점에서 다소 의문스럽다. 더욱이 779년에 일본에 온 고양죽(高洋粥)의 경우는 오히려 축자입조(筑紫入朝)가 금지되고, 이듬 해에 금지된 북륙도로 입항을 허용하는 일련의 조치를 취하고 있다는 것에서도 문제가 있다.

그에 반해, 이시이 마사토시는 〈E-1〉의 승전금단(承前禁斷)에 착안하여 북로입항 금지가 일만복(壹万福)이 내조한 시기에 처음 지시되었으며, 구례·고례를 발해의 전신인 고구려의 예(例)에 비정하는 견해를 제시했다.[50] 일만복이 내일한 출우국(出羽國)은 적지(賊地)의 위험이 있는 지역이므로 발해사신의 안전과 하이(蝦夷)와의 분쟁을 예방하는 차원에서 북로입항을 금지했을 가능성이 크다. 그러나 곧바로 북륙도입항을 허용하고 있으므로,[51] 대재부로 입항하는 것이 일시적인 조치에 불과했음을 엿볼 수 있다. 그러므로 대재부 입항이 발해의 천손의식에서 비롯한 양국의 정치·외교적 대립감정을[52] 해소하기 위한 하나의 방편이었다고 보기는 어렵다.

그런데 이 문제는 양국의 외교거점으로 대재부가 주목된 시기에 초점을 맞추면 쉽게 이해할 수 있다. 앞에서 언급하였듯이, 대재부에 대한 발해의 관심은 758년에 거론한 신라침공계획을 계기로 고조되었으며, 고남신은 대재부외교를 추진하기 위해 그 이듬해 축자방향으로 항해했다. 이러한 선례는 향후 일본이 발해에게 대재부 항해를 요구하는 계기가 되었던 것은 아닐까 한다. 〈표 2〉에 나와 있듯이, 일본의 견당사인 고원도(高元度)가 761년에 발해에서 대마로 입항한 사실은, 발해

50 石井正敏(1970), 「大宰府の外交面における機能—奈良時代について」, 『法政史學』 22 : ___(2001), 『日本渤海關係史の研究』, 吉川弘文館, 567~573쪽.

51 『續日本記』 卷卅吾 宝龜 10年 11月 乙亥.

52 『續日本紀』 卷卅二 宝龜 3年 2月 己卯.

와 일본 사이에 대마를 유력한 입항지로 인식하는 데 영향을 미쳤을 것으로 추측된다. 따라서 〈E-2〉와 같이 사도몽(史都蒙)이 대재부로 가기 위해 남해부(南海府) 토호포(吐号浦)를 출발하고 대마의 죽실진(竹室津)으로 향한 것은, 고남신이 대마를 경유해서 대재부로 입조하는 해로를 참고하였다고 보아도 좋을 듯하다. 이러한 측면에서, 〈E-1·2〉의 구례·고례는 고남신이 대재부로 입항한 759년의 전례(前例)를 가리키는 것으로 생각된다.

이러한 점을 감안할 때, 759년에 이루어진 발해와 대재부의 외교접촉은 양국외교의 성격이 군사에서 교역으로 바뀌는 계기가 된 것은 아닐까 한다. 지금까지 발해와 일본의 외교가 762년을 기점으로 군사관계에서 경제관계로 바뀐 이유가 762년에 당이 발해를 당에게서 군왕에서 국왕으로 책봉하여[53] 신라와 관계가 안정되자, 대일본외교가 교역을 중시하는 방향으로 바뀌었다고 이해하여 왔다.[54] 그런데 이러한 발해의 외교흐름은 발해 내부의 외교방침에 따른 것인만큼, 일본을 둘러싼 당시 발해의 외교동향에도 주의하지 않으면 안된다.

이와 관련하여 발해는 759년 고남신의 대재부 방문 이후부터 일본의 대외교역을 담당하고 있던 대재부에 주목하고, 교역을 중심으로 한 일본과의 외교를 전망했던 것은 아니었을까 한다. 물론 그 당시에는 신라침공계획이 급선무였지만 발해가 727년부터 일본과 교역을 염두에 두고 있었던 점을 감안하면,[55] 대재부외교에 대한 외교적 관심이 컸던

53 『新唐書』 卷219 「東夷列傳」, 「渤海傳」.

54 石井正敏(1974), 「初期日渤交涉における一問題-新羅征討計劃中止との關聯をめぐって」, 森克己博士古稀紀念會 編, 『史學論集 對外關係と政治文化』 1, 吉川弘文館; ___(2001), 『日本渤海關係史の研究』, 吉川弘文館, 449~451쪽.

55 1988년에 張屋王邸宅遺跡에서 「渤海使」와 함께 「交易」이라는 문자가 쓰여진 목간이 출토되었는데, 그것을 통하여 교역에 대한 양국의 관심이 교섭 초기부

것은 추측하기 어렵지 않다. 그러므로 762년에 왕신복(王新福)이 파견된 것이나,[56] 771년 이후부터 대규모 사신단이 교역에 참가할 수 있었던 배경에는 759년 고남신의 파견 이후부터 발해가 대재부에 대한 외교적 관심을 점차 키워온 것과 일정한 관련이 있을 것이다.

한편 발해의 대재부외교는 그들의 말갈지배를 이해하는데 도움을 준다. 일찍이 발해의 대일본외교와 관련하여 수령집단의 본격적인 교역활동은 발해의 지방지배와 직결되는 것으로 간주되어 왔다. 그런 점을 감안할 때, 발해가 말갈 복속을 추진하던 8세기 중엽에 발해가 말갈을 교역을 담당하는 세력으로 주목했을 가능성도 배제할 수 없다. 단적으로 779년에 일본을 방문한 359명의 철리인이 일본과 마찰은 빚었지만, 어느 정도의 교역이 달성된 것을 인정한다면 그 당시 말갈의 교역활동을 유추할 수 있다.

그런 측면에서 771년 이후에 발해가 대규모 사신단을 일본에 파견한 것은, 발해가 말갈세력을 대외정책에 적극 활용하려는 의도에서 비롯된 것으로 이해해도 좋을 듯하다. 발해의 대재부외교는 일본과의 원만한 경제교역을 유지하는 것은 물론, 나아가 당면과제였던 말갈에 대한 효율적인 지배까지 동시에 가능하도록 하였던 것이다. 어려운 항해에도, 발해가 대재부외교에 지속적인 관심을 보였던 이유는 대재부를 창구로 한 말갈세력의 교역활동을 활성화하여 수령층인 말갈중심세력을 발해의 왕권 밑에 예속시키고, 그 과정에서 점진적인 말갈지배를 기대했기 때문으로 추측된다.

이와 함께 발해에 대한 일본 측의 대재부 입항요구가 발해와 본격

터였다는 것이 입증되고 있다[奈良文化財研究所編(1991), 『平城京張屋王邸宅木簡』, 吉川弘文館].

56 『續日本紀』卷廿四 天平宝字 6年 10月 丙午.

적인 교역을 하려는 목적으로 대재부외교를 전제한 것이라는 점이 주목된다. 왜냐하면 일본이 대재부를 중심으로 하는 대외정책에 발해까지 포함하는 외교망을 구축해 놓고 있기 때문이다. 일본이 발해에게 대재부외교를 제안한 배경에는 발해 사신이 대량의 물품을 가지고 와서 일본의 경제적 욕구를 충족시켰던 것과 무관하지 않다. 발해와 일본 양국이 주고받은 것은 주로 담비가죽, 대충피, 웅피, 표피, 인삼, 꿀과 같은 특산물로, 이러한 물품이 지속적으로 일본 측에 전달된 사실은 871년 양성규(楊成規)의 외교활동에서도 확인할 수 있다.[57] 반면 발해는 일본에서 비단[絹], 모시[施], 솜[綵], 면(綿), 황금(黃金), 수은(水銀), 금칠(金漆), 해석류유(海石榴油), 수정염주(水精念珠), 빈랑선(檳榔扇) 등 다양한 물품을 얻고 있었다. 따라서 일본이 발해에게 대재부 입항을 요구한 것은 교역을 중심으로 한 발해의 외교동향을 간파하여 그것을 적극 수용하려는 외교조치였다고 말할 수 있다. 결국 770년대 대일본교역에 대한 발해의 적극적인 관심은, 일본으로부터 대재부외교를 제안받는 결과를 가져왔던 것이다.

그런데 발해와 일본이 8세기 후반에 대재부외교를 검토하게 된 중요한 배경으로는 일본과 신라와의 외교적 대립을 들 수 있다. 신라는 752년에 왕자 김태렴(金泰廉)을 일본에 파견하여 교역을 중심으로 한 외교를 전개했지만,[58] 신라침공계획의 영향때문인지 760년대에 들어서면서 신라의 대재부외교는 원활하게 이루어지지 못했다. 예컨대 760년에 파견된 김정권은 대재부에서 돌려보내졌으며[59] 일본한테서 4가지

57 『類聚國史』卷194, 殊俗 渤海下.

58 『續日本紀』卷十八 天平勝寶 4年 閏3月 己巳.

59 『續日本紀』卷廿三 天平寶字 4年 9月 癸卯.

외교 조건인, 이른바 '전대지인(專對之人), 충신지예(忠信之禮), 잉구지조(仍舊之調), 명험지언(明驗之言)' 등을 요구받았다. 이와 같은 일본의 외교적 입장은 763년 김체신(金體信)의 경우에도 계속되어 왕자나 고관의 입조를 재차 요구했다.[60] 그 후 769년에 김초정(金初正) 일행이 대재부에서 향응(饗應)을 받은적이 있지만, 이것은 양국사이의 관계가 원만해졌기 때문이라기보다는 견당사 후지와라노 키요카와[藤原清河]와 유학생 아배노 나카마로[阿倍仲麻呂]의 서신을 전달해준 것에 대한 답례형식으로 이루어진 것에 지나지 않았다. 774년에 김삼현(金三鉉)이 후지와라노 키요카와의 서신을 다시 전달하였지만 대재부가 이를 돌려보낸 것은,[61] 양국의 대립관계가 아직 극복되지 않았음을 알려준다. 이와 같은 신라에 대한 비우호적인 일본의 태도로 결국 779년 김난손(金蘭蓀)의 일본 방문을 끝으로 신라와 일본의 외교는 사실상 단절되고 말았다. 그러므로 770년대 일본이 발해와 대재부외교를 지향하게 된 배경에는 신라와의 대립이라는 외교문제가 작용하였을 것으로 생각된다.

하지만 발해가 대재부외교를 지속하는 것은 현실적으로 무리였다. 〈E-2〉의 사도몽(史都蒙)의 진술에서도 알 수 있듯이, 발해가 대재부로 항해하는 과정에서 많은 사람들의 희생이 뒤따랐다. 그 뿐만 아니라 이러한 난항은 결국 대량의 교역품을 손실하는 일까지 있었고, 그때문에 양국의 교역활동은 원활하게 이루어지지 못했다. 그러므로 북륙도(北陸道)의 입항에 대한 일본의 해금정책은 대재부를 중심으로 한 발해와의 외교가 현실적으로 불가능하다는 판단에 따른 것이었다고 말할 수 있다.

---

60 『續日本紀』 卷廿四 天平寶字 7年 2月 癸未.

61 『續日本紀』 卷卅三 寶龜 5年 3月 癸卯.

F. 勅 比年渤海國使來着 多在能登國 停宿之處 不可疎陋 宜早造客院. (『日本後紀』 卷12, 延曆 23年 6月 庚午)

804년 일본에 발해객원을 설치했다는 위의 사료는 북륙도를 중심으로 한 발해와 일본의 양국관계를 밝히는데 결정적인 단서가 되고 있다. 이때 일본이 발해객원의 설치를 공식적으로 추진한 것은 최근 발해의 사신이 능등국에 많이 왕래하기 때문에 그들이 머물 곳이 외지거나 누추해서는 안된다는 이유 때문이었다. 그런데 일본이 804년에 발해객원을 설치한 보다 중요한 까닭은 당시 외교관계의 변화와 깊은 관련이 있을 듯하다. 왜냐하면 능등국은 762년과 773년에 발해사신 왕신복과 오수불이 통과했던 지점이었지만, 발해객원설치에 대한 논의는 한번도 이루어지지 않았기 때문이다. 따라서 능등국에 발해객원을 설치한 것은 발해와 대재부의 교섭 대신 북륙도 일대와 평안경을 중심으로 한 본격적인 교역권이 형성되었다는 점에서, 양국외교가 경제적인 측면에 많은 비중을 두고 있었음을 알 수 있다.

IV. 일본의 발해 인식과 칭호변화

발해에 대한 일본의 인식 변화는 서로 주고받은 칭호를 통해서도 양국 간의 외교적 입장을 충분히 살필 수 있다. 이와 관련하여 본 저서는 일본이 발해를 조공국, 부속국으로 대우했다는 것에 대하여 기본적으로 비판적인 입장을 견지하고 있다. 일본 측 사료에서 발해사신의 방문을 조빙(朝聘), 내조배근(來朝拜覲), 입근(入覲) 등으로 기술하고 있는 점에 주목하여 당시 일본이 스스로 상국으로 행동하고, 발해를 조공국 혹은 번속국, 하국(下國)으로 인식하고 있고 일본천황이 발해에 보내는 서신을 새서(璽書), 사발해왕서(賜渤海王書)라고 표기한 것이 과연 발해에 대한 일본의 우위를 표현한 것일까하는 점에 의문을 제기하고 있다.[62]

이에 대하여 중국 학계는 발해가 일본에 굴복하여 번속하거나 조공을 바칠 하등의 이유가 없음을 견지하고 있다. 자주의식이 강했던 대무예 당시 멀리 떨어져있는 작은 섬나라에 굴복하여 번속할 이유가 없으며, 일본과 '친인결원'한 까닭은 단지 자신을 도와 줄 상대를 찾았던 것뿐으로,[63] 당시 일본의 일방적 희망을 담은 일본측 사료에 나오는 표현을 가지고 발해가 일본에 사대했다고 인정하는 것은 다소 무리가 있으며 궁극적으로 발해가 당 이외에 또 하나의 '상국'을 섬길 가능성은 전혀 없었음을 강조하고 있다.

---

62 魏國忠·朱國忱·郝慶元(2006), 앞의 책, 456~457쪽.

63 武安隆(1985),『遣唐使』, 黑龍江人民出版社, 143쪽.

단적인 예로 중국 학계에서는 758년 일본을 방문한 양승경을 발해대사라고 칭했다가 이듬해 고려사로, 대흠무를 고려국왕으로, 발해를 고려로 바꾸어 호칭하기 시작한 것은, 그 당시 일본 연안의 지방관사와 일본 조정의 발해사신에 대한 칭호가 서로 다른 것에 불과하다고 보고 있다.[64] 이와 관련하여 일본 내부에서 발해에 대한 칭호가 달라진 원인을 지방관사에서는 기본적으로 번속 사신들이 직접 밝힌 객관적인 사실이나 조사에 근거하지만, 일본조정은 외교목적에 따라 간판이 바뀌었을 가능성이 농후하며, 고려사·고려·고려국왕으로 발해에 대한 칭호가 일본의 인위적인 기록임을 제기하고 있다. 이러한 배경에서 일본 사서에 등장하는 내조, 입근, 배근, 조하 등의 표현 역시 그 진실성이 의심된다고 하여 당시의 외교관계를 증명해주는 사료로 삼기에 부족한 면이 적지않음을 지적하고 있다.

다만 이러한 양상 속에서 양국의 외교가 오래갈 수 있었던 것을 일본과 실리외교를 추구하는 발해의 기본적인 외교방침, 즉 상대국과 평등한 관계를 통하여 외교관계를 유지하거나 혹은 특별한 상황 하에서 일본의 요구를 수용하며 전략적인 타협과 양보로 일본을 회유한 것으로 이해하고 있다.[65] 하지만 이러한 논리는 비단 발해에만 국한되는 것이 아니라 외교대상이 되는 일본 당사자국에도 똑같이 적용되는 것이라는 점에서 수긍하기 어렵다. 따라서 발해군왕에서 고려국왕으로, 다시 발해국왕으로 그 칭호가 변화한 것에는 그 당시 발해를 둘러싼 동아시아 국제질서 재편과 밀접한 관련이 있었던 점을 간과해서는 안될 것이다. 설령 일본 측 사료에 나와있는대로 일관되게 일본이 발해보다

64 魏國忠·朱國忱·郝慶元(2006), 앞의 책, 458~459쪽.

65 魏國忠·朱國忱·郝慶云(2006), 앞의 책, 459쪽.

우위에 있었다 하더라도 그 자체가 일본에 대한 발해의 외교적 영향력을 결코 부인하는 것으로 해석하는 것은 바람직하지 못하다.

이러한 맥락에서 발해 스스로 고구려를 계승한 국가라고 인식하고 있음을 완전 부인할 수 없을 것이다. 중국 학계는 일본이 의도적으로 발해가 조공국으로 고구려를 계승한 국가라는 점을 강조하려는 정치적인 수요에 의한 결정일 뿐이라고 이해하고 있다.[66] 그 뿐만 아니라 발해가 고구려를 계승했다고 보기에는 30년의 시간차를 무시할 수 없다는 점, 발해의 중심 영토가 고구려 옛 땅이 아닌 점, 주민 역시 대다수가 말갈인으로 구성되었다는 점, 왕실의 대표 성씨가 대씨라는 점, 건국 초기의 국호가 말갈이라는 점 등을 이유로 고구려 계승국으로서 발해 정통성을 부인하고 있다.[67] 언뜻보면 이러한 논리는 타당한 듯 보인다. 하지만 발해와 고구려를 상호 연결짓기에 30년이란 시간이 결코 길지 않을 뿐만 아니라, 발해중심지가 신라와 근접한 고구려영토에 있었다는 주장은 발해가 안고 있던 국방상의 문제에 부합하지도 않는다. 더욱이 구성원 역시 속말말갈의 혈통을 가졌다 하더라도 정국을 운영하는 정치 주역으로 고씨가 대다수 포함되어 있다는 점과 발해 건국 초기 왕실의 묘제가 고구려식을 따르고 있다는 고고학 성과는 고구려 계승국으로서의 면모를 부인하는데 무리가 있음을 반증해준다.

더욱이 발해 일본에 보내는 국서에 고구려 옛 땅을 회복했고 부여의 풍습을 이었다는[68] 내용을 굳이 언급한 것은 발해가 고구려와 연관

66 魏國忠·朱國忱·郝慶云(2006), 앞의 책, 466쪽.

67 魏國忠·朱國忱·郝慶云(2006), 앞의 책, 465쪽.

68 『續日本紀』卷10, 聖武天皇 神龜 5年 正月 甲寅.

이 있음을 일본 측에 알릴 의지가 그만큼 강했다는 것을 뒷받침한다.

G. 渤海國使青綬大夫壹萬福等三百卄五人 駕船十七隻 着出羽國賊地 野代湊 於常陸國安置供給. (『續日本紀』 卷31, 光仁天皇 寶龜 2年 6月 壬午)

사료 G에 보면 발해는 9년만에 문관 청수대부(青綬大夫) 일만복을 포함한 325명을 일본에 다시 파견했다. 이것은 지금까지 이루어진 대일본외교 가운데 가장 규모가 큰 것이었다. 그러나 이때 파견한 325명이 모두 외교사신은 아니었을 것이다. 아마도 발해는 신라와 마찬가지로 일본과 무역활동을 하기 위해서 민간인들을 파견했을 가능성이 높다. 왜냐하면 일찍이 양국 간의 외교가 군사적인 목적에서 실무자를 중심으로 이뤄졌던 것과는 달리 대규모 사신을 파견하고 있다는 점에서 그 외교의 목적과 양상이 변했음을 짐작할 수 있기 때문이다.[69]

발해가 이와 같이 변화한 것은 그들의 경제적인 이익을 달성하기 위한 목적도 작용했겠지만, 신라가 점차 사신의 수를 늘리면서 대일본외교를 추진하자 발해도 여기에 맞추어 그것을 이끌어 나가려는 분명한 입장이 있었기 때문이었다. 이것은 동시에 일본에 대한 발해의 국가위상 확립에서 비롯된 것이기도 하다. 그러나 그 과정에서 발해는 일본과의 외교적인 마찰을 극복해야만 했다. 다음의 사료를 통하여 그것을 살필 수 있다.

69 『續日本紀』 卷31, 光仁天皇 寶龜 2年 10月 丙寅과 寶龜 3年 2月 癸丑에 나타난 바와 같이 사신 전원이 입경하지 않고 40여 명만이 입경한 사실과 壹萬福 이하의 일부 사신에게만 관위가 주어진 것을 통해 서도 외교적인 성격이 변화되었음을 미루어 짐작할 수 있다.

H. 今省來書 頓改父道 日下不注官品姓名 書尾虛陳天孫僭號 遠度王意 豈有是乎 近慮事勢 疑似錯誤 故仰有司 停其賓禮 但使人萬福等 深悔前咎 代王申謝 朕矜遠來 聽其悛改 王悉此意 永念良圖 又高氏之世 兵亂無休 爲假朝威 彼稱兄弟 方今 大氏曾無事故 妄稱舅甥 於禮失矣 後歲之使 不可更然 若能改往自新 寔乃繼好無窮耳 春景漸和 想王佳也 今因廻使 指此示懷 幷贈物如別. (『續日本紀』 卷32, 光仁天皇 寶龜 3年 2月 己卯)

위 사료는 일본이 문왕에게 보낸 국서(國書)다. 국서의 내용이 무엇이었는지 자세히 알 수 없지만,[70] 일본이 지적한대로 발해가 국서 아래에 왕의 관품(官品)과 서명(署名)을 기입하지 않고, 발해왕실(渤海王室)을 천손(天孫)이라고 칭한 점과[71] 발해와 일본관계가 종전의 형제관계에서 구생관계(舅甥關係), 즉 장인과 사위의 관계로 바뀌었다는 내용을 부정하는 것으로 미루어 아마도 발해가 일본에 대한 우월의식을 보다 강하게 비치고 있었던 듯하다.[72] 이것은 양국의 위상이 바뀌면서 문왕이 대외적인 자신감을 보다 확고히 했기 때문이다.[73]

그러나 당시 발해와 일본 양국간에는 외교적인 인식의 차이가 분명히 있었다. 발해의 외교적인 태도에 반발한 일본이 일만복에게 국서의

70 『續日本紀』에 발해 측의 국서가 명시되지 않은 것은 일본이 의도적으로 피하였기 때문이라고 이해하기도 한다[盧泰敦(1986), 「對渤海日本國書에서 云謂한 高麗舊記에 대하여」, 『邊太燮博士華甲紀念史學論叢』, 삼영사, 606~607쪽].

71 天孫과 관련한 여러 입장은 宋基豪에 의해 정리된 바 있다[宋基豪(1993), 앞의 글, 57~62쪽].

72 盧泰敦(1986), 앞의 글, 625쪽.

73 宋基豪(1993), 앞의 글, 58쪽.

내용을 고치도록 강요한 것은 그것을 잘 알려준다.[74] 이러한 요구에 응하여 일만복이 국서의 내용을 일부 수정하였다고 하더라도 이것은 일본과 외교를 원만히 추진하려는 것에 불과할 뿐, 발해가 지니는 대일본관을 기본적으로 바꿀 수는 없는 것이었다. 일본 역시 발해의 천손의식에 불만을 보였지만 결국 발해의 국가적 성장을 인정하면서 발해의 대일본 외교를 받아들였던 것만큼은 분명한 사실이다.

한편 841년 일본 태정관(太政官)에 전달된 발해중대성첩(渤海中臺省牒) 역시 9세기 중엽 발해의 국내외 위상을 살피는 데에 참고할 만하다.

I-1-① 渤海國中臺省 牒上 日本國太政官

應差入覲 貴國使政堂省左允賀福延并行從壹伯伍(人)

一人使頭 政堂省左允賀福延

一人嗣使 王寶璋

二人判官 高文喧 烏孝愼

三人錄事 高文宣 高平信 安歡喜

二人譯語 李憲壽 高應順

二人史生 王祿昇 李朝淸

一人天文生 晉昇堂

六十五人大首領

二十八人稍工

I-1-② 牒奉 處分 日城東遙 遼陽西阻 兩邦相去 万里有餘 溟漲滔天 風雲雖難測 扶光出地 程途亦域易標 所以展親舊

74 이 때 壹萬福이 어떠한 내용으로 국서를 수정했는지 알 수 없다. 그러나 수정된 것이 『續日本紀』에 제시되지 않은 점은 원래의 것과 차이가 없기 때문인지도 모른다.

意拜覲須申每航海以占風 長候時而入覲 年祀雖限星
軺尙通 齎書遣使 爰至于令 宜遵舊章 欽修覲禮 謹差
政堂省左允賀福延命覲 貴國者准狀牒上日本國太政官者
謹錄牒上謹牒. 咸和十一年閏九月二十五日牒

Ⅰ-1-③ 嗚袟大夫政堂春部卿上中郎將上柱將 弖理縣擬(開)國男賀守
謙中臺親公大內相兼殿中安豊(縣)開國(公)(大)虔日光.
이상, 咸化 11年 中臺省牒 寫本

Ⅰ-2. 己巳 天皇御豊樂殿 饗渤海使等 詔授大使賀福延正三位 副
使王寶璋正四位下 判官高文暄烏孝愼二人並正伍位下 錄使
高文宣高平信 安歡喜三人並從 伍位下 自外譯語已下首領已
上十三人隨色加階焉 使右少辨兼右近衛少將從 伍位下藤原
朝臣氏宗共食. (『續日本後紀』 卷11, 承和 9年 4月 己巳)

〈Ⅰ-1〉은 발해 사신이 일본에 가지고 간 841년 중대성첩의 전문이고, 〈Ⅰ-2〉는 『속일본후기(續日本後紀)』에 나오는 841년 관련기사로 〈Ⅰ-1〉과 많은 부분이 일치하고 있다. 841년 중대성첩은 당시 외교문서 형태를 잘 보존하고 있다는 점에서 일찍부터 검토 대상이었다.[75] 발해의 중대성첩이 일본에 전달된 사실은 841년 이외에 759, 828, 849, 858, 871, 876, 877년의 기록에도 나타난다.[76] 다만 759년에는 '중대첩

75 나카무라 히로카즈[中村裕一]는 咸和 11年의 中臺省牒을 토대로 이후 중대성첩과 태정관첩을 복원하였으며[中村裕一(1979), 「渤海國 咸和十一年中臺省牒に就いて—古代東アジア國際文書の一形式」, 『隋唐帝國と東アジア』, 汲古書院 ; 林相先 編譯(1990), 앞의 책. 309~338쪽], 사카요리 마사시[酒寄雅志]는 釋文의 분석과 함께 중대성첩의 구성과 성격을 나름대로 규명하여 주목된다[___(1985), 「渤海中臺省牒の基礎的硏究」, 『日本古代政治と制度』, 林陸郎先生還曆記念會 編, 續群書類從完成會刊].

76 宋基豪는 대일본외교와 관련하여 발해국서와 첩을 표로 작성하면서, 중대성첩

(中臺牒)'으로만 표기하고 있고, 나머지는 모두 '중대성첩'으로 되어 있어 약간의 차이를 보이고 있다.

그러나 중대성첩이 중대성과 직접적인 관련이 있는 것이 분명하므로, 엄밀한 의미에서 759년의 것은 이후와 그것과 다르게 다루어야 할 것 같다.[77] 예컨대 신라의 경우 764년 '집사첩(執事省)'으로 표기했던 것을 836년에 '집사성첩(執事省牒)'으로 바뀐 이유는 828년 집사부에서 집사성으로 변했기 때문이다. 이러한 점을 염두에 두고 보면, 발해의 경우 어느 시기엔가 중대부 혹은 어떤 기관에서 중대성으로 바뀌었고, 그 영향으로 중대성첩을 작성했다고 볼 수 있을 것이다. 중대성첩 사용이 중대성의 존재와 직결된다고 한다면 정치체제를 완비하고, 그 기능이 세분화되는 선왕대(宣王代)부터 본격적으로 이루어졌을 것으로 보는 것이 타당하다고 생각된다.[78]

중대성첩에서 발해와 일본의 위상 문제와 관련하여 신중하게 다루

이 일본에 모두 7회 전달된 것으로 보았다. 그러나 여기에서는 828년의 첩을 제외하여 수정이 요구된다[宋基豪(1993), 앞의 글, 130~131쪽].

77 나카무라 히로카즈[中村裕一]는 759년의 중대성첩에 주목하여 발해와 일본이 교류 초기부터 사신을 파견할 때 필수적으로 지참해야 하는 외교문서였다고 해석하고 있다[中村裕一(1979), 앞의 글, 320쪽]. 그러나 발해가 69년, 신라가 72년 동안 첩을 이용하지 않았다는 점과 일본 또한 지키지 않았다는 점에서 이는 받아들이기 곤란하다. 설사 첩의 성격이 동일하다고 하더라도 첩을 관장하는 기관의 차이에 따라서 그 성격이 달라질 수 있으므로 이를 구별하여 설정해 둘 필요가 있을 것이다.

78 사카요리 마사시[酒寄雅志]는 758~828년까지 중대성첩이 전혀 발견되지 않는 점을 고려하여, 天長 5년(828)보다 그다지 올라가지 않는 시기부터 사용하였을 것으로 이해하고 있다[酒寄雅志(1997), 앞의 글, 286~287쪽]. 한편 841년 이후 계속 중대성첩을 전달하고 있는 것에 주목하여 양국외교가 왕의 외교에서 官僚外交로 이행했다고 해석했다[上田雄·孫榮健(1990), 「渤海使往來の軌跡」, 『日本渤海交涉史』, 大興出版, 126쪽]. 그러나 발해는 기본적으로 왕을 정점으로 하는 외교를 추진하고 있다는 점에서 관료외교라는 표현은 더 신중해야 할 것이다.

어야 할 부분은 '첩상(牒上)'과 '근첩(謹牒)'의 표현이다. 그러나 여기에는 약간의 문제가 있다. 중대성첩에 나오는 네 번의 '상(上)'자가 서로 다르게 표기되어 있기 때문이다. 따라서 이 문제를 해결하기 위해서는 '상'자에 대한 정확한 판독을 선행해야 할 것이다. 그럼에도, 일찍이 사카요리 마사시[酒寄雅志]는 이에 대한 의문없이 중대성첩 앞부분과 끝부분에 '첩상(牒上)'이라고 표기된 것에 근거하여 상신문서(上申文書), 즉 발해가 일본에 올린 것으로 해석하고, 발해가 9세기에 일본의 부용국(附庸國)으로서 조공했고, 중대성을 부용국의 관사(官司)로 단정지은 바 있다.[79]

그러나 이러한 이해는 그가 주장하는 첩의 성격과 관련한 세 가지 유형에 근거한 것이었다. 예컨대 첫째, 첩만 있을 경우 양국관계뿐만 아니라 관사관계 모두 종속관계로 볼 수 없으며, 둘째 첩 □근첩(謹牒)일 경우 양국은 종속관계가 아니라 관사의 상하관계만 성립하며, 셋째 첩상 □근첩일 경우 양국뿐만 아니라 관사관계 모두 종속관계로 인식한 것이다. 그 가운데 발해에는 중대성첩에 나오는 첩상 □근첩에 따라 세 번째를 적용한 것이었다.

그렇다면 양국관계의 위상을 정확히 검토하기 위해서는 중대성첩이 첩 □근첩 관계에 있었는지 혹은 첩상 □근첩 관계에 있었는지부터 밝혀야 할 것이다. 그런데 첩의 첫 부분이 『속일본후기』나 『유취국사(類聚國史)』에 동일하게 '첩상' 대신 '첩'으로 처리하고 있는 것은 그의 주장을 받아들이기 곤란하게 만든다. 그럼에도, 사카요리 마사시는 이러한 차이에 대해서 전혀 언급하고 있지 않다. 다만 신라의 경우 '첩'으로 되어 있는 것에 주목하여 집사성과 태정관을 상하관계로 볼 수 없고,

79 酒寄雅志(1977), 앞의 글, 283~286쪽.

그 이유로 780년에 양국이 관계를 단절한 사실을 들고 있다.

그러나 발해의 경우 『속일본후기』나 『유취국사』에 첩(근첩관계로 표기되어 있으므로 그의 논리대로라면 양국의 외교관계는 두 번째에 해당될 수도 있는 것이다. 따라서 그가 양국관계를 종속관계로만 설정하는 것은 논리상 무리가 있다. 더욱이 841년 당시 발해와 일본의 관계가 긴밀하지 않은 상태였기 때문에 첩상의 실제적인 의미는 미약하다고 할 수 있다.

이때 발해가 첩상을 사용한 것은 일본과의 외교를 새롭게 전개하는 과정에서 일본 측의 입장을 고려한 명분상의 표현은 아니었을까 하는 지적이 제기된 바 있다.[80] 특히 당과 달리 마지막 부분에 첩상과 근첩을 중복하여 사용하고 있는 것으로 보아 발해가 의도적으로 표기하였을 가능성도 배제할 수 없을 듯하다. 이러한 측면에서 841년의 발해 중대성첩이 상신문서 형태를 취했지만, 그것을 실제 국가위상을 반영하는 것으로 간주하기는 곤란하다. 더욱이 당시 발해가 선왕대 이후 해동성국의 위치에 있었다는 사실에서도 이것은 수긍하기 어렵다.

그렇다면 첩은 과연 어떠한 내용을 다루고 있는 것인가? 이것은 첩의 기능과 관련한 문제이다. 841년 중대성첩의 내용은 크게 세부분으로 나누어 이해할 수 있다. Ⓐ단락은 발신자와 수신자를 먼저 제시하고 일본에 파견하는 사신의 이름과 직명, 그리고 인원수를 밝혀으며, Ⓑ단락은 외교상 따르는 의례적인 내용을, Ⓒ단락은 서명부분으로 대일본외교에 관여한 기관과 인물을 각각 명시하고 있다. 이상의 사실에

80 宋基豪는 '牒上'과 '謹牒'의 표현이 왜 나타나게 되었는가에 더욱 주목하여 일본이 천황제에 맞추어 사료를 고쳤을 경우와, 원래부터 발해가 일본이 요구하는 격식에 따랐을 두 가지의 경우를 상정하면서, 일본과 외교적인 마찰을 피하기 위한 후자의 목적이 더욱 컸을 것으로 보고 있다[宋基豪(1993), 앞의 글, 132쪽].

서 중대성첩의 외교적인 문서기능은 일본에 파견하는 사신의 이름과 직명, 규모를 태정관에 알리는 데에 주목적이 있었음을 알 수 있다. 즉 태정관은 중대성첩을 참고하여 발해사신에게 부여할 관위와 물건의 수량 등을 결정했던 것이다.[81]

V. 맺음말

이상에서 살펴본 바와 같이 발해는 건국 초기부터 주변국가와의 세력관계를 염두에 두면서 실리적인 외교정책을 추진해 나갔음을 알 수 있다. 특히 약 200여 년 동안 발해의 대일본외교는 대당·대신라문제를 둘러싸고 정치·군사외교에서 국제적인 입지를 확대하면서 국권을 강화해 나갔으며, 이를 토대로 이후 경제교역과 문화외교에도 비중을 두면서 일본과의 외교를 주도했다. 따라서 발해의 대일본외교는 단순한 통상이 아니라 동아시아 국제정세와 밀접한 연관을 맺고 있었으며, 이는 곧 동아시아에서 발해가 차지하는 국내외 위상정립이 일본과의 외교관계에도 일정한 영향을 미쳤다는 사실을 간과해서는 안된다.

그런 점에서 발해가 남긴 사료가 전무한 상태에서 일본측에 남아있는 양국간의 외교기사는 그 당시 발해가 추구하는 대외적인 목적과

81 酒寄雅志(1977), 앞의 글, 286쪽.

그를 위한 외교정책의 단면을 엿볼 수 있는 매우 중요한 내용을 다루고 있어 사료적 가치가 매우 높다. 하지만 본 저서는 철저한 사료에 근거한 발해의 대일본외교를 이해했다기보다는 일본을 중심으로 한 대발해외교에 의미를 부여했다는 점에서 과연 발해를 주체적으로 이해했는가에 대한 문제를 제기할 수 있다. 더욱이 발해와 일본의 외교는 당과의 관계와는 다르게 동등했으며, 사료상에 나오는 간헐적인 일본우위의 표현은 일본 측의 일방적인 희망을 담은 것에 불과하다고 단정짓고 있다.

하지만 발해와 일본의 외교는 사료상의 우위 표현을 중심으로 단순히 동등한 외교국가였다고 보기에는 불충분한 부분이 적지 않다. 그보다는 오히려 발해가 반당·반신라 입장에서 일본과의 외교를 왜 중시하고, 이를 유리한 입장에서 시종 어떻게 주도해나갔는가에 대한 논의는 전혀 이루어지지 않았기 때문이다. 그 결과 발해의 대일본외교 성격을 지나치게 단일화시켰다는 지적을 피할 수 없을 것이다. 그런 점에서 발해와 당의 관계를 의식하여 일본 사서에 나오는 수많은 외교기사를 피상적으로 이해할 것이 아니라, 발해가 어떠한 외교적 태도를 취했으며, 어떠한 방향으로 전환하여 갔는가에 대해 심도있게 논의해야 하며, 이를 바탕으로 책봉논리에 기초하여 발해와 당의 외교관계를 주종관계로 이해하는 기성관념을 극복해야 할 것이다.

단행본

권덕영(1997), 『古代韓中外交史—遣唐使研究』, 一潮閣.

朴眞淑(2001), 『渤海의 對日本外交 研究』, 忠南大學校大學院 博士學位論文.

武安隆(1985), 『遣唐使』, 黑龍江人民出版社.

魏國忠·朱國忱·郝慶云(2006), 『渤海國史』, 中國社會科學出版社.

石井正敏(2001), 『日本渤海關係史の研究』, 吉川弘文館.

沼田賴輔(1933), 『日滿の古代國交』, 明治書院.

新妻利久(1969), 『渤海國史及び日本との國交史の研究』, 東京電氣大學出版局.

奈良文化財研究所(1991), 『平城京張屋王邸宅木簡』.

岸俊男(1969), 『藤原仲麻呂』, 吉川弘文館.

鈴木靖民(1985), 『古代對外關係史の研究』, 吉川弘文館.

李成市(1998), 『古代東アジアの民族と國家』, 岩波書店.

논문

具蘭喜(1997), 「8세기 중엽 日本의 新羅侵攻計劃에 대한 檢討」, 韓國教員大學校 大學院 碩士學位論文.

具蘭喜(1998), 「日本의 新羅侵攻計劃 추진의도」, 『靑藍史學』 2.

具蘭喜(1990), 「8세기 중엽 발해·신라·일본의 관계—일본의 신라침공계획을 중심으로」, 『韓日關係史研究』 10.

김은국(2006), 「중국의 동북공정 상에 보이는 발해사 서술」, 『아시아문화연구』 12, 경원대학교 아시아문화연구소.

金恩淑(1991), 「8世紀의 新羅와 日本의 關係」, 『國史館論叢』 29.

金鍾福(1993), 「渤海 初期의 對外關係」, 成均館大學校 大學院 碩士學位論文 (『韓國古代史研究』 9, 1996).

盧泰敦(1986), 「對渤海日本國書에서 云謂한 高麗舊記에 대하여」, 『邊太燮華甲紀念史學論叢』.

朴眞淑(1997), 「渤海 文王代의 對日本外交」, 『歷史學報』 153.

宋基豪(1993), 「발해 文王代의 개혁과 사회변동」, 『韓國古代史研究』 6, 知識產業社 (『渤海政治史研究』, 一潮閣, 1995).

韓圭哲(1994), 「渤海와 日本의 新羅挾攻計劃과 霧散」, 『中國問題研究』 5 (『渤海의

對外關係史—南北國의 形成과 展開』, 신서원).
李成市(1997), 「渤海の對日外交と交易」, 『東アジアの王權と交易』, 青木書店[김창석 옮김(1999), 『동아시아의 왕권과 교역』, 청년사].
中村裕一(1979), 「渤海國 咸和十一年中臺省牒に就いて—古代東アジア國際文書の一形式」, 『隋唐帝國と東アジア』, 汲古書院[林相先 編譯(1990), 『渤海史의 理解』, 신서원].
李成市(1994), 「渤海の對日本外交への理路」, 『東北アジア史の再發見』, 有信堂.
鳥山喜一(1915), 『渤海史考』, 奉公叢書.
鳥山喜一(1977), 「渤海王國と日本の交涉」, 『渤海史上の諸問題』, 風間書房.
古畑徹(1984), 「大門藝の亡命年時について—唐渤紛爭に至る渤海の情勢」, 『集刊東洋學』 51.
山尾幸久(1983), 「遣唐使」, 東アジア世界における『日本古代史講座』 6—律令國家と東アジア.
石井正敏(1970), 「大宰府の外交面における機能—奈良時代について」, 『法政史學』 22.
石井正敏(1974), 「初期日渤交涉における一問題—新羅征討計劃中止との關聯をめぐって」, 『史學論集對外關係と政治文化』 1, 吉川弘文館.
石井正敏(1975), 「第一回渤海國書について」, 『日本歷史』 327.
鈴木靖民(1968), 「天平初期の日羅關係」, 『國學院雜誌』 69-6.
鈴木靖民(1985), 「日本律令制の成立·展開と對外關係」, 『古代對外關係史の研究』, 吉川弘文館.
酒寄雅志(1977), 「八世紀における日本外交と東アジア情勢—渤海との關係を中心として」, 『國史學』 103.
酒寄雅志(1979), 「渤海國家の史的發展と國際關係」, 『朝鮮史研究會論文集』 16.
酒寄雅志(1985), 「渤海中臺省牒の基礎的研究」, 林陸郎先生還曆記念會 編, 『日本古代政治と制度』, 續群書類從完成會刊.
河內春人(1995), 「東アジアにおける安史の亂の影響と新羅征討計劃」, 『日本歷史』 561.
和田軍一(1924), 「淳仁朝における新羅征討計劃について」, 『史學雜誌』 35-10·11.

발해 유민의 부흥운동과 대외관계

이효형 | 부산대학교 한국민족문화연구소

Ⅰ. 머리말

한국사상 가장 광대한 영토를 지배했던 발해사의 큰 특징은 주민구성이 다양하다는 점과 국가귀속 논쟁에서 자유롭지 못하다는 것이다. 여기에 한 가지 더하면 멸망 후 집단적인 유민의 활동이 무려 200년에 이른다는 사실이다. 이는 세계사에서도 좀처럼 찾아보기 힘든 사례다. 발해 유민들이 동아시아 정세에 맞춰 그토록 장기간에 걸친 부흥운동을 전개한 동인은 무엇일까? 현재로서는 어느 요인이 크다고 딱히 규정하기는 곤란하다. 얼핏 보면 발해인의 '끈질긴 저항정신'으로 규정할 수 있지만, 그 저항정신은 과연 어디에서 비롯되었는가를 논한다면 점점 어려워진다.

발해 유민의 다양한 활동을 다루는 유민사는 발해사 서술에 늘 마지막을 차지하나 역설적이게도 한국 발해사 연구의 출발점이었다. 유민사 연구는 멀리 1960년대까지 거슬러 올라간다.[1] 물론 이들 연구가 엄격한 의미에서 발해 유민사를 중심에 둔 연구가 아니고 고려사의 입장에서 서술하고 있으므로 아쉬움이 남지만 나름대로 의의를 지니고 있다. 한국의 발해사 연구 개척자라고 할 수 있는 이용범 역시 주제의 출발은 70년대에 발표한 유민사였다.[2] 발해사를 전공하여 국내에

1 金昌洙(1960), 「高麗와 興遼國」, 『黃義敦先生古稀記念史學論叢』; 李鍾明(1968), 「高麗에 來投한 渤海人考」, 『白山學報』 4.

2 李龍範(1973a), 「遼代 上京·中京道의 渤海遺民」, 『白山學報』 15; 李龍範(1973b), 「遼代東京道의 渤海遺民」, 『史叢』 17·18合; 李龍範(1974a), 「高麗와 渤海」, 『韓國史』4, 국사편찬위원회; 李龍範(1974b), 「金初의 渤海遺民」, 『又軒丁

서 처음으로 박사학위를 받은 한규철도 연구의 시작은 유민사였다.[3] 그 이후에도 여러 학자들이 유민사에 대한 연구를 계속하며 얻은 성과는 타 분야에 비해 적지 않은 편이다. 그 배경에는 발해사 연구자료가 전체적으로 부족한 상태에서 고고학발굴을 아직 본격적으로 진행하기 전, 『고려사』에는 발해 유민의 내투와 관련된 기록이 중간 중간 수록되어 있었기 때문이다. 거란[遼]이나 여진[金] 지배를 받던 발해 유민에 대한 연구가 행해진 것 역시 『요사(遼史)』와 『금사(金史)』에 유민 관련 내용들이 수록되어 있었기 때문에 가능했을 것으로 짐작된다.

발해는 거란의 침략으로 926년 1월 중순 역사 속으로 사라졌지만 유민들은 지속적인 부흥운동을 전개했다.[4] 동아시아 정세에 따라 나타나는 부흥운동은 시기, 주체, 근거지 파악에 상당한 어려움이 있다. 예컨대 올야[兀惹, 일명 오사국(烏舍國)]는 부(部)의 단계인지 그 이상의 정치세력이었는지 실체가 분명치 않아 쉽게 거론하기 힘들다. 연파(燕頗)나 고욕(高欲)의 활동, 춘주(春州)의 발해인 봉기 역시 상당한 세력을 가진 발해 유민의 움직임으로 생각되지만 부흥운동 세력의 단계까지는 이르지 않았다고 판단되므로 대외관계를 논하기에는 적절치 않다. 이에 유민들의 집단적인 활동 가운데 국가의 위치에서 대외관계를 펼친 정안국(定安國), 흥료(興遼), 대발해(大渤海)를 중심으로 살펴보고

仲煥博士還曆紀念論文集』.

3 韓圭哲(1982), 「10-12세기 渤海遺民 硏究-契丹·女眞의 高麗 來投·來往을 중심으로」, 고려대학교 석사학위논문.

4 한국 학계에서는 발해 유민들의 여러 저항활동을 다양한 용어를 통해 명명하지만(신채호-中興, 권덕규-再興運動, 이용범-光復運動), 일반적으로 復興運動이라 부르고 있다. 북한의 박시형은 부흥운동 대신 국가회복 또는 국토회복이라는 용어를 사용했다(『발해사』, 1979). 중국에서는 復興運動이라는 용어를 사용하기도 하나 反遼鬪爭, 復國鬪爭·抗遼復國鬪爭이라는 용어가 등장하기도 한다.

자 한다. 문제는 이른바 후발해(後渤海)다. 후발해는 정식 국호가 아니고 실체 또한 분명하지 않지만 한국이나 일본에서는 대체적으로 그 존재를 인정하는 편이므로 여기서는 일단 논지에 포함시켰다.

중국 학계의 발해 유민 활동에 대한 연구는 발해사 연구 전체 범위 내에서 그 비중이 그다지 크지 않은 편이다. 유민의 활동에 대한 역사적 의의를 강조하는 글이 간혹 눈에 띄기는 하나, 주목할 만한 연구는 찾아보기 힘들다. 특히 수 만의 발해 유민이 고려에 내투한 사실에 대해 그 의미를 애써 축소하려는 경향이 강하다. 오히려 발해 멸망 후 옛 발해 땅에 세워진 채 거란의 조종을 받았던 동란국(東丹國)에 대해서는 많은 관심을 가지고 연구를 진행했다. 하지만 중국 학계가 유민사를 해석해 발해사를 중국사로 귀속시킨다는 점에서 중국의 유민사 연구를 규명하지 않을 수 없는 상황이다. 이에 대한 중국 학계의 연구동향과 대외관계 연구에 대해서도 비판적 시각에서 검토하려고 한다. 특히 중국 학자가 "발해사 연구에서 가장 모범적이고 가장 완비된 첫 번째 발해통사"[5]라고 평가하는 『발해국사(渤海國史)』(2006)에 주목하여 이를 집중 분석하려고 한다.

5 魏國忠·朱國忱·郝慶云(2006), 『渤海國史』, 「序」, 1.

II. 발해 유민의 활동과 주변국과의 관계

거란은 926년 1월 중순 발해를 멸망시키고 그 땅에 새로이 동란국을 세웠다. 동란국은 동쪽의 거란이라는 의미로 태조 야율아보기의 장자였던 야율배[耶律倍, 인황왕(人皇王)]가 책봉을 받아 통치했다. 이에 대하여 발해 유민들은 동란국 건국 직후부터 장령부(長嶺府), 안변부(安邊府), 막힐부(鄚頡府), 정리부(定理府), 남해부(南海府), 철주(鐵州) 등지에서 거란(契丹)과 동란국의 두 란(二丹) 지배에 강력하게 저항했다.[6] 더 나아가 일정한 지역을 거점으로 부흥운동 국가를 세우기도 하였다. 시간을 달리하면서 세운 대표적인 나라로는 정안국, 흥료, 대발해가 있다. 이들 국가들은 어떠한 대외관계를 가졌을까? 그리고 정안국과 비슷한 시기에 이른바 후발해가 있었다. 이들이 전개한 외교관계에 대해 살펴보기로 한다.

1. 후발해·정안국과 동아시아 정세

926년 발해가 멸망했지만 상당한 기간 동안 동아시아의 국제관계에 발해라는 이름이 계속 등장하고 있다. 그리하여 학자들은 이전의 발해와 구분하여 새로이 이른바 '후발해'라는 칭호를 사용하고 있다. 와

6 『遼史』 卷2, 「太祖本紀」 天顯 2年 2~8月條.

다 키요시[和田淸]가 정안국에 대한 글에 후발해와의 관계를 언급하면서 사용한 이후 히노 카이자부로[日野開三郞]의 연구로 굳어졌다가 지금은 널리 사용되고 있다.[7] 후발해와 함께 거론되는 부흥운동 국가로 정안국이 있다. 정안국은 압록강 일대에 근거지를 확보하며 수십 년간 존속한 것으로 추정하고 있다.

후발해와 정안국에 대한 연구는 일찍이 와다 키요시, 히노 카이자부로 등 일본 학자들에 의해 이루어졌다.[8] 일본 학자들의 연구는 이후 한국의 이용범, 김위현, 서병국 등의 학자에게 영향을 주었다. 그러나 기록부재로, 건국자는 물론 존속기간, 중심지, 통치세력 등을 파악하기가 용이하지 않아 각종 학설이 제기되었다.[9] 고고학발굴과 연구 성과도 눈에 띄지 않아 단편적인 문헌기록을 보완한다는 것은 거의 불가능한 상황이다.

여기에 후발해, 정안국과 비슷한 시기에 있었던 올야(오사국)와의 관계를 어떻게 설정할 것인가 하는 문제도 가로 놓여 있다. 부언하자면 후발해와 정안국을 동일국가 내 정치세력의 교체로 볼 것인가? 아니면 서로 다른 나라로 보고 분리해 이해해야 하는가 하는 점도 중요하지만, 후발해와 올야는 둘을 이를 구별할 것인가 아니면 같은 선상에

---

7 和田淸(1916), 「定安國について」, 『東洋學報』 6, 說林;和田淸(1955), 『東亞史硏究』(滿洲篇), 東洋文庫;日野開三郞(1943), 「後渤海の建國」, 『帝國學士院紀事』 2-3;(1990), 『日野開三郞東洋史學論集』 16, 三一書房.

8 和田淸(1916), 앞의 글;和田淸(1955), 앞의 책;三上次男(1940), 「高麗と定安國」, 『東方學報』 11-1;三上次男(1990), 『高句麗と渤海』, 吉川弘文館. 日野開三郞(1943), 앞의 글;日野開三郞(1950~1951), 「定安國考(1·2·3)」, 『東洋史學』 1·2·3;日野開三郞(1990), 앞의 책.

9 李美子(2003), 「〈후발해국〉의 존재여부에 대하여—사료 검토를 중심으로」, 『白山學報』 67, '표 1·2' 참조.

서 다뤄야 하는가하는 문제다.[10]

이러한 갖가지 문제를 이해하는데 도움을 주는 글이 있으므로,[11] 여기서 다시 논의할 필요는 없다. 아래에서는 지금까지의 다양한 견해를 바탕으로 후발해·정안국과 중국(오대~송), 고려의 관계를 중심으로 살펴보려고 한다.

1) 후발해의 존재와 소멸

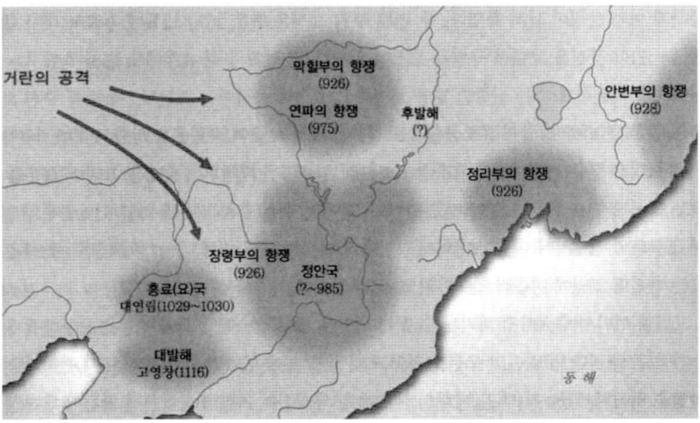

지도 1 발해 유민의 항쟁과 부흥운동

10 和田淸은 압록강 유역에서 후발해에 이어 정안국이 정권 교체를 통해 들어섰으며 後渤海와 兀惹를 구별하고 있다. 대신 이 분야에 대단한 연구 성과를 낸 히노 카이자부로[日野開三郎]는 後渤海와 兀惹는 중심지가 같고 兀惹史는 後渤海史의 일부라고 하였으며 정안국은 후발해로부터 분리 독립하여 새로이 세워졌다고 하였다. 日野開三郎(1943), 앞의 글; 日野開三郎(1950~1951), 앞의 글; 日野開三郎(1943~1945), 「兀惹部の發展」(1·2·3·4), 『史淵』 29~33; 和田淸(1916), 앞의 글; 和田淸(1955), 「兀惹考」, 『東洋學報』 38-1; 金渭顯(1999), 「渤海 遺民과 後渤海 및 大渤海國」, 『高句麗研究』 6, 高句麗研究會.

11 韓圭哲(1995), 「渤海復興國'後渤海'研究—연구동향과 형성과정을 중심으로」, 『國史館論叢』 62.

이른바 후발해의 존재를 가늠할 수 있는 대표적인 근거는 발해가 멸망한 926년 1월 중순 이후에도 '발해사(渤海使)'가 중국에 방물을 바치는 사례가 여러 중국기록에 등장하고 있다는 점이다 〈표 1〉 참조. 이는 발해의 수도 상경성이 거란의 침공으로 불타버리고 발해 왕족들이 거란으로 잡혀갔다고 해도 그 유민들은 발해라는 국명을 그대로 사용하면서 국가체제를 가지고 중국과 외교관계를 유지하고 있음을 보여준다.

표 1 발해 멸망 이후의 對中國 渤海入貢表[12]

연호		연도	월일	내 용	출 전
중국	거란				
천성 원년	천현 원년	926	4월 을묘	渤海國王大諲譔遣使大陳林等一百十六人朝貢 進兒口女口各三人人蔘昆布白附子及虎皮等	『冊府元龜』 972, 「外臣部 朝貢」; 『五代會要』 30, 「渤海」; 『五代史記』 6, 「唐本紀」; 『舊五代史』 36, 「明宗紀」
천성 원년	천현 원년	926	7월 경신	渤海使人大昭佐等六人朝貢	『冊府元龜』 972; 『五代史記』 6; 『舊五代史』 36
천성 4년	천현 4년	929	5월	渤海遣使高正詞入朝貢方物	『冊府元龜』 972; 『五代會要』 30
			7월 을유	以渤海國前入朝使高正詞爲太子洗馬	『冊府元龜』 976, 「外臣部 褒異」; 『五代會要』 30
장흥 2년	천현 6年	931	12월 신미	渤海使文成角來朝	『冊府元龜』 972; 『五代史記』 6; 『五代會要』 30
장흥 3년	천현 7년	932	정월 기유	渤海回鶻吐藩各遣使朝貢	『冊府元龜』 972·976; 『五代會要』 30; 『五代史記』 6; 『舊五代史』 43, 「明宗紀」
청태 2년	천현 10년	935	9월 을묘	渤海遣使臣來	『五代史記』 7
청태 2년	천현 10년	935	11월	渤海遣使列周義入朝貢方物	『冊府元龜』 972; 『舊五代史』 47, 「末帝紀」
청태 2년	천현 10년	935	12월	遣使列周道等入朝貢方物	『五代會要』 30

위의 〈표 1〉 사실 외에도 후발해와 관련 있는 기록이 있는데 이들

12 日野開三郎(1990), 「渤海人入貢表」『日野開三郎東佯史學論集』, 22쪽.

의 내용을 살펴보면 후당에 온 발해의 사신 열주도(列周道), 오제현(烏濟顯)에게 관직을 내렸다는 사실, 발해의 최오사(崔烏斯), 대란하(大鸞河), 이훈(李勛) 그 외 많은 사람들이 후주나 송에 귀화(歸化)·내항(來降)했다는 사실, 송이 거란을 정벌하려고 하니 발해는 이에 응하라는 조서를 내린다는 사실이 있다.[13] 그런데 이들보다 상세한 내용을 담고 있는 것은 『송사(宋史)』「발해전」이다.

「발해전」이라고 하지만 실제로는 대조영이 세운 발해에 대한 내용은 앞부분에 조금만 서술되어 있고 대부분의 내용은 멸망 이후 중국, 특히 송과의 교섭에 대한 것이다. 발해의 건국→멸망→최오사·대란하의 중국 망명→오사성부투부발해염부왕(烏舍城浮渝府渤海琰府王)에 내린 조서를 계기적으로 설명하고 있어 후발해의 존재 가능성을 높여주고 있다. 동시에 오사국의 존재 가능성도 엿볼 수 있어, 후발해와 오사국을 어떻게 구분할 것인가 하는 과제를 던지고 있다.

이상이 후발해와 직간접으로 관련된 기록에 대한 것이지만,[14] 이를 통해 국가의 실체를 밝히는 데는 상당한 어려움이 있다. 특히 국호를 지칭하는 정확한 국명을 찾을 수 없어 중국 학계는 아예 존재 자체를 부정하는 상황이다. 이렇듯 기록미비로 후발해의 여러 사실에 대해 다양한 견해가 제기되었다.[15] 어쨌든 단정하기 어렵지만 건국 시기는 929년 5월 직전, 소멸 시기는 발해라는 이름이 마지막으로 등장하는

13 『伍代會要』 卷30, 渤海;『續資治通鑑長編』 卷20;『續資治通鑑長編』 卷22.

14 그 외에도 후발해 관련 기사가 더 있으나(『續資治通鑑長編』 卷32;『宋會要』 卷293;『遼史』 卷13, 「聖宗本紀」·『遼史』 卷14, 「聖宗本紀」;『遼史』 卷27, 「聖宗本紀」;『遼史』 卷27, 「天祚皇帝本紀」), 내용이 定安國, 兀惹, 기타 여러 부족명과 섞여 나오고 있어 후발해의 것으로 판단하기에는 어려운 것들도 있다.

15 다양한 견해에 대해서는 다음 참조. 韓圭哲(1995), 앞의 글;李美子(2003), 「〈후발해국〉의 존재여부에 대하여—사료 검토를 중심으로」, 『白山學報』 67.

1003년일 가능성이 높다.[16] 건국 세력은 처음에는 어느 대씨(大氏)였다가 차츰 바뀌었던 것으로 보이며 근거지는 옛 상경성 일대가 유력하나 압록강 유역일 가능성도 있다.

이제 이 글의 주제와 관련해 후발해의 대외관계를 정리하고자 한다. 〈표 1〉의 입공표(入貢表)에서 보듯이 후발해는 중국 오대의 후당 왕조에 10회 가까이 사신을 보내 공물을 바치고 있다. 그리고 『송사』 「발해전」에 근거하면 후주 현덕(954~959) 초기에 발해의 추호(酋豪) 최오사(崔烏斯) 등 30여 명이 귀부하였고 그 뒤로는 길이 막혀 중국과 왕래가 없었다고 하므로 오대 왕조와의 공식적인 외교 관계는 930년대 중반을 고비로 더 이상 진행되지 못했던 것으로 짐작된다.

그런데 후발해는 오대를 이어 새로 건국된 송나라와 외교관계를 다시 전개하고 있었다. 먼저 송 태종이 태평흥국 4년(979)에 진양(晉陽)을 평정하고 유주(幽州)로 군사를 이동시켰는데 그 호수 대란하가 소교 이훈 등 16명과 부족 300기(騎)를 거느리고 와서 항복하자 대란하를 발해도지휘사로 삼았던 일이 있다. 송으로 와서 항복한 숫자도 상당하고 도지휘사란 관직에 임명하는데 비춰 후발해가 여전히 존속하고 있었던 것으로 보인다.

다음 태평흥국 6년(981) 송나라가 크게 군사를 일으켜 거란을 정벌하려는 의도로 오사성부투부발해염부왕에게 협공을 제의하는 조서는 주목하지 않을 수 없다. 송의 선봉을 도와 거란을 섬멸하면 성대하게 상을 내리고 북방의 넓은 영토를 주겠다는 내용이다. 물론 협공으로 거란을 물리치고 발해 유민의 어떤 세력이 넓은 영토를 차지한 기록

16 『遼史』 卷14, 「聖宗本紀」 統和21年 4月, “戊辰 兀惹渤海娛里米越里吉等伍部遣使來貢.”

은 없다. 오사성부투부발해염부왕의 실체 역시 의문이 든다. 여기서 말하는 발해가 바로 후발해를 지칭하는가 하는 문제가 있기 때문이다. 이리하여 오사성은 올야성이고, 부투부는 원래 발해의 부여부(夫餘府)이며, 염부왕(琰府王)은 황룡부(黃龍府)에서 무리를 이끌고 있던 연파(燕頗)라고 추측하는 경우도 있다.[17]

『송사』「발해전」에 의하면 후발해와 송의 관계는 태평흥국 9년(984) 봄에 대명전에서 연회를 베풀고 대란하를 불러들여 위무하고 그에게 민전(緡錢) 10만과 술을 하사했다는 내용을 끝으로 더 이상 관련 기록이 등장하지 않는다. 하지만 『송사』「송기전(宋琪傳)」(권264 열전23)에 따르면 후발해의 존재는 더 지속되었던 것으로 보인다. 「송기전」에 보면 후발해는 989년까지 여전히 존속하고 있었다. 특히 송나라에서는 '발해지국(渤海之國)'이나 '외신(外臣)'이라는 용어를 사용하므로 발해를 국가의 지위로 인식하려는 듯하다.

그런데 위의 시기보다 늦은 후발해 관련 기록이 있다. 곧 991년 "정안국 왕자 대원(大元)이 여진 사신을 통해 글을 올린 후 다시 오지 않았다. 송 태종이 조칙을 내려 발해가 조공을 이행하지 않으므로 여진에게 조서를 내려 군사를 내어 징발하라 하고 무릇 일급(一級)을 베면 명주 5필을 상으로 준다고 했다"는 내용이다.[18] 이는 중국의 송나라가 여전히 발해의 존재를 파악하고 있는 대표적인 사례이며, 정안국과 발해를 구분하고 있다는 점에서 주목할 만한 기록이다. 995년에는 "올야 오소도, 발해 연파 등이 철려를 침공했다"는 기록이 있는데[19] 연파

17 魏國忠·朱國忱·郝慶云(2006), 앞의 책, 584쪽.

18 『續資治通鑑長編』卷32 淳化 2年 12月條;『宋會要』卷293 淳化 2年條.

19 『遼史』卷13, 「聖宗本紀」統和 13年 7月, "乙巳朔 女眞遣使來貢 丁巳 兀惹烏昭度渤海燕頗等侵鐵驪."

가 후발해의 지도자인지 새로운 정치세력의 대표자인지 가려내기는 어렵다. 하지만 후발해에 관한 마지막 활동은 1003년 "올야, 발해, 오리미(奧里米), 월리독(越里篤), 월리길(越里吉) 등 5부가 사신을 보내 조공했다"[20]는 내용이 아닐까 한다. 물론 여기서 말하는 발해가 송에서 지칭한 발해와 일치하는지는 정확하지 않다.

2) 정안국의 건립과 소멸

정안국은 후발해와 달리 『송사』와 『문헌통고』에 「정안국전」이 있어,[21] 국명과 국가의 성격, 왕명, 정치세력의 변화, 송과의 관계에서 일부 분명하게 알 수 있는 내용이 있다. 『송사』「정안국전」의 대부분 내용은 정안국과 중국의 교섭에 대한 것이어서 체계적인 정안국 파악에는 어려움이 있으나 몇 가지 주목할 만한 사실이 담겨져 있다.

먼저 정안국의 왕이 처음에는 열만화(烈萬華)였다가 나중에는 오현명(烏玄明, 또는 烏元明)으로 바뀌어 등장하고 있는 점이다. 어느 시기에 열씨(烈氏)에서 오씨(烏氏)로 정권이 교체되었음을 알 수 있다. 그런데 991년 정안국 왕자의 이름이 태원(太元, 또는 大元)으로 되어 있는 것은 정권이 다시 다른 성씨로 바뀌었음을 의미한다. 정안국 내에서 정치세력의 변화를 읽을 수 있는 부분이다.

원흥(元興)이라는 독자 연호를 사용하고 있는 것도 중요한 사실이지만, 여기서 무엇보다 중요한 것은 왕 오현명이 송에 글을 올리면서 "신은 본래 고구려 옛 땅인 발해의 유여(遺黎)로서, 한구석에 웅거하여

20 『遼史』 卷14, 「聖宗本紀」 統和 21年 4月.

21 『宋史』 卷491, 「列傳」 250 「外國」 7, 定安國;『文獻通考』 卷327, 「四裔考」 4, 定安國.

세월을 보냈다"고 밝히고 있는 점이다. 이것은 정안국의 성격을 그대로 나타내는 것이다. 발해 유민이 세운 부흥운동 국가의 하나였음을 입증한다고 하겠다. 다시 말해 고구려-발해-정안국이라는 계승의식을 분명하게 보여주는 셈이다.

『송사』「정안국전」 외에 정안국에 대한 여러 기록을 종합하면,[22] 건국 시기는 970년 이전으로 설정할 수 있다. 970년 이전이라하더라도 발해 멸망 후 오래지 않아 성립되었다는 견해와,[23] 3천여 호를 거느리고 고려에 내투한 박승(朴昇)의 기사에 주목하여 938년으로 보려는 견해가 있다.[24] 멸망 시기는 985년 거란 성종의 여진 정벌 무렵에 정안국도 같이 멸망했을 것으로 보는 것이 일반적이다.[25] 그렇지만 『송사』「정안국전」 말미에 왕자 태원(大元)이 여진사에 부탁해 마지막으로 표를 올린 것이 991년이고, 『고려사』의 정안국인 골수(骨須)가 고려에 내투한 것은 1018년이다.[26] 어느 기록을 따르냐에 따라 길게는 30년이 넘는 시차가 발생하지만 아마도 991년이 옳은 것 같다.

정안국의 중심지 역시 중요한 문제지만 견해가 일치하지 않고 있다. 그런데 고구려 옛 땅의 서쪽으로 멀리 떨어진 곳(西鄙)을 차지했다는 점, 당시 거란 세력의 위치, 정안국을 지나는 여진 사신편에 방물을 바친다는 점에 미뤄 압록강 일대일 가능성이 높다. 압록강 일대라 하

22 『宋史』 卷2, 太祖 開寶 3年 9月;『續資治通鑑長編』 卷11, 太祖 開寶 3年 9月·『續資治通鑑長編』 卷32, 太平興國 6年;『續資治通鑑長編』 卷32, 太宗淳化 2年·『高麗史』 卷4, 顯宗 9年條.

23 박시형 지음, 송기호 해제(1989), 『발해사』, 이론과실천, 281쪽.

24 日野開三郎(1950~1951), 앞의 글;(1990), 앞의 책, 268쪽.

25 日野開三郎(1961), 「統和初期に於ける契丹聖宗の東方經略と九年の鴨綠江口築城」, 『朝鮮學報』 20·21合.

26 『高麗史』 卷4, 顯宗 9年 正月條.

더라도 발해멸망으로 요동반도는 거란이 차지하고 있고, 거란사신이 왕건대 이래 계속해서 한반도로 내왕하고 있는 점, 고려 서북방에는 여진세력이 상당한 힘을 가지고 할거하고 있는 상황을 고려하면 압록강 중·상류지역으로 비정된다.

3) 후발해·정안국의 대외관계

위에서 제시한 여러 기록에서 보듯이 후발해와 정안국은 중국의 오대, 송나라와 긴밀한 국제관계를 맺고 있었다. 더불어 거란에 공동으로 대처하려 했다는 것도 분명하게 알 수 있다. 이는 당시의 동아시아 정세에 비춰 충분히 예상되는 상황이다. 후발해·정안국은 거란의 공격으로 멸망한 발해유민들이 세운 후신이었고, 중국 역시 10세기 초부터 강력하게 성장하는 거란의 위세에 위협을 느끼며 이에 대처하지 않을 수 없었기 때문이다. 다만 거란에 대한 공동 전선을 펼쳐 협공의 결과 막대한 타격을 입혔다는 기록이 없는 것으로 보아 외교적 성과는 미미한 것으로 생각된다. 그렇다면 비슷한 시기에 반거란(反契丹) 외교를 펼친 한반도 내의 고려는 후발해·정안국과 어떤 관계를 맺고 있었을까? 아래에서는 주로 이 점을 밝혀보려고 한다.

후발해·정안국과 고려가 특정한 외교관계를 맺었다는 것이 분명하게 드러나는 사례는 1018년 정안국인 골수가 고려에 내투했다는 사실 하나뿐이다.[27] 그러나 100년 가까이 영역을 서로 맞대는 동안 단 한 차례의 관계, 그것도 한 사람의 망명 기사만이 존재한다는 것은 쉽게 이해할 수 없다. 물론 두 나라가 고려와 외교관계를 맺지 않을 수도

27 『高麗史』卷4, 顯宗 9年 正月, "丙申 定安國人骨須來犇."

있지만 『고려사』에 남아 있는 몇 가지 사실을 통해 그 관계의 실마리를 조금이나마 풀 수 있다.

첫째, 920년대에서 11세기 초반까지 나타나는 발해 유민의 고려 내투 사례와의 관련성이다. 〈표 2〉 가운데 주목되는 것은 10~14 사례다. 먼저 발해 세자 대광현이 수만의 무리를 이끌고 고려로 내투하자 왕계(王繼)라 하사하고 부지종적(附之宗籍)했다는 사례이다. 대광현의 내투 시기는 기록마다 차이가 있어 후발해 혹은 정안국의 세자일 가능성도 없지 않으나,[28] 발해 세자일 가능성이 높다고 본다.

938년 박승이 3천 여 명을 이끌고 고려로 넘어온 사실, 979년 경종대에 발해인 수만이 내투했다는 사실도 중요하다.[29] 특히 979년은 동아시아사 전체에서 볼 때 수만(數萬)의 인구가 고려로 내투할 만한 사건이 없었다. 때문에 이것은 고려 북방의 후발해·정안국 내부의 세력 교체나 내분에 밀려난 세력이 대규모로 이동한 것으로 해석하는 것도 무리가 없을 것이다.[30]

---

28 정약용은 『我邦疆域考』(卷5 渤海續考)에서 대광현을 발해 유민이 세운 나라의 세자일 가능성을 제기하였다.

29 938~979년 사이 40년간 발해 유민의 내투 사례가 없던 점에 비춰 압록강 일대의 후발해나 정안국이 정치적 안정을 미루고 있었을 가능성이 있다. 李龍範(1974a), 앞의 글.

30 발해 유민들의 고려 내투에서 정안국을 제외하고 발해, 후발해, 대발해 관련 사실들이 모두 발해로만 기록되어 있으므로 발해와 후발해의 사실을 가려낸다는 것은 매우 어렵다. 이런 측면에서 내투 사례를 세밀히 분석한 한규철의 글은[韓圭哲(1997), 「渤海遺民의 高麗投化」, 『釜山史學』 33] 매우 의미가 있다.

표 2 발해 유민의 고려 내투(925~1018년, 『고려사』 세가)

번호	年月	중심 내용	분 류
1	태조 8년, 925년 9월	丙申에 발해 장군 申德 등 오백 인이 내투하다.	발해 멸망 전후 발해인·발해유민의 고려 내투
2	태조 8년, 925년 9월	庚子에 발해의 大和鈞 등이 내투하다.	
3	태조 8년, 925년 12월	발해 左首衛小將 冒豆干, 檢校開國男 朴漁 등이 내투하다.	
4	태조 10년, 927년 3월	발해 工部卿 吳興과, 僧 載雄 등이 내투하다.	
5	태조 11년, 928년 3월	발해인 金神 등이 내투하다.	
6	태조 11년, 928년 7월	발해인 大儒範 등이 내투하다.	
7	태조 11년, 928년 9월	발해인 隱繼宗 등이 내부하다.	
8	태조 12년, 929년 6월	발해인 洪見 등이 배 이십 척으로 人物을 싣고 내부하다.	
9	태조 12년, 929년 9월	발해의 正近 등이 내투하다.	
10	태조 17년, 934년 7월	발해 세자 大光顯이 수만을 이끌고 내투하다.	
11	태조 17년, 934년 12월	발해의 陳林 등 160인이 내부하다.	
12	태조 21년, 938년	발해인 朴昇이 3000여 호를 거느리고 내투하다.	
13	경종 4년, 979년	이 해에 발해인 數萬이 내투하다.	후발해
14	현종 9년, 1018년 1월	정안국인 骨須가 來奔하다.	정안국

둘째, 후발해·정안국과 고려의 관계는 고려 초 이뤄지는 축성(築城)과도 서로 연결시켜 이해할 필요가 있다. 고려는 태조 이래 서북경(西北境)에 많은 성을 축조했다. 고려는 건국 후 980년대까지 대동강 이북 지대에 50개의 성을 새로 쌓았거나 증축·보수했다. 이러한 성의 축조는 기본적으로 북방에서 강력하게 성장하고 있는 거란을 크게 의식한 데서 나온 것이었다.

하지만 이는 거란과 고려 사이에 존재하는 여진 부족과 상당한 세력을 확보하고 있는 후발해, 정안국까지 의식하여 나온 결과일 수도 있다. 특히 이때 축조한 성진(城鎭) 중에는 정안국이 있던 압록강 상·중류지역에 이르는 교통로상, 군사상의 요충지에 설치한 것도 상당수 있는데, 이는 정안국과 고려가 친선이든 적대적이든 양국 사이에 깊은 관계가 있었음을 말해주는 것이다.[31] 한편 고려 북방에 있던 후발해와 정안국 세력때문에 고려의 북진정책이 방해를 받았을 가능성을 상정할 수 있으나,[32] 『고려사』 등에 그러한 사실을 전하는 기록은 없다.

고려의 10세기는 태조에서 성종에 이르는 시기로, 거란이 본격적으로 침략하기 전 북쪽 경계는 청천강이었다. 이 시기에 발해의 옛 서경 압록부 지역에 세워진 정안국과 고구려를 계승했다는 고려가 수십 년 동안 골수의 내투 외에 다른 관계를 맺지 않았다는 것은 의문스러운 일이다. 특히 바다 멀리 중국 송에까지 사신을 보내 국제관계를 형성했던 정안국이 바로 남쪽의 고려와 교섭을 갖지 않았다는 것은 이해할 수 없다. 그러므로 사료에 나오지 않는 것보다는 훨씬 더 많은 관계가 있었다고 생각한다.[33]

셋째, 후발해와 정안국의 존재는 고려 초기의 대거란 정책에도 영향을 미쳤던 것으로 짐작된다. 고려와 거란의 관계에 대해서는 거란의 세 차례에 걸친 침략과 이에 대한 고려의 항쟁에 초점이 맞춰져 있다. 그러나 양국 간의 교섭은 태조대부터 있었으며 처음에는 비교적 우호적인 관계에서 출발했다. 그러나 926년 거란이 발해를 멸망시킨 것은 양국 관계가 심각하게 변하는 계기가 되었으며,[34] 942년 이른바 만부교 사건으로 적대적인 관계를 취하게 되면서 그 이후 커다란 전쟁을

31 三上次男(1940), 앞의 글 ; 三上次男(1990), 앞의 책, 260쪽. 특히 미카미 쯔키오는 경종 4년(979)의 城淸塞鎭의 설치가 같은 해 발해인 數萬人의 고려 내투와 직접 관련이 있는 것으로 해석하였다.

32 日野開三郎(1990), 앞의 책, 292쪽.

33 정안국인 骨須가 고려에 망명한 것은 정안국의 대거란 항쟁에서 고려와 일정한 관계를 가지려는 의도에서 비롯됐다는 추측도 있다. 박시형 지음, 송기호 해제(1989), 앞의 책, 285쪽.

34 한규철(1994), 『渤海의 対外関係史』, 新書苑, 222쪽 ; 서성호(1999), 「고려 태조대 대(對)거란 정책의 추이와 성격」, 『역사와 현실』 34, 27쪽.

치르는 상황까지 나아갔다. 그런데 고려와 거란 관계를 다루면서 결코 소홀히 할 수 없는 부분이 있다. 즉 두 나라 사이에 산재했던 여진뿐만 아니라, 발해 멸망 후 압록강 일대에 있었던 발해 유민의 정안국과 특정 지역을 거론하기는 힘들지만 후발해의 존재도 양국 관계를 설명하는 데는 간과할 수 없다는 점이다.

이들 후발해·정안국과 고려는 거란의 침입에 대응해야 하는 공통의 과제를 안고 있었고, 두 세력 모두 여진족을 비롯한 여러 종족에 대해 일정한 영향력을 가지고 있었다. 그러나 10세기 말에서 11세기 초 정안국을 비롯한 발해유민이 세운 국가가 멸망한 이후 압록강에서 두만강에 이르는 지역은 힘의 공백 상태에 놓이고 비슷한 시기에 고려와 거란은 세 차례나 큰 전쟁을 벌이게 된다.[35] 따라서 발해 유민 세력의 붕괴는 고려와 거란의 전쟁에도 일정한 영향을 미쳤을 것으로 짐작된다.

결국 후발해와 정안국은 중국의 오대, 송과 긴밀한 외교관계를 펼치고 있었다. 특히 북방의 공동의 적인 거란에 대항해 협동전선을 구축하려는 외교정책을 쉽게 확인할 수 있다. 결과는 물론 만족스럽지 못했다. 그리고 후발해와 정안국은 남쪽의 고려와도 여러 외교관계를 맺은 것으로 추정된다. 당시 동북아시아의 강력한 세력인 거란의 공세로 미뤄, 대립보다는 친선관계를 통해 공존을 모색했을 것이다. 상호간에는 무역과 같은 경제적인 교류도 존재했을 것이나 이 부분은 좀 더 연구가 필요하다.

35 추명엽(2002), 「고려전기 '蕃' 인식과 '동·서번'의 형성」, 『역사와 현실』 43, 34쪽.

2. 흥료국과 고려의 관계

흥료국(興遼國, 1029~1030)은 거란 제국의 황금기라 할 수 있는 요 성종(聖宗) 9년에 동경요양부(東京遼陽府) 대장군이자 발해 유민이었던 대연림(大延琳)이 건국했다. 『요사』나 『고려사』에는 다른 부흥운동 기사보다 흥료국에 관한 기사가 상대적으로 많은 편이다. 특히 『고려사』의 흥료국 관련 기록은 발해 유민과 고려의 관계를 이해하는 데 중요한 근거를 제공하므로 여기에 초점을 맞춰 살펴보고자 한다.

1) 흥료국의 성립과 고려에 대한 구원 요청

흥료국에 대해 『요사』는 1029년 8월에 동경사리군상온(東京舍利軍詳穩) 대연림이 거란의 관리들을 살해한 다음 마침내 참위하고 국호를 흥료(興遼), 연호를 천경(天慶)으로 삼았다고 했다.[36] 반면에 『고려사』에는 1029년 9월 무오에 거란의 동경장군 대연림이 대부승 고길득(高吉得)을 보내 건국을 알리고 아울러 구원을 요청했으며, 대연림은 발해 시조 대조영의 7대손으로 거란을 배반하고 국호를 흥료라 하고 연호는 천흥이라 했다는 기록이 있다.[37] 대연림이 대조영의 7대손이라면 흥료국은 비록 발해 멸망 후 103년이 지났다 하더라도 과거 발해 왕조의 부흥을 꾀했던 것으로 볼 수 있다. 이 점은 고려에 구원 요청을 하러 온 고길득을 보더라도 간접적으로 알 수 있다. 즉 고씨는 고구려 왕족이었으며 발해에 들어와서도 발해 사회에서 지배계층을 이루던 우

36 『遼史』 卷17, 「聖宗本紀」 9年 8月 己丑.

37 『高麗史』 卷5, 「顯宗世家」 20年 9月 戊吾.

성(右姓)이었다.

그러므로 부흥운동의 주도자는 발해 왕실의 후예인 대씨이고, 중요한 역할을 맡으면서 고려에 온 사신은 고구려 왕족의 후예인 고씨였다는 점으로 미루어 흥료국이 어떤 성격을 지닌 국가인가는 대략 알 수 있다. 이는 나중에 거란이 흥료국을 완전히 진압할 무렵 '발해가 평정되었다'[38]고 표현한 『요사』의 기록으로도 파악이 가능하다. 동시에 '발해가 평정되었다'고 하는 말에서 그 당시 흥료국은 내부적으로 발해라는 국호도 같이 사용했던 것으로 짐작된다. 『요사』의 '발해가 평정되었다'는 표현을 통해, 거란은 흥료국을 이전의 발해와 관련된 국가 내지 발해 부흥국으로 인식하고 있었음을 알 수 있다.

흥료국의 부흥운동이 일어난 직접 원인은 거란의 발해 유민에 대한 가혹한 경제적 수탈에 있었으며,[39] 만 1년 동안 상당한 힘을 가지고 전개된 부흥운동은 1030년 8월에 대연림의 부하 양상세(楊詳世)가 몰래 거란군대를 끌어들인 결과 주도자 대연림은 체포되고 결국 요양성은 함락되어 실패로 돌아가고 말았다.

흥료국의 대외관계는 고려와의 관계에 집중되어 있다. 흥료국 당시 중국은 송나라인데 두 나라 사이의 관계는 드러나지 않는다. 거란 지배하의 한인(漢人), 해인(奚人), 여진인(女眞人)과의 관계를 고려해 볼 수 있으나 한인과 해인들의 도움은 나타나지 않는다. 그리고 한인들의 경우는 대연림이 도움을 받기 위해 노력했으나, 도리어 부흥운동을 방해하는 세력으로 변하였다. 여진은 다수가 참가했다 해도 활약한 인물이 전혀 보이지 않으므로 단순한 동조세력에 불과한 것으로 보인다.

38 『遼史』 卷17, 「聖宗本紀」 10年, "八月丙吾 東京賊將楊詳世密送款 夜開南門納遼軍 擒延琳 渤海平."

39 『遼史』 卷17, 「聖宗本紀」 9年 8月;『遼史』 卷59, 「志」 28 食貨(上).

그러므로 흥료국의 부흥운동은 동경요양부를 중심으로 한 주변 주·현의 발해 유민이 시종 주체세력이 된 가운데, 흥료국과 주목되는 외교관계를 전개하였다.

대연림은 거사 후에 가장 믿었던 지원 세력을 고려로 생각하고 있었던 것 같다. 대연림은 흥료국을 세운 후 무려 다섯 차례나 고려에 구원을 요청했다.[40] 최초의 구원 요청은 거사 한 달 뒤인 현종 20년(1029) 9월 무오에 동경장군 대연림이 대부승(大府丞) 고길득을 보내 건국을 알리고 아울러 구원을 요청한 일이다. 다섯 차례의 구원요청과 결과는 아래 〈표 3〉과 같으며, 마지막 구원 요청은 현종 21년(1030) 9월 흥료국 영주자사(郢州刺史) 이광록(李匡祿)이 와서 급함을 알렸으나 조금 후에 나라가 망했다는 소식을 듣고는 마침내 고려에 머물러 돌아가지 않았다.

표 3 흥료국의 대고려 구원 요청

	시기	사신 이름	결과
1차	1029년 9월	大府丞 高吉得	고려 내 상반된 의견 및 미지원
2차	1029년 12월	기록상 불명	논의결과 미지원, 국경선 대비
3차	1030년 정월	水部員外郎 高吉得	고려 태도 불명 및 미지원
4차	1030년 7월	寧州刺史 大慶翰	고려 태도 불명 및 미지원
5차	1030년 9월	郢州刺史 李匡祿	고려 태도 불명 및 미지원

※전거 :『高麗史』卷5,「顯宗世家」

고려 조정은 위의 표에 나와 있듯이 1, 2차 시기의 구원 요청에는 상당히 중요한 문제라고 여기고 진지한 논의를 했다. 물론 국내외 정

40 『高麗史』卷5, 顯宗 20·21年條.

세를 파악한 다음 지원하지 않는 방향으로 처리하였다. 3차 이후는 구체적인 논의가 있었다는 기록이 없으나 당시 고려입장에서는 중요한 현안이었을 것이다.

그런데 고려에서는 930년 9월 흥료국이 진압되고 흥료국이 차지하고 있던 동경을 거란이 되찾았다는 사실을 접하고 이를 축하하고 있다.[41] 이는 지금까지 발해 또는 발해 유민을 대했던 모습과는 서로 어울리지 않는 행위다. 그리고 9월 이후에는 그동안 흥료국의 부흥운동으로 소원했던 거란과 외교관계를 다시 회복하려는 움직임이 나타나고 있다.[42] 이같이 전개된 고려의 국제관계는 단순히 같은 고구려의 계승자라는 발해·발해 유민과 고려라고 하는 표면적 현상을 넘어, 실리추구라는 11세기 초의 복잡한 국제현실 속에서 이해하여야 함을 보여주는 것이다.

2) 구원 요청에 대한 고려의 대응

고려는 거란이 발해를 멸망시키자 거란을 '무도의 나라'로 규정하면서 942년 국교를 단절하였다. 반면에 발해 멸망 전후 발해, 발해 유민과 고려는 혼인관계를 맺는 등 극히 우호관계에 있었다. 또 발해 멸망 이후 태조대에서 예종대(1117년)에 이르기까지 발해 세자 대광현을 비롯하여 무려 수만에 달하는 고려 내투자를 동족으로 수용하였다. 이러한 고려가 발해 부흥국인 흥료국의 구원 요청에 끝내 응하지 못한 원인은 무엇인가?

---

41 『高麗史』卷5, 顯宗 21年 9月 甲戌條.

42 『高麗史』卷5, 顯宗 21年 9月 乙亥條.

첫째, 고려 현종대에 권력층 내부의 세력 갈등이 상존했다는 점이다. 당시 고려 조정은 대거란 강경론자와 신중론자 간의 대립이 존재했던 것이 분명하다. 그러므로 고려가 흥료국 부흥운동을 지원을 하지 못한 이유는 바로 신중론자 세력이 우세한 상태에서 나온 외교적 산물이었을 가능성이 크다.

둘째, 고려 측에서는 흥료국의 부흥운동에 대하여 승산이 없다고 판단했을 경우도 고려해 볼 수 있다. 흥료국은 완전한 국가체제를 갖추기는 했으나 부흥운동 영역이 과거 발해국의 중심지였던 상경성 일대가 아니라 오히려 거란의 중심부에 가까웠으며, 일부 요동 지역에 편중되어, 전체 발해 유민들의 힘을 모으지 못하였다. 그리고 고려나 여진 요충지를 거란이 먼저 점거하여,[43] 흥료국이 다른 나라의 구원을 얻지 못하는 한계성을 지니고 있었다. 또한 부흥운동이 일어난 시기는 거란의 최전성기인 성종대였다는 점도 불리하게 작용했다.

셋째, 당시 동아시아 국제정세와 고려 현종대의 많은 국내 사건들이 결합한 여파일 수 있다는 점이다. 고려의 현종대는 정치적으로 중앙집권적 정치체제를 확립하면서 동시에 귀족적 정치운영을 모색하던 시기로, 다방면에 괄목할 만한 발전을 가져왔다. 그러나 많은 사건과 외침의 연속이 있었던 시기다. 어려운 즉위 과정, 거란의 2·3차 침입, 이에 따른 나성(羅城)축조와 같은 대역사(大役事), 국가·국민 경제의 피폐, 여진족의 끊임없는 침입, 최질·김훈의 난 등이 거란의 급속한 성장과 맞물리면서 흥료국의 구원 요청에 고려가 응하지 못했을 것이다.

그렇다면 어느 것이 가장 중요한 요인일까? 역사적인 사건은 항상

---

43 『遼史』卷87, 「蕭蒲奴傳」, "太平九年 大延琳據東京叛 蕭蒲奴爲都監 …… 先據高麗女直要衝 使不得求援."

여러 요인이 복잡하게 결합하여 나타나기 마련이지만, 보다 더 근본적인 것은 11세기 초 고려·송·거란·여진·흥료국 간에 이뤄지는 미묘한 국제정세였다. 특히 고려와 거란 간에는 귀주대첩 이후 변방 문제로 말미암아 조그만 문제가 있긴 해도, 기본적으로는 힘에 의한 평화 질서를 유지하고 있었다. 이러한 점이 고려 국내정세와 맞물려 크게 작용한 결과라고 생각한다.

고려는 인근 나라에 구원 요청을 많이 했으며, 반대로 송을 비롯한 다른 나라에서도 고려에 구원 요청을 했던 사례가 많다. 중요한 것은 고려가 절대적인 힘의 열세에 있던 원 간섭기를 제외하고는, 대외관계를 형성했던 중국의 후진(後晋)이나 송, 북방의 요, 금 등 국가체제를 완전히 갖춘 나라들과는 구원요청에 응하지 않았으며 합병(合兵)도 이루어지지 않았다는 사실이다. 단지 여진이나 기타 부족들과 합병 사실이 있으나 대외관계상 커다란 의미가 없다. 그러므로 고려의 대외정책이라는 것은 국초 이래 기본적으로 중국과는 친송정책을 추진했고 북방민족에 대해서는 북진정책을 추진했다고 하더라도, 실제로는 이중적인 실리외교를 꾸준히 추진했다.

요컨대 흥료국의 구원 요청에 고려가 응하지 않은 가장 큰 요인은 고려 내부적인 요인도 중요하지만, 11세기라는 동아시아의 복잡한 상황에서 나온 고려의 외교정책 때문이었다. 곧 명분보다는 실리를 앞세우는 외교의 부산물이었던 것이다. 그리고 건국 이래 자주적이고 적극적인 북진정책이 12세기 들어 지배 세력의 교체와 함께 금(金)에 대해 저자세로 나아가는 고려시대 외교 흐름의 과도기 현상으로 여겨진다.[44]

44 李孝珩(1998), 「興遼國의 성립과 對高麗 구원 요청」, 『釜大史學』 22, 34~35쪽.

3. 대발해와 동아시아 국제관계

대발해(대원)는 1116년 거란 지배하 발해 유민들이 세운 국가였다. 여기서는 대발해의 부흥운동 전개 과정과 그 당시 동아시아 정세를 살펴보려고 한다. 이 시기는 요·금 전환기였으므로 두 나라 사이에 가로놓인 대발해의 외교정책을 엿볼 수 있으며 남쪽의 고려와 관련하여, 몇 가지 사실도 파악할 수 있다.

1) 대발해의 건국

대발해에 앞서 발해 유민 고욕(高欲)의 활동에 대해 간단히 언급할 필요가 있다. 고욕은 대발해가 건국되기 한 해 전인 1115년 2월 요주(饒州)에서 군사를 일으켜 대왕(大王)이라 칭했다. 고욕 세력은 몇 차례 거란 군대를 물리치기도 했으나 6월에 결국 체포되어 거사는 다섯 달을 넘기지 못하고 실패했다.[45] 고욕이 군사를 일으켜 활동한 시간은 5개월에 이르고 대왕이라 자칭했으나 국호를 비롯한 다른 사실은 찾을 수 없어 대외관계를 규명하기는 부적절하다.

요·금 교체기의 거란 지배 아래에서 고욕의 봉기가 실패한 다음 해인 1116년 1월, 발해 유민들은 동경 요양 지방에서 고영창(高永昌)을 중심으로 새로운 부흥운동을 전개했다. 이것이 대발해다. 대발해와 관련 있는 기록을 종합하면 부흥운동 전개과정에 대한 내용은 유사하나 국호(대발해, 대원), 연호[융기(隆基), 응순(應順)]가 사서마다 차이가 있

45 『遼史』 卷28, 「天祚皇帝本紀」 天慶 5年 2月~6月;『遼史』 卷28, 「天祚皇帝本紀」 天慶 6年 夏4月條;『遼史』 卷69, 部族表 天慶 5年 2月條;『遼史』 卷101, 「蕭陶蘇斡傳」.

는데,[46] 주목되는 것은 주도자 고영창의 성이 고씨이고 대발해라는 국호와 황제 칭호, 연호를 사용했다는 점이다. 고영창의 고씨는 옛 고구려 왕족이었으며 발해에서도 지배계층을 이루던 우성이었다. 그러므로 사회적 지위로 보면 발해 유민을 모아 거란에 저항하는데는 큰 문제가 없었을 것이다.

대발해라는 국호는 나라가 망하고 나서 유민의 부흥운동 국가 중 '발해'라는 이름이 들어간 유일한 경우다. 이는 발해 계승의식이 명확히 나타나는 명실상부한 발해 부흥국을 지향했다는 점에서 역사적 의의가 매우 크다. 한편 최고통치자를 황제라 칭한 것도 눈여겨 볼 필요가 있다. 대발해가 12세기라는 동아시아 대전환기에 황제라 칭한 것은 비록 짧은 시간의 부흥국가라 하더라도 황제국가로서 위상을 갖추려 노력했음을 보여주는 주목할 만한 표현이다.

연호사용도 큰 의미가 있다. 이전의 정안국, 흥료국도 마찬가지지만 대발해가 황제라 칭하면서 연호까지 사용한 것 역시 발해의 연호사용 전통을 그대로 이어받았을 것으로 생각된다. 독자적인 연호사용은 대외적으로 자주성과 독립성을 표방하고 내부적으로 왕권의 절대성을 과시한다는 측면에서 대발해 역시 상당한 자신감을 갖고 국제정세에 대처하였던 것 같다.

다음은 부흥운동 전개과정에 대해 알아보고자 한다. 고영창은 요에서 관리로 있었는데 부흥운동 이전 동경유수(東京留守) 소보선(蕭保先)의 비장이 되어 발해의 무용마군(武勇馬軍) 2~3천 명을 이끌고 백초곡(白草谷)에 주둔하여 여진군의 침공을 막는 일을 맡고 있었다. 그런

46 『遼史』 卷28, 「天祚皇帝本紀」 天慶 6年;『契丹國志』 卷10, 天祚皇帝;『金史』 卷71, 斡魯傳;『大金國志』 卷1, 太祖 阿骨打 15年;『高麗史』 卷14, 睿宗 11年 3月;『高麗史節要』 卷8, 睿宗 11年 3月條.

데 얼마 후 발해 유민에 대한 심한 민족 차별로 많은 발해 유민이 살해된 것과 더불어 평소 소보선의 학정이 누적되면서 1116년 1월 1일 밤 상관인 소보선을 처단하였다. 고영창군은 10일 만에, 인근 지역이 다 호응하면서 8천 여 명에 이르렀고, 이에 요 동경을 기반으로 황제라 칭하고 국호, 연호를 정한 다음 발해부흥국가를 건립했다.

고영창이 주도한 부흥운동군은 거란 동경도 관할에 있던 79주 가운데 50주를 공략했으며 계요적여진(係遼籍女眞)의 일부인 갈소관여진(曷蘇館女眞) 지역까지 진출했다. 50주를 공략할 수 있었던 것은 그만큼 발해 유민의 적극적인 지원이 이루어졌다는 의미로 해석할 수 있다. 동경도의 관할을 받는 주 가운데서 고영창 세력이 미치지 못한 곳은 심주(瀋州, 오늘날의 심양)였다. 고영창은 중요 거점인 심주 일대에서 한족 출신의 거란 관료인 장림(張琳) 세력과 수십 차례 전투를 벌였다. 장림은 거란의 실업자와 해족, 한족 등으로 군대를 증원 편성하여 2만 명이나 되었다. 고영창은 이들과 벌인 전투에서 밀려 한때 동경성으로 되돌아왔으나 태자하(太子河) 지역에서 장림군을 격퇴함으로써 장림군은 많은 사상자를 내면서 심주로 다시 철수하였다.

이에 앞서 대발해 황제 고영창은 금 황제 아골타에게 사신 대달불야(大撻不野)를 보내 폐물을 주고 구원을 청했다. 고영창은 두 나라가 힘을 합해 거란을 공격하자고 했다. 금나라는 고영창의 제안에 찬동했으나 금나라에 가까운 요동 점거와 황제 칭호를 철회하라고 했다. 그리고 황제 칭호를 버리고 투항한다면 고영창에게 왕작(王爵)을 주겠다고 했다.

그러나 고영창은 금나라의 요구를 거절하고 오히려 거란의 지배를 받으며 여진군과 싸우다 항복한 후 금에 억류되어 있는 발해 사람을 송환시키라고 했다. 금도 4월에 대장 알로(斡魯)에게 명하여 대발해를 침공하도록 했다. 알로는 여진의 대군을 이끌고 계속 남진하면서 동경성으로 향했다. 5월이 되어 알로군은 심주에 이르렀는데 고영창에 대한 반격을 준비 중이던 거란의 장림은 오히려 동북방에서 내려오는 여진군에 패하여 성을 버리고 도망했다. 금군은 무력한 요의 군대를 계속해서 쉽게 무너뜨리고 고영창이 있는 동경 요양으로 진격했다.

고영창은 강력한 여진군이 심주에 입성했다는 소식을 듣고 크게 놀라 제호(帝號)를 버리고 칭번(稱藩)하기를 원한다고 했다. 고영창의 노력도 헛되이 여진군이 동경성을 넘어 계속 밀려오자 5천 군대의 고영창은 장송도(長松島)로 피했다. 그 후 동경 발해계 인물 은승노(恩勝奴)와 선가(仙哥) 등이 고영창의 처자를 생포하고 성문을 열어 금나라에 항복했다. 고영창은 곧바로 노극충(盧克忠) 등에 잡혀 여진 진영에 보내져 살해되고 말았다.[47]

2) 대발해와 동아시아 국제정세

대발해 부흥운동 당시 동아시아 국제정세는 앞에서 일부 언급하였으나 다음 몇 가지로 나눠 살펴볼 필요가 있다.

첫째, 대발해 건국 무렵 동아시아 국제관계에 대해서이다. 발해를 멸망시킨 거란은 성종(聖宗, 983~1031)을 거치면서 전성기를 누렸으나 12세기 접어들어 천조제(天祚帝, 1101~1125) 시기에 세력이 점차 약해져 쇠망의 길로 들어섰다. 대신 신흥의 여진은 무기력한 요를 계속해서 압박하는 가운데 1115년 정월 금을 세우고 도읍을 회령(會寧)에 정

47 부흥운동 전개 과정에 대해서는 다음을 참조했다. 『遼史』(卷28, 「天祚皇帝本紀」 天慶 6年), 『契丹國志』(卷10, 「天祚皇帝」 天慶 6年條), 『金史』(「闍母·斡魯·張玄素·高楨·盧克忠傳」).

하고 연호는 수국이라 했다. 1116년 태조 아골타(阿骨打)는 고영창의 봉기를 기회로 동경(현 요양)을 공략했고, 다시 요동반도의 갈소관여진(曷蘇館女眞)과 그 동쪽인 고주[봉황성]·보주[의주] 방면의 숙여진을 복속하여 여진 전체의 통합을 실현하자 연호를 천보(天輔)로 고쳤다.[48] 이러한 일련의 국제정세하에 요나라 각지에서 반란이 자주 발생하였는데, 요의 발해 유민에 대한 수탈과 억압이 날로 심해져 이 기회에 고영창을 중심으로 발해 유민들이 부흥운동을 전개했던 것이다.

둘째, 대발해 부흥운동의 실패와 국제관계의 문제이다. 고영창은 아골타에게 금(金)과 힘을 합쳐 요(遼)를 칠 것을 제의했다. 이때 아골타는 그 제의에 찬성하면서 조건을 제시했다. 동경지역 점거와 칭제·건원을 철회하라는 것이었다.[49] 이 제의에 대해 고영창은 신중하면서도 탄력적인 대처를 하지 못해 결국 금에게 멸망당하는 결과를 초래하고 말았다. 즉 무섭게 성장하는 신흥세력 금에 대한 정확한 실체 파악이 무엇보다 중요한 과제였으나 이에 대한 준비가 제대로 이루어지지 못했고, 요와 금 사이에 대발해가 나아갈 방향을 바르게 잡지 못했던 것이다. 이렇게 보면 대발해 고영창의 외교는 실리보다 명분을 우선하는 면이 엿보인다. 금과의 관계에서도 칭제 건원으로 문제를 낳지만, 고려와의 관계에서도 동경을 지나가는 고려 사신에게 당시 절실했던 군사지원요청 대신 상표, 칭신만을 강요하고 있기 때문이다.[50] 이러한 면은 그의 외교력을 넘어 대발해 존립에 큰 영향을 끼쳤을 것이다. 다만 요 지배하에서 관직생활을 하던 일부 발해 유민들이 금에 투항하

48 李龍範(1974c), 「10-12세기의 國際情勢」, 『韓國史』 4, 국사편찬위원회, 243쪽.

49 『金史』 卷71, 「斡魯傳」.

50 『高麗史』 卷14, 睿宗 11年 3月條; 『高麗史』 卷96, 「尹瓘傳」.

여 금나라 통치질서에 편입하여 개인의 영달을 추구했던 것과는 달리, 끝까지 부흥운동을 전개하면서 목숨을 바친 것은 그가 지향하는 분명한 목표가 있었기 때문이라 생각된다.

셋째, 대발해와 다른 민족의 관계에 대한 문제이다. 대발해 근거지인 요동은 민족구성이 복잡한 지역이다. 이에 대발해가 발해 유민 이외에 해·한족, 여진 등 이민족과 연합하여 부흥운동을 전개했을 가능성을 고려할 필요가 있다. 1030년 흥료국 부흥운동 시기에는 동경요양부를 중심으로 주변 주·현의 발해 유민이 시종 주체세력이었지만 대연림은 이민족의 도움을 받기 위해 다방면으로 노력했다. 실제로 남북 여진 다수가 참여했으며 고려에도 다섯 차례나 걸쳐 사신을 파견하여 구원을 얻고자 노력했다.

그런데 대발해 부흥운동기에는 한인과의 마찰도 매우 심각한 상태였으며, 거란의 별종인 해인들을 포용하지 못한 채 도리어 탄압을 가했다.[51] 여진족이 세운 금에게는 처음에 도움을 받기도 하지만 국제환경이 변하면서 오히려 이들에게 멸망당하고 말았다. 흥료국의 부흥운동 당시에는 여진족의 적극적인 협력이 있었으나 대발해 시기에는 이들과 협력관계를 제대로 맺지 못한 것은, 많은 여진 부족이 아골타를 중심으로 각한되어 간 탓도 있겠지만 여진족과 협력을 적극적으로 모색하는 사례가 없는 것으로 보아 대발해 부흥운동의 한계성을 보여주는 것이다. 같은 시기에 금 아골타가 발해계 사람들을 '여직발해본동일가(女直渤海本同一家)'[52]라는 구호로 회유하는 등 다른 이민족을 포용하여 급속하게 발전하는 것과는 대조적이다.

51 『契丹國志』 卷10, 「天祚皇帝」 天慶 6年條.

52 『金史』 卷2, 「本紀」 太祖阿骨打 2年 10月, 卷2, 「本紀」 太祖阿骨打 收國 2年 正月 戊子條.

넷째, 대발해의 봉기는 12세기 동아시아사 판도에 큰 영향을 미쳤다는 점이다. 여진의 아골타는 요 천조제 천경 4년(1114) 요의 영강주(寧江州)를 함락한 것을 시작으로 요의 동북부를 차지하고 1115년 금을 세웠다. 그런데 아골타가 1116년 요동반도까지 남하한 후 1117년 여진 전체의 통합을 이루는 큰 계기가 된 사건이 바로 고영창의 대발해 부흥운동과 관련이 있다. 즉 아골타는 요양에서 일어난 대발해 봉기를 기회로 대발해를 무너뜨린 다음, 요동반도 끝까지 세력을 확장함으로써 요와 금의 대결구도에서 우위를 점할 수 있는 바탕을 마련한 것이다. 그 뒤 금의 힘은 대발해, 요를 넘어 송나라에 미쳤다. 1125년 금이 북송과 연합하여 요를 멸망시켰으며 1127년에는 북송까지 멸망시켰다. 그 후에도 계속 남송을 공격하여 중국의 북반을 점유했다. 금의 힘은 고려에도 엄청난 브담으로 작용하면서 고려는 할 수 없이 사대의 예를 표하게 되었다.

그러므로 동경 요양에서 발생한 고영창의 대발해 부흥운동은 요동지역의 역사 주인이 거란족의 요에서 여진족의 금으로 교체되는 결정적인 계기가 된 사건이다. 동시에 발해 멸망 후 요 지배하에서 관직생활을 해오던 발해 유민들이 이제 요를 떠나 금의 건국과 초창기 금의 국가 통치체제를 정립하는 데 큰 역할을 맡는 계기 역시 발해 유민들이 세운 대발해의 등장과 깊은 관련이 있음을 알 수 있다. 이런 의미에서 대발해는 비록 조그만 부흥국가에 불과했지만 발해 유민의 개인적 삶의 변화뿐만 아니라 동아시아 전체의 민족, 국가, 국제관계에 일대 전환을 가져온 대사건이었다.

다섯째, 대발해와 고려의 관계에 대한 문제이다. 이는 『고려사』의 대발해 관련 기록을 통해 세 가지로 분류할 수 있다. 고려와 요 사이의 외교에 대발해가 등장하면서 정상적 외교가 행해지지 못하고 파행을 겪는 대발해와 고려 사신의 관계, 대발해의 봉기와 관련된 발해 유민의 고려 내투, 요·금의 전쟁과 대발해 부흥운동에 영향을 받아 나타나는 영토문제[保州]가 있다.[53] 영토에 관한 문제는 직접적인 것은 아니며 간접적인 사안이다. 보주(保州)를 거란한테서 되찾는 상황에서 단순히 요·금 전쟁의 부산물로만 차지한 것이 아니라 여기에는 요에 대한 발해 유민의 대발해 봉기가 크게 작용했던 것이다.[54]

이상 몇 가지 측면에서 대발해와 고려의 관계를 중심으로 대발해의 대외관계를 살펴보았지만, 흥료국이 고려에 사신을 파견해 구원을 요청했던 것과 같은 외교관계는 없었다.

53 保州에 대해서는 다음 참조. 三上次男(1939), 「金初の麗金關係—保州問題を中心として」, 『歷史學硏究』 9-4 ; 朴漢男(1993), 「高麗의 對金外交政策 硏究」, 成均館大大學院 博士學位論文.

54 『金史』 卷2 太祖 阿骨打;『高麗史』 卷14, 睿宗 11年條.

Ⅲ. 중국 학계가 바라본 발해 유민의 대외관계 연구

발해 유민사를 연구하는 주요 나라는 한국과 일본, 중국이다. 연구 내용을 분석하면 한국과 일본은 유사한 면이 많다. 하지만 중국의 시각은 여러 면에서 많은 차이가 있다.[55] 중국 학자들의 발해 유민 연구에 대해서는 최근 김위현(金渭顯)이 많은 비판을 가하였다.[56] 주로 2000년대 이전 것을 다루고 있어 아쉬움이 있지만 이 부분을 이해하는 데에 많은 참고가 된다.

현재까지 중국의 발해 유민사 연구에 가장 큰 영향을 주고 있는 저서는 지금부터 70여 년 전 출간된 진위푸의 『발해국지장편』(1934)이다. 그 이후의 연구는 진위푸의 유민사 연구를 크게 벗어나지 못하고 있다고 해도 과언이 아니다. 최근 중국의 발해사 연구를 대표하는 저서는 『발해국사』다. 이에 아래에서는 진위푸의 발해 유민사 시각과 『발해국사』 내 유민의 대외관계 서술 부분에 문제점이 없는지 검토하고자 한다.

---

55 李孝珩(2006), 「발해의 멸망·유민사에 대한 연구 현황과 과제」, 『釜大史學』 30, 24쪽.

56 김위현(2007), 「요대의 발해유민 연구—중화인민공화국 학자들의 논저에 대한 토론」·「금(金)건국과 발해유민—중화인민공화국 학자들의 주장에 대한 토론」, 『高句麗硏究』 29 : 고구려연구회 엮음(2008), 『동북공정과 한국학계의 대응논리』, 여유당.

1. 동란국을 보는 시각의 차이

동란국(東丹國)은 거란이 발해 멸망 직후 바로 그 땅에 세운 국가지만, 동란국을 바라보는 한국과 중국의 인식은 커다란 차이가 있다. 한국에서는 발해의 멸망과 유민사를 서술하는 연결 고리로 간단히 언급하는 정도에 불과하다. 이에 반해 중국에서는 동란국 자체에 많은 관심을 가지고 연구를 진행했다. 동란국에 대한 개괄적인 것은 물론이고 동란왕 야율배(耶律倍) 개인에 대한 연구, 1992년 발견된 동란국 우차상 야율우지(耶律羽之) 묘지명에 대한 것 등 다양한 각도에서 연구를 진행하였다.[57]

중국 학자들의 동란국사에 대한 관심과 연구 성과는 발해·발해 유민사 인식과 일정한 관련이 있다. 그들은 기본적으로 발해사를 중국사의 한 부분으로 규정하므로 유민사 역시 중국과의 관련성만을 강조하는 인상이 짙다. 유민의 활동과 유민의 고려 흡수에 역사적 의의를 찾으려는 우리 입장과는 사뭇 다르다. 따라서 거란사의 일부에 불과한 동란국에 대한 관심과 연구는 많지만, 유민사와 한국사의 관련성에 대한 부분은 서술을 애써 피하려는 경향이 있다.

표 4 발해 멸망과 거란(요)사의 전개

<table>
<tr><td rowspan="3">발해
(698~926)</td><td>거란(요)
(916~)</td><td rowspan="2">거란(요)
(~1125)</td></tr>
<tr><td>동란국
(926~982)</td></tr>
<tr><td colspan="2">발해 부흥국가(926~1115)
- 후발해, 정안국, 흥료, 대발해 -</td></tr>
</table>

57 李孝珩(2005a), 「渤海的滅亡與遺民的東丹國參與」, 『渤海史研究』 第10輯, 延邊大出版社 ; (2005b), 「渤海의 멸망과 遺民의 諸樣相—東丹國 관련 渤海遺民을 중심으로」, 『白山學報』 72 ; (2008), 「발해 유민 연구」, 『중국학계의 북방민족·국가연구』, 동북아역사재단.

이러한 현상은 중국 발해사 연구의 선구자인 진위푸의 저술에서 쉽게 드러난다. 그의 발해 인식을 보여주는 대표작 『발해국지장편』(1934)에는 발해 유민의 활동 가운데 동란국인의 활동이 아닐 가능성이 높은 것도 동란국인의 활동으로만 규정하고 있다.[58] 그는 이른바 후발해의 실체를 인정하지 않으면서 발해 멸망 직후 등장하는 발해사(渤海使)의 존재를 동란국사(東丹國使)로 대체해서 이해하는 것이 옳다고 하였다. 이러한 입장을 그의 『동북통사(東北通史)』에도 그대로 반영하여 서술하고 있다. 발해가 이미 멸망한 뒤에 계속해서 중국에 사신을 보내 방물을 바친다는 것은 이치에 맞지 않는다는 것이다.[59]

1980년대에 나온 『발해사고(渤海史稿)』도 진위푸의 강한 영향 때문인지 비슷한 흐름을 보이고 있다.[60] 최근의 『발해국사』 역시 10장 「발해의 멸망과 동란국의 건립」의 3절 '발해유민(渤海遺民)의 반요투쟁(反遼鬪爭)'에 대한 내용보다 2절 '동란국의 시말(始末)'에 대한 서술이 훨씬 많다.[61] '동란국의 시말'에서는 건립, 정치체제, 인접국가와의 관계, 서천(西遷), 소멸까지 자세히 다루고 있다. 그런데 인접국가와의 관계에 대한 서술은 여전히 진위푸의 견해를 따르고 있다. 발해 멸망 직후 국제관계에 다수 등장하는 발해사는 이른바 후발해라는 특정 세력의 사신이 아니라 바로 동란국사(東丹國使)로 봐야 한다는 것이다.[62]

물론 중국 학자들의 견해처럼 동란국인 스스로 여전히 발해인으로

58 金毓黻, 『渤海國志長編』 卷4, 「渤海國志」「後紀」; 卷13, 「遺裔列傳」; 卷19, 「叢考」.

59 金毓黻(1976), 『東北通史』 卷5, 東丹國及渤海遺族, 洪氏出版社.

60 朱國忱·魏國忠(1984), 『渤海史稿』, 黑龍江省文物出版編輯室, 93~102쪽.

61 魏國忠·朱國忱·郝慶云(2006), 앞의 책, 561~577·578~588쪽.

62 魏國忠·朱國忱·郝慶云(2006), 앞의 책, 567~568쪽.

인식하거나 중국 사서에서 동란국사를 발해사로 기록한 사례가 있을 수 있다. 그렇지만 10세기 동아시아 국제관계에서 동란국 주변국가는 거란과 동란국을 구별하는 동시에 동란국을 발해로 인식하지 않았음을 보여주는 분명한 기록이 있다. 『남당서(南唐書)』에는 거란사(契丹使)와 동란사(東丹使)라는 단어가 같은 기사에 등장하고 있다.[63] 그리고 동란국과 일본의 외교에서도 발해와 동란국의 차이를 알고 있었다. 예컨대 발해가 멸망하기 전 두 차례 일본에 사신으로 갔던 배구(裵璆)가 929년 동란국사 신분으로 일본에 파견되자 배구는 "발해가 이미 멸망하여 이제 동란국 신하가 되었다"고 하였으며, 그가 쓴 태장(怠狀)의 제목 '동란국입조사배구 등(東丹國入朝使裵璆等)'으로 시작하는 문장이 남아 있다.[64] 따라서 발해사를 곧바로 동란국사로 규정하는 데는 신중을 기할 필요가 있다.

그렇다면 동란국은 발해사의 연속이고, 발해 계승 국가일까? 동란국이 발해의 통치 영역과 주민을 물려받았고 고위 관직에 일부 발해인들이 참여하고 있는 것은 사실이다. 그리고 정치제도 등을 비롯해 많은 측면에서 발해의 것을 차용했을 가능성이 높다. 그럼에도 동란국의 최고 통치자가 발해 계승국가라고 선포한 경우는 없었다. 이는 발해 대씨(大氏)와는 전혀 다른 이민족 출신의 야율씨(耶律氏)가 최고 통치자였다는 것과 발해의 마지막 왕 대인선을 거란의 황도 서쪽에 옮겨 감시와 통제를 했던 사실, 발해인들을 다른 곳으로 이주시켰다는 사실도 이를 반증한다. 비록 발해인에게 세금을 감면하는 시책이

63 『南唐書』 卷18, 「契丹傳」.

64 『本朝文粹』 卷12 ;『扶桑略記』 卷24.

있었다 해도,[65] 이것은 발해인에 대한 회유책이지 동족 차원의 우대는 아니었다. 그리고 발해인들이 멸망 직후부터 각지에서 거란과 동란국의 지배에 강력하게 반발하는 집단 행동을 보이고 있다는 사실 역시 계승 국가가 아님을 보여주는 것이다.[66]

동란국은 발해 계승국가도 아니지만 엄밀한 의미에서 발해 유민사도 아니다. 그럼에도 중국 학계에서는 발해사 혹은 유민사의 흐름에 포함시켜 이해하려는 경향이 있다. 중국의 발해사 연구에 지대한 영향을 주고 있는 진위푸의 『발해국지장편』에는 세기(世紀, 발해 고왕 대조영부터 마지막 왕 대인선)에 뒤이어 후기(後紀)를 설정하여 동란왕(東丹王)에 대해 길게 서술하고 있을 정도다.[67] 그의 동란국 인식은 『동북통사』에 확연히 드러나 있다.

> 동란의 국왕은 비록 거란 사람이지만 통치하는 백성은 모두 발해 유민이다. 그 정치제도 또한 대부분 발해의 옛 제도를 답습했다. 거느리는 여러 주는 비록 대부분 발해의 옛 지역에 있지 않지만 그 옛 이름을 그대로 사용했다. 그러므로 동란국을 일러 발해를 계승하고 연속한 국가라 할 만하다.[68]

현재까지도 중국 학자들의 동란국에 대한 인식은 위의 인용문과 크게 다르지 않다. 이와 같은 흐름은 가장 최근에 나온 『발해국사』도 마

---

65 『松漠紀聞』 卷上, "契丹阿保機滅其王大諲譔 徙其名帳千餘戶燕 給以田疇 損其賦入 往來貿易關市皆不征 有戰則用爲前驅."

66 李孝珩(2005b), 앞의 글, 174~176쪽.

67 金毓黻(1976), 앞의 책.

68 金毓黻(1976), 앞의 책, 480쪽.

찬가지다. 2006년 출간한 『발해국사』의 서술이 70년 전 1934년에 나온 『발해국지장편』 후기 내용을 그대로 인용하면서 극히 일부만 추가하고 있다는 것은 중국 학계가 아직도 진위푸의 그늘에서 벗어나지 못하고 있다는 반증이다. 다만 아래 인용문의 밑줄 친 마지막 문장을 통해 동란국 인식에 약간의 변화를 짐작할 수 있을 따름이다.

> 비록 그렇다 하더라도 동란국은 형식적으로 발해정권이 특정한 조건 아래서 계속된 것이었다. 그러므로 진위푸는 『渤海國志長編』에서 동란을 위하여 後紀를 지었는데 世紀의 차례를 사용하여 동란의 사적을 서술하였다. 거기서 말하기를 "東丹의 왕은 耶律씨의 아들이지 大씨의 후예가 아니다. 그러나 또한 이를 위하여 後紀를 지어 발해의 뒤를 이었다고 하는 것은 어째서인가? 대개 동란국이 이미 건립되고 여전히 발해의 제도를 사용하여서 그 땅을 다스리고 그 신하들을 신하로 하고 그 백성을 자식으로 하였다. 이는 발해가 비록 멸망하였지만 오히려 멸망하지 않은 것이다. 동란의 신민 가운데 다른 나라로 간 사람들이 일찍이 스스로 발해라고 칭하여 말하고 다른 나라의 기록에서도 또한 발해의 사신이 왔다고 하지 동란이라고 하지 않는다. 이와 같은 종류는 하나만이 아니다. 이것만 그런 것이 아니고, 동란국이 없어지고 그 후예들이 오히려 盛해서 遼와 金을 지나면서도 그 세력은 없어지지 않았는데 그것이 이렇게 된 까닭을 또한 생각해 볼만하다"고 했다. 그러나 다른 한편으로 동란과 발해는 끝내 두 개 성질의 완전히 다른 정권이다.[69]

69 魏國忠·朱國忱·郝慶云(2006), 앞의 책, 566쪽.

요컨대 동란국은 엄연히 거란의 괴뢰국에 불과했다. 거란이 발해를 멸망시킨 후 옛 발해 지역을 쉽게 통치하기 위해 건립한 임시국가였으며 사실상 모든 주권은 거란이 지니고 있던 '제2의 거란국' 혹은 '형제국'이라 칭할 수 있을 것이다. 그러므로 결코 발해유민국가는 아니었다. 따라서 동란국이 발해 땅에 건립되었고 발해의 제도를 차용하면서 극히 일부의 발해유민이 동란국 권력층에 참여했다 하더라도 중국 학계처럼 발해사의 연장 혹은 발해 유민사의 일부로 간주하여 서술한다는 것은 옳지 않다.

단, 동란국의 대외관계와 후발해, 정안국의 대외관계를 명확히 구분해 가려낼 수 있는 심층적인 연구가 필요한 것은 사실이다. 즉 중국 학계의 동란국 중시와 후발해를 인정하지 않는 연구 자세는 우리에게 발해 멸망 직후 유민사를 더욱 종합적으로 새로이 조명해야 하는 과제를 안긴 것이다. 동시에 연구의 기회를 제시하는 방향에서 긍정적으로 이해해야 하는 측면도 없지 않다.

2. 발해 유민의 대외관계 연구 비판

발해사의 여러 쟁점에 대한 동아시아 각국의 인식이 다르듯이 유민사를 바라보는 시각도 예외가 아니다. 중국 학계의 발해 유민사, 더 나아가 유민의 부흥운동 과정에 나타나는 대외관계 연구의 몇 가지 특징을 정리하면 다음과 같다.

첫째, 유민사를 서술하면서 한국과 관련있는 부분을 생략 혹은 무시하려는 태도가 엿보인다는 점이다. 중국 학계의 발해 대외관계 서술은 중국이나 일본과의 관계에 대한 부분이 다른 국가나 주변 민족에 비해 비중이 훨씬 높다. 일례로 중국의 대표적인 발해 개설서인 『발해간사(渤海簡史)』(1984)에는 발해와 당, 일본과의 관계에 대해서는 각각의 장을 설정해 서술할 정도다.[70] 이에 반해 발해와 남북에서 병립했던 통일신라나 발해 멸망기의 고려와의 관계에 대한 서술은 아예 빠져 있다. 물론 여기에는 기록의 많고 적음이 영향을 줄 수도 있으나 자칫 발해가 신라, 고려와의 관계는 아예 없었던 것으로 비춰질 수 있는 것이다. 최근 나온 『발해국사』(2006)에는 약간의 변화가 나타나고 있다. 발해와 당의 관계를 하나의 장으로 설정한 것은 마찬가지이나 발해와 주변국의 관계도 장으로 설정해 9장 「발해와 이웃나라의 관계」를 서술하고 있다.[71] 그러나 당과의 관계는 5장 「발해정권의 성격과 당나라와의 관계」라는 제목에서 보듯이 순수한 대외관계 시각이 아닌 발해가 당의 지방정권이고 결국은 중국사의 한 부분이라는 내용으로 길게 채워져 있다.

이러한 중국의 발해사 서술은 발해가 한국사와 무관한 듯한 인상을 심어줄 가능성이 있다. 그런데 유민사도 마찬가지다. 유민들의 활동 가운데 고려와의 관련성을 특별히 중시하지 않는다는 점이다. 200년에 이르는 발해 유민들의 활동에 대해 중국 학계에서는, 올야(兀惹)나 연파(燕頗)의 활동에 관해서는 빠뜨리지 않고 거론하는 경향이 있다. 대신에 흥료국(興遼國)을 서술하면서도 흥료국이 다섯 차례나 걸쳐 고려에 구원을 요청한 사실에 대해서는 큰 의미를 찾지 않으려 한다. 특히 수십 차례에 걸쳐 수만 혹은 수십만의 발해 유민이 고려에 내투한

70 王承禮(1984), 『渤海簡史』, 黑龍江人民出版社.

71 魏國忠·朱國忱·郝慶云(2006), 앞의 책.

사실을 전적으로 다룬 연구는 없다. 발해 유민들이 고려로 이동하였다는 정도의 아주 간략한 서술에 그치고 있다. 단지 내투한 수에 대해서는 관심을 갖고 있는 것 같다. 이는 발해 유민이 고려에 내투하자 이를 우대하며 적극 수용한 것은 민족사적 의미에서 남다른 의의를 지닌다는 남북한의 발해 유민사 인식과 현격한 차이가 있다.

한편 중국에서는 고구려와 고려 간에 계승관계를 찾을 수 없다고 주장한다.[72] 근래에는 '고려는 중국 출신 통치자의 세 번째 정권'이라는 식의 글까지 나왔다.[73] 이는 고구려와 발해의 여러 관계를 차단하고 동시에 발해와 고려 사이의 관계도 찾을 수 없다는 점을 내세우려는 논리다. 그렇게 함으로써 발해사는 한국사가 아니라는 논지를 강화하려는 차원으로 생각된다. 이와 같은 중국 학계의 논리에서 비춰본다면 발해 유민과 고려의 관계가 갖는 역사적 의의는 비집고 들어갈 틈이 없어지게 된다.

둘째, 중국 학계에서는 이른바 후발해의 실체를 인정하지 않는다는 점이다. 후발해 대신 도리어 유민사와 일정한 거리가 있는 동탄국사를 중시하려는 경향이 있다. 이는 이미 앞에서 약간 언급하였으므로 재론하지 않겠다. 다만 이미자(李美子)의 후발해에 대한 관점을 언급할 필요가 있다.

이미자는 중국 조선족 출신으로 일본에서 연구한 다음, 글은 한국에서 발표한 적이 있는 다소 색다른 경우다.[74] 지금까지 중국 학자들은 발해 유민사를 서술하면서 후발해라는 용어조차 사용하지 않았다.

72 楊保隆(1999), 「論高句麗與王氏高麗無前後相關關係」, 『社會科學戰線』 1999-1.

73 史長樂(2007), 「唐明宗披露了高麗太祖王建的族籍」, 『東北史地』 2007-3.

74 李美子(2003), 앞의 글.

동시에 일본이나 한국의 후발해 관련 연구를 각주에서도 인용하지 않는 상황이다. 반면에 이미자는 일본과 한국의 후발해 연구 동향을 철저히 분석한 다음, 나름의 비판을 가하고 있다. 물론 그의 연구 결과는 후발해의 실체를 인정하는 일본과 한국 학자들의 견해는 옳지 않다는 것이다. 이는 이전의 중국 학자들이 발해 멸망 후 등장하는 대외관계상의 발해사(渤海使)의 실체는 다름 아닌 동란국사(東丹國使)인데 중국 측 기록에 발해사로 기록하여 혼란을 가져왔다는 것과 마찬가지 견해다.

하지만 진위푸 이후 후발해를 전혀 인정하지 않는 중국 학자들과는 달리, 후발해를 연구한 많은 연구자들의 연구 성과를 철저하게 분석하는 자세를 보였다는 점과 다양한 각도에서 비판하려는 방법은 분명히 일반적인 중국 학자들의 연구태도와 다르다. 아마도 중국 학자이지만 장기간 일본에서 연구를 수행하면서 나타난, 연구 환경이 가져온 결과로 짐작된다. 즉 일본의 연구 풍토가 그에게 영향을 준 것이 아닌가 한다. 이처럼 중국에서는 후발해를 인정하지 않으므로 발해 유민의 첫 번째 부흥운동은 정안국으로 간주하고 있다.

셋째, 유민사와 관련한 고고학연구성과가 아직도 크게 눈에 띄지 않는다는 점이다. 물론 올야성(兀惹城)의 위치를 비정하려는 노력이 엿보이기도 하나,[75] 주목할 만한 연구 성과를 찾기는 힘들다. 유민들의 부흥운동이 단속적이지만 상당히 긴 시간 동안 이루어졌으므로 이와 관련있는 흔적이 남아 있을 가능성이 높은데도 고고학 측면의 연구 결과를 찾기가 힘들다. 일본에서는 발해가 망하고 거란에 잡혀간 유민들이 거란의 조릉(祖陵)과 조주성(祖州城)을 만드는 데 큰 역할을 했다

75 朱國忱(2007),「兀惹部, 兀惹城硏究」,『東北史地』2007-3.

고 추정하는 언급이 있다.[76] 조릉은 거란 태조 야율아보기의 무덤이다. 태조는 발해를 정벌한 다음 926년 7월 귀국 도중에 부여성에서 병사하였는데, 다음 해 8월 조릉에 묻혔다. 조릉의 동남 약 2킬로미터의 산기슭에 봉릉읍(奉陵邑)인 조주성이 있다.[77]

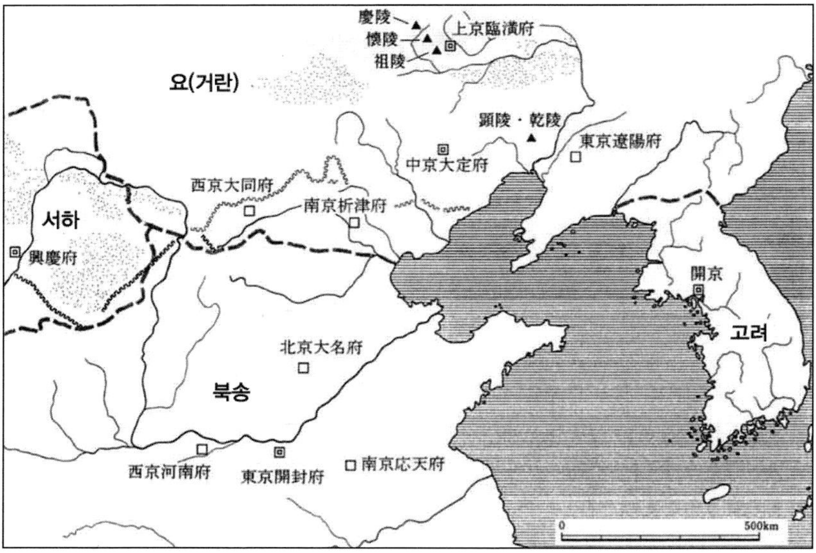

지도 2 조릉의 위치 및 동아시아 형세도

※출처 : 이 그림은 京都大學大學院文學研究科(2005),『遼文化·慶陵一帶調査報告書』, 194쪽의 図 1. 速の五京の을 스캔한 것임.

최근 몽골에서 발해 유민과 관련있는 유적지가 발굴, 소개된 것은 반가운 소식이 아닐 수 없다. 몽골-러시아 합동조사단은 2004~2007년까지 몽골 내 옛 진주성(鎭州城) 일대 유적(Chintolgoi balgas)을 매년 발굴조사하여 온돌이 딸린 건물지, 각종 토기를 굽던 가마터 등

76 田村實造(1964),『中國征服王朝の研究』上, 同朋舍, 297쪽;田村實造(1985),『中國征服王朝の研究』下, 同朋舍, 11쪽.

77 京都大學大學院文學研究科(2005),『遼文化·慶陵一帶調査報告書』, 194~196쪽.

그림 1 친톨고이(Chintolgoi)성 온돌 건물지

을 확인했고, 기와나 토우 등 다양한 유물들을 출토했다고 했다.[78] 조사단의 일원이었던 러시아의 이블리예프는 몽골 내 발해 유민과 관련 있는 유적에 대해 답사자료를 한국에서 공개하기도 했다.[79] 동북아역사재단에서도 몽골 내 발해 유민 관련 유적지를 조사하였다. 유민과 관련있는 대표적인 성은 친톨고이(Chintolgoi)성과 엠겐트(Emgent)성이다. 전자는 토성으로, 진주(鎭州)로 비정되는데, 고구려와 발해 성의 특징인 치(雉)와 온돌 시설이 잘 남아 있다. 후자에는 흙과 돌을 섞어 만든 것인데 유민들이 축조한 성으로 거기에 거주했음을 알 수 있다.[80] 그 외에도 몽골에서 확인되는 거란 성터의 성벽과 온돌 건물지는 발해인(유민)

78 A. Ochir(2008), 「몽골과 동아시아의 교류(10~11세기)」, 『渤海와 東아시아』, 동북아역사재단 국제학술회의 발표논문집.

79 이블리예프(2007), 「러시아 학계의 발해사 연구 성과」, 2007년 6월 14일 동북아역사재단 발표문.

80 동북아역사재단(2008), 『이달의 동북아역사재단 NEWS』 2008년 7월호.

이 살았던 증거로 한반도와 밀접한 관련이 있는 것으로 추정된다.[81]

발해 유민 관련 유적에 대해서는 일본, 몽골은 물론이고 다른 동아시아국가들도 관심을 갖고 주의 깊게 바라보고 있다. 앞으로는 발해 유민의 주요 활동 근거지였던 중국에서 유민 관련 고고학연구성과가 많이 소개되기를 기대한다.

넷째, 발해 유민사를 유민사의 입장에서만 다루는 것이 아니라 발해의 족원과 귀속문제로까지 연결시켜 이해하고 있다는 점이다. 이와 같은 사실을 잘 보여주는 예가 『발해국사』다. 이 책의 저자는 발해의 역사 귀속 문제를 다루면서 발해국 창건자 대조영가(大祚榮家)와 발해의 주체 민족은 중국의 말갈인이며, 이들은 시종 역사상 중화 제족(諸族)의 일원이라고 주장했다. 그리고 발해가 거란에 멸망한 후 일부 영토가 고려에 들어갔지만 대부분의 땅은 요, 금 이래 중국 역대 왕조의 고유의 판도가 되었고, 동시에 수만의 발해 유민이 고려에 유입되었다고 해도 절대 다수의 유민들은 거란, 여진, 한족과 융합하여 중국 영토에서 살아왔다고 했다. 결국 발해 정권은 당시 중국의 나라 중의 나라[國中의 國]이고 발해사는 당연히 중국의 범주에 들어가야 하며 다른 나라와는 아무 관련이 없는데, 이것은 역사 발전 과정에서 자연스럽게 나타나는 객관적인 결론이라는 것이다.[82]

다섯째, 발해 유민의 대외관계 연구가 미진할 뿐만 아니라 내용의 서술에 일관성이 없다는 점이다. 유민의 활동과 유민들이 펼치는 국제관계에 대한 연구는 실제로 일본 학자들의 연구가 단연 돋보인다. 그

81 부산박물관·서울대학교박물관·몽골 과학아카데미 고고학연구소·몽골 국립박물관(2009), 『몽골, 초원에 핀 고대문화』(부산박물관 2009년 특별전시회 도록), 114쪽.

82 魏國忠·朱國忱·郝慶云(2006), 앞의 책, 592~594쪽.

가운데 히노 카이자부로의 연구는 매우 정치(精緻)하여 마치 실을 좌우로 촘촘히 꿰매어 공기가 빠지지 않을 정도로 세밀하다. 부족한 자료지만 후발해, 올야부, 정안국에 대한 연구 내용만 무려 300쪽을 넘을 정도다.[83] 물론 그의 연구 내용이 모두 옳은 것은 아니고 많은 부분에서 추론이 더해진 것은 사실이다. 하지만 발해의 국가귀속 문제에서 자유로운 동시에 일본과 커다란 이해관계가 얽히지 않은 발해사의 아주 구석진 부분, 즉 유민사를 그토록 심혈을 기울여 연구한 것은 대단한 업적이라 생각한다.

반면에 중국 학자들은 발해사 전개과정의 말미에 유민사를 서술하나 유민의 대외관계를 체계적으로 정리하는 단계에는 이르지 못했다. 대외관계서술 역시 주로 중국의 오대, 송과의 관계를 중심에 두고 서술한다는 측면에서, 동아시아 전체의 관점에서 바라본 히노 카이자부로와는 많은 차이를 보여주고 있다.

여섯째, 『발해국사』의 유민사 서술과 집필에 대해 지적하지 않을 수 없다. 『발해국사』는 웨이궈중과 주궈천[朱國忱], 하오칭윈[郝慶云]의 공동 저작물이다. 그런데 발해의 멸망과정, 동란국 시말, 유민의 반요투쟁에 대한 내용이 포함된 10장 「발해의 멸망과 동란의 건립」의 집필자는 하오칭윈이다. 문제는 하오칭윈이 발해 유민사는 물론 발해사를 연구하는 학자가 아니라는 점이다. 한국이나 일본 학자 가운데는 유민사를 많이 연구한 학자가 있듯이, 중국도 우위환[武玉環]을 비롯하여 유민사에 관심을 갖고 연구하는 학자가 있다. 『발해국사』의 「후기」에 따르면 전체 원고는 마지막으로 웨이궈중이 수정하여 탈고했다고 하지만, 발해사 전문가도 아닌 학자가 유민사를 저술했다는 것은 문제가

83 日野開三郎(1990), 앞의 책.

아닐 수 없다. 이러한 요인 때문인지는 몰라도 1115년 동아시아의 국제정세에 커다란 반향을 일으켰던 대발해의 부흥운동을 단 한 줄로 처리하였고 대외관계에 대해서는 언급조차 하지 않는 우를 범하고 말았다.[84] 이는 "관점의 객관화 및 공정과 서술의 실사구시를 강조하며 …… 각국 학자들이 학술적인 우호교류를 촉진하도록 적극 공헌 할 것이다"는 서문보다는 "우리는 국내외 자료와 최신 연구 성과에 대한 이해가 부족하여, 충분하게 국내외의 우수한 연구 성과를 수용하고 참고하지 못하여, 전반적이고 체계적으로 국내외의 연구동향을 파악하지 못했다"는 후기의 내용이 옳았음을 그대로 보여주는 것이다.

이상에서 중국 학계의 발해 유민사 연구에 나타나는 몇 가지 사항과 『발해국사』의 유민사 서술의 문제점을 지적하였다. 이외에도 필자가 미처 발견하지 못한 요소가 있을 것이나, 앞으로는 동아시아 각국의 발해 유민사 연구가 확발히 전개되어 내용의 간극이 조금씩 좁혀지기를 기대한다.

84 魏國忠·朱國忱·郝慶云(2006), 앞의 책, 516쪽.

IV. 맺음말

발해 유민사는 멸망기와 연계되는 동시에 멸망 이후의 발해사가 한국사, 중국사(만주사 포함)와 어떻게 이어지는가를 보여주는 중요한 연구 분야이다. 그러나 유민사 연구를 처음으로 주도한 국가는 표면상 커다란 이해관계가 없는 일본이었다. 한국에서는 일본의 영향을 받으며 어느 정도 연구성과를 축적했다. 중국과 북한에서는 일본과 한국의 연구를 거의 도외시한 채 자기 중심으로 연구를 수행하는 특징이 있다.

발해 유민들이 전개한 대외관계사는 발해사 전체로 보면 아주 세부적이어서 이에 대한 전론의 연구는 없었다. 바로 직전의 멸망기 대외관계에 많은 관심을 갖고 연구가 진행된 것과는 대조적이다. 발해 유민들이 중심을 이뤄 건립한 부흥운동 국가의 대외관계는 당시 동아시아 정세와 맞물려 매우 복잡했다. 이에 대해 중국 학계는 주로 오대, 송과의 관계에 주목했다. 한국은 고려와의 관계를 눈여겨보았다. 일본은 동아시아라는 폭넓은 공간에서 바라본 것으로 판단된다.

발해 유민사는 발해의 국가 귀속문제와 직결되는 주제여서 동아시아 각 나라는 결코 소홀히 할 수 없는 분야다. 나라마다 연구는 진척되고 있지만 여전히 해결하기 어려운 문제로 남아 있다. 물론 단초는 기록의 부재가 제공하나 이른바 후발해의 실체가 조금 더 명확히 밝혀져야 하며 후발해가 존재했다면 후발해와 정안국의 관계, 올야(오사국)와 후발해 관계 정리가 선결 과제다. 만약 이 과제를 해결하지 않으면 발해 유민사는 홍료, 대발해의 활동만 정확하고 그 이전 약 100년 간의 유민사는 서로 복잡하게 엉킨 실타래와 같은 형상이라 할 수 있다. 이러한 과제를 해결하는 것은 중국 학계에서 주목하는 동란국의 대외관계와 발해 유민들의 대외관계를 구분할 수 있는 실마리를 제공한다는 의미에서도 매우 중요하다.

위에서 거론한 과제들은 앞으로 유민사 연구의 진척과 함께 발해사를 연구하는 동아시아 각국 사이의 지속적인 학술 교류로 조금씩 줄어들 것으로 기대한다. 한국에서 유민사 연구 역시 지금까지 나타난 여러 문제점을 면밀히 검토하여 새로운 연구 방향을 모색해야 할 것이다.

단행본

金渭顯(1985), 『遼金史研究』, 裕豊出版社.

朴玉杰(1996), 『高麗時代의 歸化人 研究』, 國學資料院.

서병국(1990), 『발해·발해인』, 一念.

宋基豪(1995), 『渤海政治史研究』, 一潮閣.

李龍範(1988), 『中世滿洲·蒙古史의 研究』, 同和出版公社.

이효형 외(2009), 『동아시아의 발해사 쟁점 비교 연구』, 동북아역사재단.

이효형(2007), 『발해 유민사 연구』, 혜안.

정병준 외(2008), 『중국학계의 북방민족 국가연구』, 동북아역사재단.

韓圭哲(1994), 『渤海의 對外關係史—南北國의 形成과 展開』, 新書苑.

박시형(1979), 『발해사』, 김일성종합대학출판사.

金毓黻(1934), 『渤海國志長篇』, 華文書局.

金毓黻(1976), 『東北通史』, 洪氏出版社.

楊保隆 編著(1988), 『渤海史入門』, 青海人民出版社.

王承禮(1984), 『渤海簡史』, 黑龍江省人民出版社.

禹碩基·劉毅·竇重山 主編(1995), 『渤海國與東亞細亞』, 遼寧大學出版社.

魏國忠·朱國忱·郝慶云(2006), 『渤海國史』, 中國社會科學出版社.

李殿福·孫玉良(1987), 『渤海國』, 文物出版社.

朱國忱·魏國忠(1984), 『渤海史稿』, 黑龍江省文物出版編輯室.

和田清(1955), 『東亞史研究』(滿洲篇), 東洋文庫.

三上次男(1990), 『高句麗と渤海』, 吉川弘文館.

日野開三郎(1990), 『日野開三郎東洋史學論集』 第16卷, 三一書房.

논문

金渭顯(1979), 「遼代 渤海復興運動의 性格」, 『明大論文集』 11.

金渭顯(1999), 「渤海 遺民과 後渤海 및 大渤海國」, 『高句麗研究』 6, 학연문화사.

金昌洙(1960), 「高麗와 興遼國」, 『黃義敦先生古稀記念史學論叢』.

盧明鎬(1998), 「高麗 支配層의 渤海遺民에 대한 認識과 政策」, 『汕耘史學』 8.

朴玉杰(1988), 「高麗時代의 渤海人과 그 後裔」, 『退村閔丙河敎授停年紀念史學論叢』.

李美子(2003), 「[後渤海國]의 存在如否에 대하여—史料를 中心으로」, 『白山學報』 67.

李龍範(1974), 「高麗와 渤海」, 『韓國史』 4, 국사편찬위원회.
李龍範(1974), 「金初의 渤海遺民」, 『又軒丁仲煥博士還曆紀念論文集』.
李龍範(1973), 「遼代 上京·中京道의 渤海遺民」, 『白山學報』 15.
李龍範(1973), 「遼代東京道의 渤海遺民」, 『史叢』 17·18合.
李在範(2003), 「高麗太祖의 對外政策—渤海遺民 包攝과 관련하여」, 『白山學報』 67.
李鍾明(1968), 「高麗에 來投한 渤海人考」, 『白山學報』 4.
李孝珩(1998), 「興遼國의 성립과 對高麗 구원 요청」, 『釜大史學』 22.
李孝珩(2002), 「발해 유민의 大渤海 건국과 고려와의 관계」, 『白山學報』 64.
李孝珩(2005), 「渤海的滅亡與遺民的東丹國參與」, 『渤海史硏究』 第10輯, 延邊大出版社.
李孝珩(2005), 「渤海의 멸망과 遺民의 諸樣相」, 『白山學報』 72.
李孝珩(2006), 「발해의 멸망·유민사에 대한 연구 현황과 과제」, 『釜大史學』 30.
李孝珩(2008), 「발해 유민 연구」, 『중국 학계의 북방 민족·국가 연구』, 동북아역사재단.
韓圭哲(1994), 「高麗 來投·來往 女眞人—渤海遺民과 관련하여」, 『釜山史學』 25·26合.
韓圭哲(1984), 「高麗來投·來往 契丹人—渤海遺民과 관련하여」, 『韓國史硏究』 47.
韓圭哲(1995), 「渤海復興國 '後渤海'硏究—연구동향과 형성과정을 중심으로」, 『國史館論叢』 62.
韓圭哲(1997), 「渤海遺民의 高麗投化」, 『釜山史學』 33.
韓圭哲(1996), 「발해유민의 부흥운동」, 『한국사』 10(발해), 국사편찬위원회.
劉肅勇(1982), 「東丹國與東丹王耶律倍」, 『遼寧師院學報』 1982-3.
王民信(1982), 「遼東京與東京道」, 『邊政硏究所年報』 13.
林相先(1993), 「高麗와 渤海의 關係」, 『素軒南都泳博士古稀紀念 歷史學論叢』, 民族文化社.
艾生武(1983), 「東丹國初探」, 『北方論叢』 1983-2.
裘運万(1986), 「關于渤海國及東丹國的三個問題」, 『渤海史學術討論會討論稿』.
何俊哲(1993), 「耶律倍與東丹國諸事考」, 『北方文物』 1993-3.
楊雨舒(1992), 「東丹南遷芻議」, 『社會科學戰線』 1992-5.
楊雨舒(1995), 「《耶律倍與東丹國諸事考》商榷」, 『北方文物』 1995-3.
楊雨舒(1996), 「渤海及東丹史硏究論著資料索引」, 『北方文物』 1996-1.
何俊哲(1996), 「關于耶律倍秘密向契丹主請兵攻擊後唐的再商榷」, 『北方文物』 1996-2.
劉桓(1998), 「關于契丹遷東丹國民的緣起」, 『北方文物』 1998-1.
盖之庸(2001), 「耶律羽之墓誌銘考證」, 『北方文物』 2001-1.

程尼娜(2005), 「遼代渤海人地區的東丹國探析」, 『北方史地』 2005-6.
趙振績(1969), 「渤海族系與契丹之關係」, 『史學集刊』 11.
趙振績(1970), 「論渤海國遺族的復興運動」, 『中華文化復興月刊』 3-7.
劉肅勇(1981), 「渤海遺民大延琳的反遼鬪爭」, 『學習與探索』 1981-2.
劉肅勇(1981), 「論高永昌反遼抗金的戰爭」, 『遼寧師院學報』 1981-4.
王世蓮(1983), 「渤海遺民與金之勃興」, 『求是學刊』 1983-4.
馮繼欽(1986), 「遼代兀惹新探」, 『東北地方史研究』 1986-4, 遼寧社會科學院歷史研究所.
馮繼欽(1989), 「金代兀惹新探」, 『東北地方史研究』 1989-4, 遼寧社會科學院歷史研究所.
孫進己(1987), 「遼金時期的渤海族研究」, 『東北民族史研究』 1, 中州古籍出版社.
王成國(1987), 「論遼代渤海人」, 『博物館研究』 1987-2.
鄧偉(1987), 「遼金渤海遺裔文學擧隅」, 『遼金契丹女眞史研究』 1987-2.
劉肅勇(1990), 「渤海遺民與金朝的政治關係」, 『北方民族』 1990-1.
楊雨舒(1990), 「遼代渤海人高模翰述略」, 『北方民族』 1990-1.
楊保隆(1990), 「遼代渤海人的逃亡與遷徙」, 『民族研究』 1990-4.
李宗勳(1992), 「論遼代渤海遺民的社會地位及其影響」, 『渤海史研究』 3.
孫進己(1994), 「定安國, 兀惹國及燕頗的活動」, 『東北北民族史研究』 1, 中州古籍出版社.
張泰湘(1995), 『東北考古研究』 3(兀惹叢考·遼代兀惹城考), 中州古籍出版社.
烏雲達賚(1998), 「渤海唐朝的羈縻國·西渤海軼事」, 『鄂溫克的起源』, 內蒙古大學出版社.
武玉環(2003), 「遼朝的渤海移民政策」, 『中國東北邊疆研究』, 中國社會科學出版社.
蔣金玲(2004), 「遼代渤海移民的治理和歸屬研究」, 吉林大學 碩士學位論文.
武玉環(2005), 「王氏高麗時期的渤海移民政策」, 『遼金史研究』, 吉林大學出版社.
朱國忱(2007), 「兀惹部, 兀惹城研究」, 『東北史地』, 2007-3.
北村秀人(1985), 「高麗時代の渤海系民大氏について」, 『三上次男博士喜壽記念論文集』(歷史篇),
北村秀人(1998), 「高麗時代の渤海系民管見」, 『月刊 しにか』.
三上次男(1940), 「高麗と定安國」, 『東方學報』 11-1.
三上次男(1961), 「金代遼陽の渤海人と佛教」, 『塚本博士頌壽記念佛教史學論集』.
三上次男(1964), 「金朝治下の渤海人」, 『金朝史研究』, 同朋社.
日野開三郎(1943 · 44 · 45), 「兀惹部の發展(一·二·三·四)」, 『史淵』 29～33.
日野開三郎(1950 · 1951), 「定安國考(一·二·三)」『東洋史學』 1～3.

日野開三郎(1943), 「後渤海の建國」『帝國學士院紀事』 2-3.
和田清(1955), 「兀惹考」『東洋學報』38-1 [『東亞史研究』(滿洲篇), 東洋文庫, 1955]
和田清(1916), 「定安國について」『東洋學報』 6, 說林[『東亞史研究』(滿洲篇), 東洋文庫, 1995]

Abstract

The Relation between Balhae and T'ang

Kim, Jong-bok

Treaties are being lately published as the result of so called 'Research Program on Northeast Asia' that was performed from 2002 to 2007. *Bóhăiguóshì* (『渤海國史』) which consists of more 600 pages is the largest one till now amongst general history books on Balhae which have been printed in Chinese.

This volume has the same perspective with the established historical book, *Bóhăishìkăo* (『渤海史考』), in basic understanding that Balhae was the local regime of which ruling class is Sokmalmalgal (粟末靺鞨) in T'ang period, it shows sometimes different aspect with Bóhăishìkăo though. Instead, it is not only writing its contents with rich historical records, but also widely referring to the academic works in China, South and North Korea, Japan, and Russia. It is the newest one at this point of time.

The topic of this joint research is to examine new historical research trend about Balhae in China these days, largely stressing on *Bóhăishìkăo*. The present writer is charged with the task about the relation between Balhae and T'ang. *Bóhăishìkăo* claims that Balhae was a virtual Chinese vassal state, not a nominal one which was invested and controlled by T'ang in its detailed contents. The writers of this volumed already published *Bóhăishìkăo* 20 years ago. Being compared with *Bóhăishìkăo*, this volume highly emphasizes that Balhae was subordinate to T'ang.

It is natural that historical works has been performed in China as present Chinese territory covers the part of past Balhae area. Also China cannot but include the history of Balhae in her own historical system as far as China declares that she is the unified multiracial nation. Chinese perspective on history of Balhae could be understood in terms of her present political situation. However, the historical conflict occurs because her historical attitude assume the aspect that denies Korean historical perspective and its writing system, which has recognized Balhae history in its own historical development. Meanwhile, it can be thought that the historical conflict is just academic controversy.

Moreover, more serious problem is that Chinese perspective on Balhae history exclude independent aspect of Parhe history and distorts the facts by claiming that Balhae was the local regime in T'ang dynasty. As Chinese perspective thinks that T'ang played a leading role for Balhae history, not by Balhae itself. According to that, history of Balhae cannot but be thought that it was developed by T'ang or her political influence on Balhae, not by Balhae. This perspective is too serious historical and academic distort. Chinese perspective on Balhae history which does not correspond to real historical fact is still powerful in China. Furthermore, it is being strengthened with the work, 'Research Program on Northeast Asia'.

Interpretation of history must begin from objective validity of past. The interpretation doesn't have reality is no more than the kind of agitation of propaganda. *Bóhǎiguóshì* says strongly that it has researched the Balhae history realistically. At this point, this writer tried to examine concretely objective evidence and interpretation of fact in *Bóhǎiguóshì*.

KEY WORDS

Bóhǎiguóshi (『渤海國史』), *Bóhǎishikǎo* (『渤海史考』), unified multiracial nation, local regime in T'ang dynasty

A study on the relations between P'ing-lu Army and Balhae

Cheong, Byung-jun

According to Chinese scholars's insistence, Balhae was one of Gimibuju (羈縻府州) in T'ang (唐) and was controled by P'ing lu Military Governor as its superior official. Their insistence earlier had brought up but recently have focussed on not ostensible but real relation between two countries. That is to say, in view of the only simply ostensible evidences, it is difficult to explain relationship of two nations as a dominant-subordinate relationship. But on the ground of *Bóhǎiguóshì* (『渤海國史』), Chinese Scholars presented 8 historical reasons for argument as follows; P'ing lu Military Governor issued visitor's pass to enter T'ang; he escorted diplomatic envoy to enter T'ang; Dang demanded military aid from Balhae (in literature recorded conscription). Nevertheless, On closely looking at these historical circumstance one by one, all this is no more than exaggeration of the ostensible relation. So to speak, there is no evidence whatsoever Balhae was under T'ang's real rule. Therefore, in order to understand relationship between two countries, it needs to distinguish The ostensible relation from the real relation as another shoes.

KEY WORDS

P'ing-lu Province (平盧軍), Balhae (渤海), T'ang Superintendent of Silla-Balhae Affairs (押新羅渤海兩蕃使)

The relationship between Balhae and Nomadic tribes

Kwen, Eun-ju

Especially, the researches about relationship of Balhae (渤海) and Kitan (契丹) are mostly focused on three topics in the trends of the academic research for the relationship of Balhae and the nomadic tribes of China.

The first topic is about the relationship between the revolt of Lee Jin-chong (李盡忠) and the founding of Balhae. It is that the founding of Balhae is the result of positive activity to T'ang (唐) of the wandering people of Goguryeo and the malgal or not. The second is that the relation of Balhae and Kitan after the founding of Balhae was friendly or not. And if it was hostile to each other, to understand when and why it was done. The third is the relationship between Balhae and Kitan in the reason and process of fall of Balhae.

In addition, the research of the relationship with Turks (突厥) is centered around the political subordination, and the research of the relation with Uigurs (回紇) is concentrated in the economic and cultural exchanges. In particular, the explanation about the relationship with Uigurs is based on the culture of the style of Turks, and the style of Sogd is recognized as leading part of the culture exchange. The relationship with Heuksoo-Malgal (黑水靺鞨) is concentrated in the period and condition of subjection of it. But the research of the relationship with Silyu (室韋) is little.

The researches of Balhae at Chinese academia recently have some problems. The first is a shortage of research about the relationship of Balhae and nomadic tribes itself. We need the accumulation of the research about the relationship of Balhae and nomadic tribes, because the founding and fall of Balhae developed from continuous interaction. The second is about unequal distribution of the theme. It also is related that the research about the relationship of Balhae and nomadic tribes was not sufficient. For this reason, We need to diversity of the research subject. The third is a matter of cognition. Essentially, the lack of research about the relationship of Balhae and nomadic tribes is due to a perspective that Balhae is not main agent but the object at the diplomatic relations. Because it is the cognition that the diplomatic relations except for T'ang is not important. But the bilateral relations need to consider the relation with own interest and direct subjects of the diplomatic relations. That is the reason why the relation with T'ang must have interpreted a secondary cause.

These are not the problems in the Chinese academia. The lack of research and concern about the relationship of Balhae and nomadic tribes is a common phenomenon in the academic world of Korea, China, and Japan. To understand the international relations of Balhae that developed complicatedly, I am concerned to vitalize the research of the each nation about the history of international relations with the Northern nomadic tribes.

KEY WORDS

Balhae (渤海), Nomadic tribes, Kitan (契丹), Turks (突厥), Uigurs (回紇), Heuksoo-Malgal (黑水 靺鞨), Silyu (室韋)

A study on the relations between Balhae and Silla

Yun, Jae-woon

This study has an aim to dispute the claim of Chinese academic circle that the relations between Balhae and Silla is conflict. Chinese academic circle argue about relations between Balhae and Silla is as follows.

First is Balhae was not independent. Second is relations between Balhae and Silla has long conflict and competition. Third is people of two countries is different. Four is the rulership of Balhae as a provincial government of T'ang Dynasty, on the other side Silla as a foreign country. Five is argument of southern and northern country as a mistake.

But, even if we acknowledge the influence of the T'ang Dynasty over East Asia, the investiture relationship at the time should be understood as a diplomatic formality in connection with the approval of royal successions, not as an act of governing provincial regimes of the T'ang Dynasty.

Also, a tributary relationship is widely regarded as a type of official trade between the dynasties. According to the New History of the T'ang Dynasty, Balhae always used its 'own era names' and 'freely offered' posthumous titles to deceased kings without T'ang's approval. Furthermore, the epitaph uncovered from the tomb of Princess Jeonghyo, the fourth daughter of third king Mun revealed that Balhae called itself an empire like China and its king was addressed as the 'emperor'. In fact, Balhae was so independent as to launch an attack on T'ang in A.D. 732 to prevent contacts between T'ang and the 'Heuksu Malgal' tribe under its control.

It should be acknowledged that Balhae succeeded Koguryo, because the state of Balhae was founded in the former territory of Koguryo and its population mostly consisted of Koguryo people, even though a number of Koguryo people had been forcibly relocated to other areas following the downfall of Koguryo in 668. In other words, the argument that the Malgals suddenly filled the old Koguryo territory lacks credibility.

However Balhae and Silla, despite of their long conflict and competition, seemed to have a sort of brethren feeling and communal consciousness each other, due to the homogeneity of blood. It would be in this respect that we can find what the history of Balhae or the period of southern and northern country for Korean history in general means.

KEY WORDS

a provincial government of T'ang Dynasty, the History of Balhae state, the period of southern and northern country, a Road to Silla(新羅道)

The Relationship between Balhae and Japan

Park, Jin-suk

This study critically reviewed Chinese researchers' opinions on Balhae's diplomatic relationship with Japan based on 'The Relationship between Balhae and Japan' in *Bóhǎiguóshì* (『渤海國史』). With few historical records left by Balhae, articles on diplomacy between the two countries left in Japan are highly valuable as historical materials as they show an aspect of what Balhae pursued against foreign countries and what diplomatic policies it adopted for the goal. However, *Bóhǎiguóshì* has a limitation in that it gave a meaning to diplomacy against Balhae from the viewpoint of Japan rather than understanding Balhae's diplomacy against Japan thoroughly based on historical materials.

Balhae maintained an equal diplomatic relationship with Japan different from its subordinate relationship with the T'ang Dynasty. The sporadic expressions suggesting the superiority of Japan in historical records are believed to be Japan's one-sided hope, but they cannot escape from the criticism that they oversimplified the nature of Balhae's diplomacy against Japan. In this sense, rather than understanding many diplomatic articles in Japanese historical materials superficially in consideration of Balhae's relationship with T'ang, we need to discuss in depth what diplomatic attitude Balhae assumed against Japan and what direction the diplomatic relationship developed in, and based on the discussion, we should maintain objectivity in understanding the relationship and overcome the traditional view that Balhae was in a subordinate relationship with Tang as evidenced by the tributary-appointment relationship.

KEY WORDS

'The Relationship between Balhae and Japan', *Bóhǎiguóshi*(渤海國史), diplomatic policies, subordinate relationship, T'ang

The foreign relations of the nations by Balhae refugees

Lee, Hyo-hyeong

This study is focused on the foreign relations of the nation which was reconstucted by Balhae refugees. The history of Balhae refugees cannot be belittled that it is related not only to the falling period of its history, but also to the fact of what nation Balhae succeeds to. In this point of view, The study on Balhae refugees has such great extent of meaning.

The first nation that has studied the history of Balhae refugees was Japan. Korea also has accumulated some degrees of study on the history of Balhae refugees as it has some influences from Japan. China and North Korea have the same characteristic in studying the history of Balhae refugees as they hardly refer to the earlier studies of Japan and Korea.

The foreign relationships of Balhae refugees is so detailed that few specific studies are found on this subject. This rareness of studies on the foreign relationships of Balhae refugees is very contrasting to the studies on the foreign relationships of Balhae in the period of its destruction. The foreign relations of the reconstructed Balhae nation that was mostly built by the Balhae refugees is performed in a very complicated way as it was interconnected with the East Asian political situations at that time. While Chinese historians' community paid main attention on the foreign relations of the reconstructed Balhae with such nation in China as Sung Dynasty, Korea viewed the relations with Corea as the main foreign relations of the reconstructed Balhae and Japan, in particular, had a wider view of the foreign relations of the reconstructed Balhae in East Asia.

As mentioned above, the history of Balhae refugees is the subject of what nation it succeeds to. This is why each nation in East Asia considers this problem as important. Though each nation is in the progress of studying on the reconstructed Balhae, some of unresolved difficult problems are in their ways. This is because there are few written documents. The problems that lie before us are as follows.

The reality of, what is often called, Post-Balhae should be more clearly revealed. Furthermore, if Post-Balhae really existed, the relationship between Olya (OsaKuk) and Post-Balhae should be revealed. If this subject could not be resolved, the history of Balhae could be definitely explained during the time of Heungryo and Great Balhae, but the history of Balhae refugees after that period of 100 years could not be explained clearly. The settlement of this problem could be of great importance in the light of solving the foreign relationship between Tongran–kuk and Balhae refugee nation.

The tasks mentioned above could be resolved gradually as the academic ties among East Asian countries are strengthened and sustained. The study of Balhae refugees in Korea needs to be searched in a new way after the above problem are studied.

KEY WORDS

Balhae Descendents, East-Qidan, Olya, Jungankuk, Heungryo, Great Balhae

찾아보기

| ㅇ |

| ㅈ |

동북아역사재단 연구총서 60

중국의 발해 대외관계사 연구

1판 1쇄 발행 2011년 7월 4일
1판 2쇄 발행 2018년 12월 28일

지은이 김종복, 정병준, 권은주, 윤재운, 박진숙, 이효형
펴낸이 김도형
펴낸곳 동북아역사재단

등 록 312-2004-050호(2004년 10월 18일)
주 소 서울시 서대문구 통일로 81 NH농협생명빌딩
전 화 02-2012-6065
팩 스 02-2012-6189
e-mail book@nahf.or.kr

ISBN 978-89-6187-239-3 93910

* 책값은 뒤표지에 있습니다. 잘못된 책은 바꾸어 드립니다.